유진유의 정책 전략

트럼프 미국,
세계 질서 재편

미국 우선주의가 성공하는 이유

유진유·김병규 공저

청어

트럼프 미국, 세계 질서 재편

유진유·김병규 공저

머리글

한인계 미국인이자 1.5세 이민자인 나는 지난 시기 한인협회 총회장으로써 미국사회 한인교포들을 섬기고 대변하면서 양국의 중개자 역할을 해왔다. 그 과정 속에서 나는 자연스럽게 미국과 한국, 양국의 많은 장단점을 냉정하게 볼 수 있었다. 또한 아메리칸 드림(American Dream)을 이룰 수 있는 나의 조국 미국을 섬기며 대한민국을 지킬 수 있는 방법이 무엇일까 항상 고민해 왔다.

나는 한인회장 임기를 끝내고 미 연방상원에 출마하기로 결정했다. 정치야 말로 우리가 살고 이는 이 사회의 많은 문제를 풀 수 있는 길이라고 생각했다. 무상복지 병에 걸린 사회, 공정한 경쟁이 결여된 국제무역, 사회주의로 가는 미국과 대한민국의 모습을 보며 진정으로 국민에 봉사하며 국민과 약속을 지키는 소신 있는 정치인이 되어야겠다고 결심했다. 또한 진정한 보수주의와 건국이념을 통하여 사회주의에 빠져들고 있는 미국을 다시 한번 위대하게 만들어야겠다고 다짐하면서 지금까지 이 꿈에 도전하고 있다.

48년 동안 나는 이민자로 생활하면서 미국이 최근 30년 동안 국민을 속이고 부패한 급진좌파 정치인들에 의해 얼마나 미국 사회가 망가지고 있는지 목도하고 있다. 특히 레이건 정부 이후 자유주의적 세계주의가 아닌 집단주의적 세계주의라는 미명 아래 정치적 올바름과 감정이 이성보다 정치적인 공정(Political Correctness)과 편 가르기 정치선전술로 빠져들고 있는 것도 명확하게 목격했다. 동시에 건국의 이

넘 하에 하나였던 미국을 인종, 민족, 성으로 편을 가르고 국가를 분열 시키는 미국의 진보주의 정치 정책 속에서 서양 사회를 지탱한 기본 철학인 자유시장, 개인주의, 그리고 기독교 가치관들이 어떻게 붕괴 되면서 좌익적 국가로 변해 가고 있는지 나는 실감하고 있다.

나는 이 책을 통하여 미국에서 직접 보고 느낀 '큰 정부(Big Government)'와 '정치적인 공정(Political Correctness)'의 위험성을 대한민국 국민들에게 직접 알리고자 한다. 왜냐하면, 제 부모님의 조국, 대한민국이 과거 미국이 향해가던 급진좌익 국가의 모습으로 변해가고 있기 때문이다.

대한민국에 386 좌익세대가 있다면 미국에는 60년대 히피 세대(Hippie Generation)라고 부르는 신좌파세력이 미국의 교육, 문화, 미디어계를 80% 이상 장악하고 있다. 그로 인해 미국의 많은 10대 청소년들은 미국의 좌파 선생들, 문화와 미디어계 카르텔로 잘못된 미국의 근현대사와 건국의 역사를 배우며 사회주의로 빠져들고 있다.

이러한 현상이 현재 한국에서도 똑같이 일어나고 있으며 그 대표적인 사례가 언론과 문화계의 찌라시 스캔들로 시작된 박근혜 대통령의 2016년 탄핵사건이라고 할 수 있다. 제대로 된 '무죄추정(innocent until proven guilty)'이라는 법치주의 절차가 없이 대한민국 첫 여성 대통령을 탄핵하고 감옥에 보내는 비이성적이고 잔인한 국가적 비극이 일어난 것이다. 그걸 방관한 국민들과 정치세력들을 보면서 지금 대한민국호는 끝없는 정치 보복과 분열 속으로 침몰하고 있다.

무엇보다 현 한국의 주류사회와 촛불정권은 나날이 증가하는 북한과 중국의 위협, 그리고 트럼프 대통령의 신 미국의 세계질서 재편 속에서 미국과 트럼프 정권에 대한 이해력이 부족하다. 또한 이승만 박사가 투쟁해서 얻은 고귀한 가치, 한미동맹이 무너져 가는 모습을 지켜보며 더 이상 한미 양국을 위협하는 전체주의 세력을 방치해서는 안 된다는 위기감에서 이 책을 출간하게 되었다.

과거나 현재, 그 어떠한 나라에서도 어리석은 지도자와 집권세력의 잘못된 통치는 그 나라와 민족을 결국 파멸의 길로 몰고 간다는 교훈을 우리는 잘 알고 있다. 난 이 책을 통해 현 한국의 정치권과 언론들이 얼마나 트럼프 대통령과 미국의 전략에 대해서 모르고 있는지 또한 한반도와 국제정세에 관해 잘못된 정보를 국민과 대중에게 전달하는지 정확하게 지적하고자 한다. 동시에 이 나라의 외교와 국방 정책이 얼마나 잘못 가고 있는지 경고하고 있는 것이다.

지금 트럼프 행정부의 외교와 정치학, 지리학적 최우선 목표는 중국이다. 그것은 마지막 남은 공산주의 전체주의 체제를 붕괴시키는 것이다. 중국은 카터 대통령 이후, 실용적 사회주의라는 가면을 쓰고 시장경제를 도용하여 성장해왔다.

하지만 중국 정부는 지속적으로 개인, 자유, 종교를 억압하고 자유진영과 미국을 무너뜨리기 위해 다양한 정치공작을 펼쳐왔다. 또한 지난 시간 동안 정치, 경제, 군사적으로 반 자유진영과 반 미국 국제 연대를 보이지 않게 주도하여 왔다.

트럼프 행정부의 대중국 정책은 역대 정권 중 가장 강력하다. 미국은 내부와 외부의 전체주의 세력과 전쟁을 치르고 있다. 본인은 이런 의미에서 이 책을 읽는 모든 독자들이 트럼프 정권과 미국 사회를 올바로 이해하고 대한민국 국민들이 한·미 양국의 번영을 위하여 노력하며 대한민국을 다시 올바른 방향으로 이끌고 가기를 소망하는 것이다.

끝으로 이 책이 나오기까지 주변의 많은 분들이 물심양면으로 도움을 주셨다. 특히 안팎으로 도움을 주신 한미동맹강화국민운동본부 유종열 총재, 이상열 부총재, 강문숙 홍보국장에 진심으로 감사의 말씀을 전달하며 이 책의 공저를 허락해준 김병규 북한학 박사에게도 감사의 말씀을 전하는 바이다.

In Liberty

조지아 어거스타에서

유진유

차 례

트럼프의 세계 질서에 대한 도전

한반도 정세의 불확실성과 평화의 모색

트럼프의 트럼프시대 동북아정세의 변화 예측

아메리칸 드림을 되찾아라

-유진유

2018년 미국 조지아주 공화당 연방하원의원
선거에 출마한 유진유 후보의 영문 홍보책자
『Restoring The American Dream』을
번역한 것입니다.

제1장

유진유가 이룬 아메리칸 드림

십대의 유진유, 미국에 오다

한국을 출발해서 조지아(Georgia) 주의 어거스타(Augusta) 부시 필드(Bush Field)에 도착하기까지 30시간이 넘게 걸렸다. 그런데 공항에 도착한 나는 어딘가 잘못 도착한 줄 알았다. 공항도 너무 작은데다 내가 상상하던 미국의 이미지와는 영 달랐기 때문이다. 내가 생각하던 미국은 고층 빌딩이 있고 네온사인이 반짝이는 분주한 도시였는데 이곳은 텅 빈 들판에 소나무들뿐이었다.

하지만 미리 미국에 와 있던 가족들 얼굴을 보자 길을 잃은 줄만 알았던 공포가 사라졌다. 어머니를 만나자 마자 내가 처음으로 던진 질문은 "여기가 미국 맞아요?"였다. 나는 다음날 어머니와 함께 마트에 갈 때까지 이곳이 과연 미국인가 하는 의심이 완전히 지워지지 않았다.

마트에 간 나는 먹을 것이 흘러넘치는 장면을 보고 눈이 휘둥그레졌다. 온갖 과일, 고기, 쿠키…… 한국에서는 볼 수 없는 것들이었다. 그 중에서도 바나나가 가장 먼저 눈에 들어왔다. 당시 한국에서 바나나는 오직 부잣집 아이들만 먹을 수 있었고, 운이 좋아야 생일 때 바나나 딱 한 개를 받을 수 있을 정도로 비싸고 귀한 음식이었기 때문이었다. 나는 제일 먼저 바나나 한 다발을 집어 들었고 집에 가자마자 그 한 다발을 다 먹었다. 그리고 배탈이 심하게 나는 바람에 그 후 20년 동안 바나나는 건드리지도 않게 되었다. 심지어 오늘날에도 바나나를 보면 내가 미국에 처음 도착한 그날이 생각난다.

미국에 도착한지 삼 일째 되던 날, 나는 조지아 주 어거스타(Augusta)있는 버틀러 고등학교(Butler High School) 10학년에 등록했다.

그렇게 영어를 한마디도 못하는 나의 학창시절이 시작되었다.

일주일 정도 지났을까, 나는 학교에서 먹을 점심을 사려고 미국 온 첫날 어머니와 함께 들렀던 바로 그 마트에 갔다. 마트 진열대를 훑어보다가 캔 통조림을 발견했는데 거기에는 '소고기'라고 쓰여 있고 강아지 그림이 있었다. 나는 그냥 강아지 이름의 상표라고 생각하고 미국 소고기 값이 매우 저렴하다는 사실에 감탄하면서 그 캔 한 박스를 구입했다.

다음날, 나는 점심으로 그 캔 두어 개를 가져갔다. 그런데 점심시간에 캔을 따서 먹고 있는데 다른 학생들이 나를 유심히 쳐다보는 것이었다. 나는 영어를 못했기 때문에 다른 학생들이 나를 왜 쳐다보는지 알 수가 없어서 내가 학교에서 유일한 동양인이라 바라보는 거라고 추측했다.

이삼 일간 이런 상황이 계속되었다. 결국 새 친구가 내게 오더니 내가 먹는 그 캔에 대해 어떤 말을 했지만 알아들을 수 없었다. 그날 저녁, 나는 우리 형에게 내 친구가 나한테 뭐라고 했을 것 같냐고 물어봤다. 형은 내가 먹은 캔이 도그푸드(dog food)라고 알려주었고, 결국 그 소고기 통조림은 꽤나 맛있었음에도 불구하고 내 인생에 마지막으로 먹은 도그푸드가 되었다.

나는 영어를 빨리 습득했고 나를 잘 도와주는 새 친구를 사귀게 되었다. 미국에서의 삶이 즐거워지기 시작했다. 학교에서 유일한 동양인이었던 나는 모든 학생들의 관심을 끌었고, 나도 당연히 다른 학생들에게 관심을 갖고 있었다. 또 남학생과 여학생이 같은 학교, 같은 반에서 함께 공부한다는 사실도 놀라웠고 좋았다. 학교에서 여학생 옆에 앉을 수 있다는 것에 대해 문화적 충격을 받았다. 당시 한국에는 남학교 또는 여학교만 있었기 때문이다. 선생님들과 학교 친구들은 모두 친절했고 내가 학교생활에 잘 적응하고 새로운 문화와 언어를 습득할 수 있도록 도와주었다. 나의 미국에서의 학창시절에 나쁜 기억이란 없다.

첫 아르바이트 시작, 집과 차를 장만하기까지

첫 여름방학이 되자, 나는 다른 친구들이 다 그렇듯 아르바이트를 찾아 나섰다. 그러다가 공항 근처에 골판지 상자를 만드는 미드사우스 컨테이너 회사(Midsouth Container Company)에서 일하게 되었는데 이 일은 그야말로 육체노동이었고 시간당 1.98달러를 받았다. 일은 정말 힘들었지만 첫 수표를 받았을 때는 그렇게 자랑스러울 수가 없었다. 땀 흘려 힘들게 일하고 내 인생 처음으로 받은 수표는 세금을 제하고도 60불이 넘었다! 이제 나는 부자다!

그 수표를 현금으로 바꾼 후, 나의 아메리칸 라이프를 자랑할 겸 5불을 떼어 한국에 있는 친구에게 보냈다. 약 한달 후 그 친구에게 편지가 왔는데 그 친구는 나보고 행운아라며 내가 무슨 굉장한 사람이라도 된 것 마냥 부러워했다.

그게 1973년 여름이었다. 내 나이 열여섯, 생애 첫 차를 장만하기로 했다. 여름방학 내내 일해서 모은 돈으로 1964년산 낡은 플리머스(Plymouth)를 구입했다. 차는 350달러였는데 당연히 손볼 곳이 많았다. 자동차 페인트칠이 말 그대로 절반이 벗겨져 나가서 쇠가 노출되어 있었고, 좌석은 찢겨진 데다 타이어는 휠 캡이 없었다.

나는 K마트로 달려가 좌석 커버와 카 왁스, 네 가지 서로 다른 휠 캡을 샀는데 하나도 안 맞았다. 집에 가서 세차를 하고 내 새 (중고) 차에 왁스를 발랐다. 왁스를 바르고 있는데 형이 와서 말했다. "이 바보야, 쇠에다 바로 왁스 바르는 거 아니야, 페인트를 먼저 칠해야지!" 하지만 나는 별로 상관하지 않았다. 내 차가 있다는 게 너무 뿌듯하고 행복했다. 학교 친구들이 내 차의 꼬락서니와 네 개의 서로 다른 휠 캡을 보고는 내게 '한국 시골뜨기'라는 별명을 지어줬다. 아무러면 어떠한가? 나는 여전히 행복했다.

새 학기가 시작되자 나는 회사 감독관에게 심야근무를 하고 싶다고 했다. 학교를 다니면서 돈도 벌고 싶어서였다. 회사에서는 내가 성실하다고 평판이 났기 때문에 승낙을 해주었고, 이렇게 내 여름 아르바이트는 정규직으로 바뀌게 되었다.

나는 밤새 공장에서 일을 하고 아침 7시에 집으로 돌아와 샤워를 하고 옷을 갈아입고 아침을 먹고는 학교로 향했다. 학교에서 돌아오면 저녁에 잠을 자고 밤 11시에 공장에 가서 다시 일을 했다. 주중에는 계속 이런 식으로 살았다. 주말에도 일을 멈추지 않았다. 토요일과 일요일에는 윈 딕시(Winn Dixie) 슈퍼마켓에서 창고 일과 카운터에서 상품을 봉투에 담는 일을 해서 더 많은 돈을 벌었다. 미국은 나에게 기회의 땅이었다.

한편, 미국에서 첫 몇 달 동안 소방차를 보면 그렇게 멋질 수가 없었다. 속도를 내며 달려가는 모습이 굉장해 보였다. 십대들이 흔히 그렇듯, 나도 소방관이 되기로 했다.

어느 날 소방서에 갈 기회가 생겨서 소방수들에게 어떻게 하면 소방관이 될 수 있는지 물어봤다. 그분들이 말하길, 고등학생은 자원

봉사자로 주말에 소방서에 와서 훈련을 받을 수 있다고 했다. 결국 소방차에도 탈 수 있게 되었다. 학교에 다니면서 밤에는 박스 공장에서 일을 하고 주말에는 윈 딕시에서 일하고 주말 저녁에는 소방서 일을 했다. 수표를 받고 돈을 버는 일이 너무 좋았다. 고등학교 시절에 난 너무 바빠서 문제를 일으킬 틈도 없었다.

나는 미국 생활 초기에 노동의 가치와 돈의 가치, 그리고 공동체에 봉사한다는 것이 무엇인지 이해하기 시작했다. 이것이야 말로 이 자유의 땅에서 살아가기 위해, 또 제대로 된 미국 시민이 되기 위해 필요한 최고의 교육이었다.

고등학교 졸업 직전, 나는 집을 장만하기로 결정하고 조지아 레일로드 은행의 대출 담당자인 도니 밀러(Mr. Donny Miller) 씨를 만났다. 나는 그동안 모은 돈을 보여주면서 충분히 선금을 지불할 역량이 있음을 보여줬다. 밀러 씨는 나같이 어린 학생이 8천 달러 넘는 돈을 모은 것에 깜짝 놀랐다. 그래도 대출을 받으려면 보증인이 필요하다고 했다.

나는 마당에 '팝니다' 팻말이 세워져 있는 집 중에 맘에 드는 집을 하나 발견했는데, 집주인에게 가격을 물어보니 32,000달러라고 했다. 위층, 지하실, 거실, 주방이 있는 아담한 스플릿-레벨(split-level) 집이었다. 주소는 어거스타 태드 코트(Augusta Tad Court) 3604이었는데 이 지역은 중산층이 사는 좋은 동네였다.

나는 이 집을 정말 갖고 싶어서 소방서장인 리차드 오 맥칸(Richard O. MacCann) 씨를 찾아가 보증인이 되어 달라고 했다. 맥칸 씨는 내 근무 태도와 성격을 알고 있었기 때문에 흔쾌히 승낙해 주었다. 그분은 내가 1977년 11월에 미국 시민이 될 때에도 증인이 되어 주었고 그 후로도 줄곧 멘토였으며 정말 훌륭한 분이었다. 몇 년 전에 돌아가셨는데 영원토록 그리워할 것이다.

당시 유일하게 슬픈 날은 졸업식 날이었다. 내 친구들은 모두 해변으로 가서 졸업 파티를 했는데 난 공장에서 일해야 했기 때문이다.

소방관, 군인, 경찰관이 되다

고등학교를 졸업하고, 나는 박스공장 일과 윈 딕시의 창고 일을 그만 두고 정규직 소방관이 되었다. 그리고 남는 시간에 어거스타 대학(Augusta College)에서 공부했다.

대학을 1년 다니고 나서 군대에 입대하기로 했는데, 베트남 전쟁 후 각종 혜택과 장려 제도가 많았기 때문이다. 미국 군복을 입고서 귀중한 경험을 쌓는 동시에, 내가 사랑하게 된 이 나라에 헌신할 수 있는 좋은 기회라고 생각했다.

13주간 기본 훈련을 마친 후, 나는 미군 헌병이 되어 한국에 위치한 미8군에 근무하게 되었고 728 미군 헌병 대대에서 법 집행관으로 첫발을 내디뎠다.

거기서 나는 두 번째 문화충격을 받았다. 나는 한국인처럼 생겼으나 영어와 한국어를 했고, 미군복을 입었고 허리에는 0.45구경 권총을 차고 있었는데, 이게 사람들한테 매우 특이해 보였던 모양이다. 한국인들이 내 한국말에 영어 악센트가 섞여있다고 지적하곤 했다.

그러다보니 난 한국인과 미국인 사이에서 문화적 차이로 발생하는 마찰을 해소하도록 도와야 하는 상황에 처하곤 했다. 미군 병사와 한국인 사이에 일어나는 사건 사고에 불려 나갔는데, 양쪽 문화를 다 이해하고 있었기 때문에 서로 의사소통이 안 되거나 이해를 못해서 일어나는 분쟁을 해결할 수 있었다.

한국에서 안 좋은 경험이 있었다면 그건 미군 병사가 잘못했는데도 내가 한국 출신이라서 미군을 차별한다고 비난 받을 때나 한국인이 잘못했는데도 내가 미군이라서 한국인들을 차별한다고 비난 받을 때였다. 물론 나는 모든 경우에 최선의 판단을 내리면서 내 임무를 다했을 뿐이었다. 하지만 큰 틀에서는 내가 미국을 위해서, 또 내 동료 미군을 위해 일하면서 동시에 한국인들을 도울 수 있기에 행복했다. 이 일을 계기로 나는 인간의 본성에 대한 공부를 시작했고, 문화가 다르다고 해서 인간의 본성이 달라지지 않는다는 것을 배웠다.

한국에 있는 동안 지금의 내 아내를 만나게 된 건 내 인생 최고의 수확이다. 미국에서의 십대 시절, 난 스스로 매력이 있다고 생각해본 적이 없다. 일을 너무 많이 해서 데이트 할 기회도 없었고, 데이트하는 방법도 내 친구들이 하는 것을 본 것 말고는 아는 게 없었다. 한국의 한 친구가 조니(Jonnie)를 소개시켜줬는데, 조니는 결국 내 아내가 되었다. 우리는 데이트한 지 6개월 만에 결혼하기로 했다. 조니의 부모님 댁을 처음 방문했을 때, 굉장히 부잣집이라는 것을 알고 놀랐다. 조니 부모님은 내가 미군 병사라는 것에 실망했고, 그녀가 나를 따라 미국으로 가는 것을 원치 않았다. 그때부터 우리는 결혼을 허락 받기 위해 열심히 노력했다. 두 달 정도 지나자 그녀의 부모님은 나를 더 잘 알게 되면서 내가 믿을 만한 사람이고 딸을 잘 돌볼 사람이라는 것을 인정하게 되었다. 그래서 결국 승낙을 받았다.

우리는 1979년 6월 30일에 결혼해서 멋진 아이들 둘(에릭과 조디)을 낳았다. 둘 다 조지아 주립 대학(Georgia State University)을 나오고 결혼해서 각자 가정을 꾸리기 시작했다. 에릭이 아들을 낳아서 손자가 하나 생겼는데, 손자 손녀가 더 많아지길 기대하고 있다.

1980년 2월, 텍사스의 포트 블리스(Fort Bliss)에서 미군으로써의 마지막 임무를 마치고 명예 제대해서 어거스타(Augusta)로 돌아갔다. 그리고는 리치몬드 카운티(Richmond County) 보안관서에 지원했고, 카운티 보안관 보가 되었다. 첫 임무는 감옥에서 사진을 찍고 지문을 채취하고 재소자들을 감시하는 일이었다. 그 후 경찰학교에 들어가 조지아 주 법 집행관 자격증을 취득하게 되었다.

졸업을 하고 자격증을 취득한 후, 도로 순찰 임무가 주어졌고 내 전용 경찰차가 나왔다. 이때야 말로 내가 정말 경찰이라는 것이 실감이 났다. 순찰 첫날은 정말 흥분이 되었다. 교통질서를 어기는 사람을 얼른 발견하고 싶었다. 내 생각에 초짜들은 첫날 다 이런 기분일 것이다.

근무를 시작한지 얼마 안 되어 럼킨 로드(Lumpkin Road) 근처 딘 브리지 로드(Deans Bridge Road)에서 과속 차량을 발견했다. 나는 경찰차의 플래쉬를 켜고 사이렌을 울리며 그 차를 세웠다. 차에서 내려 모자를 쓰고 나서 거울을 보면서 모자를 제대로 썼는지, 경찰관 복장이 멋져 보이는지 확인했다. 그리고 그 차에 천천히 다가가자 과속 차량 운전자가 유리창을 열었다. 나는 운전자에게 운전면허증과 등록증을 요구했다. 운전자는 면허증과 등록증을 꺼내기 전에 말했다. "우와~ 정말 스마트해 보여요!" 나는 깜짝 놀라 되물었다. "내가 진짜 스마트해 보여요?" 운전자가 대답했다. "네, 진짜 스마트해요!"

나는 내 외모가 너무 자랑스러운 나머지 이렇게 말했다. "감사합니다. 좋은 하루 보내시구요, 안녕히 가십시오!" 운전자가 떠나고 경찰차로 돌아와서야 비로소 생각났다. "어? 딱지 끊는 거 깜빡했잖아!" 하지만 내가 돌아봤을 때 그 차는 경고 딱지 한 장 안 받고 이미 떠나 있었다.

감옥에서 일하고 길거리 순찰 경찰관으로 일하면서 경험도 많이 쌓았고 내가 속한 공동체를 섬기며 보호하는 일에 큰 만족을 느꼈다.

사업가가 되다: 성공, 그리고 실패

1985년 6월 내가 사는 지역에 있는 한 회사를 알게 되었는데 그 회사는 한국에서 사업을 하고 있어서 한국어에 능통하고 한국 시장을 이해하는 사람이 필요하다고 했다. 그래서 사우스이스턴 이큅먼트(Southeastern Equipment Co.)라는 회사에서 극동지역 구매 대리인으로 일하기 시작했다. 한국과 남아시아를 여행하며 군장비를 구입하고 판매하는 일이었다. 이로써 나는 처음으로 국제 사업을 접했고 국제 무역에 관해 배울 수 있었다.

1990년 12월, 커밍스 엔진(Cummings Engine Company)이 사우스이스턴 이큅먼트를 매수했고 나는 커밍스 밀리터리 시스템즈(Cummings Military Systems)의 직원이 되어 같은 업무를 맡았다.

그런데 1993년 12월 커밍스 밀리터리(Cummings Military System)가 갑자기 문을 닫으면서 나와 200여 명의 직원들이 일자리를 잃었다. 그 회사가 그동안 잘 운영되었기 때문에 왜 갑자기 문을 닫았는지 알

수가 없었다. 그래서 아내와 상의해서 우리가 그 회사를 인수할 수 있도록 친정에서 도와줄 수 있을지 물었다. 동시에 커밍스 회사 본부와 연락해서 어거스타 지역의 커밍스 지사를 인수하고자 협상을 진행했다.

그리고 3개월 후 협상이 타결되었다. 내 아내가 커머셜 앤 밀리터리 시스템즈(Commercial and Military Systems)의 CEO가 되었고 나는 운영 담당 부사장이 되었다. 우리 부부는 실직했던 모든 직원을 다시 일자리로 복귀시킬 수 있었고, 그럴 수 있어서 정말 행복했다. 우리 부부는 이 회사를 매우 성공적으로 이끌었다. 태국, 파나마, 이스라엘, 필리핀, 아르헨티나, 에콰도르, 베네수엘라, 컬럼비아, 한국 등 각국의 여러 회사, 그리고 미군과 2008년 9월까지 일했다.

당시 베네수엘라(Venezuela)는 차베스(Hugo Chaves)가 집권하면서 정치적 불안기에 접어들었는데, 우리 회사는 베네수엘라와 1억 달러짜리 계약 건이 있었다. 갑자기 그 계약이 취소되면서 베네수엘라 대리인과 소송에 휘말렸다. 그 베네수엘라 대리인은 우리가 보낸 적도 없는 장비에 대한 커미션을 받지 못했다고 소송을 걸었다. 우리는 법적으로나 도덕적으로 소송을 당할 만한 일을 한 적이 없다. 하지만 상대측 변호사는 미국의 법제도를 이용해서 소송에 이겼고 우리 회사 재정에 치명타를 입힐 피해보상액이 선고되었다. 우리는 우리측 변호사의 조언을 받아들여 즉각 파산법11장에 의거한 파산 보호 신청(Chapter 11 Bankruptcy)을 했다.

우리는 파산법 11장 하의 '구조조정 기간' 2년 동안 협상을 시도했지만 합의에 이르지 못해 회사를 청산해야만 했다.

이 충격적인 경험을 통해 외국 기업이 미국의 법제도를 이용해 어떻게 미국 사업자에게 부당한 이득을 취할 수 있는지 깨닫게 되었다. 만일 반대로 미국 회사가 다른 나라에서 소송을 걸었다면 사실 여부와 상관없이 미국회사가 패소할 것이다. 그럼에도 불구하고 나는 미국 사법제도와 법률을 존중한다.

우리 부부는 툭툭 털고 일어나 새로 회사를 설립했다. 어거스타(Augusta)의 다른 지역에 컨티넨탈 밀리터리 시스템즈(Continental Military Systems)라는 회사를 만들어 이전 직원들을 고스란히 고용했고 이스라엘 정부와 사업을 계속했다.

2011년, 이스라엘 정부를 담당하는 우리 회사 대리인이 몇 백만 불어치의 장비를 전달하고 대금을 받은 후 그 돈을 챙겨 달아났다. 우리 회사는 다시 한번 위기를 맞았다. 그 대리인을 찾을 수가 없어서 재판에 회부할 수도 없었다. 이렇게 우리 사업이 끝이 났다.

인생 수업을 받은 셈이다. 세상이 어떻게 돌아가는지 다 보게 되었다.

정치인이 되다: 아메리칸 드림을 되찾아라!

한편으로, 2011년은 미국 한인 협회장에 출마한 신나는 해였다. 그해 6월, 24번째 협회장으로 당선되었다. 2백 50만 재미 한인을 대표하는, 재미 한인 공동체에서 매우 명망 있는 자리였다. 내 사업을 잃긴 했으나 나는 여전히 내가 속한 공동체 일에 적극 참여하고 조국을 위해 헌신하고 싶었다. 나는 2013년 6월에 임기를 마칠 때까지 협회에서 일을 계속했다. 이 협회장 자리를 지내면서 정치에 관한 관심에 불이 붙었다.

2012년 11월 선거일, 나는 밋 롬니(Mitt Romney)가 실패한 오바마 정권을 물리칠 거라고 기대하면서 아내와 함께 개표를 지켜봤다. 하지만 결과를 보고 너무 심란해서 아내보고 내가 '진짜' 정치 공직에 출마하고 싶다고 말했다. 아내는 "제정신이예요? 두통약 먹고 자는 게 좋겠어요!"라고 했다. 또, "정치에 관해 아무것도 모르잖아요. 생각도 하지 마세요!"라고 덧붙였다.

내가 시민권 시험을 준비하는 동안 마음에 새긴 것이 하나 있는데, 고등학교때 역사 시간의 시민 수업이었다. 나는 미국이 어떻게 시민 대표자들에 의해 설립되었는지 배웠고, 정치인의 주된 업무는 자기를 워싱턴으로 보낸 시민들을 대표하는 것이라고 배웠다.

나는 정치인을 배달원에 비교하고 싶다. 지역 유권자에게 중요한 메시지를 정부에 전달해야 한다. 국내외의 적으로부터 헌법을 보호하고 지키는 것이 주요 업무이다.

다른 직업을 가지기 위해서는 적절한 교육을 받아야 하고, 전문 훈련을 받거나 자격증을 취득해야 하지만, 정치인이 되기 위해서는 자기가 대표하는 공동체와 나라를 위해 자기 시간과 에너지를 희생하고 헌신하려는 마음이 우선적으로 요구된다. 정치는 로켓을 쏠 정도의 과학이 아니고 뇌수술을 할 수준의 의학도 아니다. 법대를 나와야 하는 것도 아니다. 다만 '상식'을 가지고 겸손한 마음으로 자기가 섬기는 사람들의 이야기를 경청하며 사람들에게 중요한 것들을 위해 열심히 일하는 것이다.

하지만 오늘날 많은 정치인들은 이 기본적인 사실을 이해하지 못한 것 같다. 정치인들은 자기들이 대표하는 사람들이 아니라 자신들의 성공을 위해 일하는 것 같다. 우리는 그동안 정치인들의 교만과 사람을 무시하는 태도에 실망했다. 정치인들은 자기들은 똑똑해서 다 알고 있고 일반 대중은 멍청해서 무엇이 필요한지 모른다고 생각한다. 선거 때는 "저를 뽑아 주시면 여러분을 위해 일하겠습니다."라고 하지만, 뽑히고 나면 자기들에게 기부한 사람들이나 자기들과 함께 칵테일파티를 하는 엘리트들, 그리고 자기 자신의 '특수한 이익'을 위해 일한다.

그래서 비록 아내가 바보 같은 생각이라고 했음에도 불구하고 나는 조지아 주를 대표하는 상원의원에 출마하기로 했다. 하지만 선거 재정이 부족했고, 또 상원의원에 출마한 사람이 이미 너무 많으니 하원의원에 출마하는 게 어떠냐는 조지아 주 공화당 지도층의 조언도 있고 해서 예비선거 세 달 전에 상원의원 선거를 그만두어야 했다. 나는 즉시 조지아 주 12번 의회 지역구에 출마하기로 했다. 당시 그 지역구는 민주당 소속 존 배로우(John Barrow)가 하원의원으로 있었다.

미 의회 조지아 주 12번 지역구 공화당 예비선거에는 나를 포함해 다섯 명의 후보가 출마했다. 나는 이등을 했지만 결선에서 이기지 못했다. 결국 나와 경쟁 상대였던 사람이 내 지역에서 공화당 의원으로 당선됐다. 나는 그 자리에 공화당원이 당선된 것이 좋았다. 하지만 그가 전임 지역구 민주당 의원보다도 더 민주당이 원하는 대로 투표하는 걸 보면서 2016년 다시 출마했으나 역시 낙선했다.

이 두 선거를 치르면서 이 나라의 정치 절차에 문제가 많다는 사실을 알게 되었다. 제일 힘들었던 건 캠페인 기부금을 부탁하는 것이었다. 난 누군가에게 의존 한다거나 돈 문제로 남에게 손을 벌리는 일에 익숙하지가 않았다. 이런 이유로 내 경쟁자가 나보다 10배 많은 돈을 썼던 것이다.

지역 주민들의 필요에는 관심을 두지 않은 채, 2년 넘게 어거스타 (Augusat) 전 지역에서 자기 자신과 자기 사업만 챙기는 내 경쟁자의 모습을 보면서 나는 다시 한번 도전하기로 했다. 나는 조지아 주 12번 지역구 사람들은 공화당의 원칙을 믿는 대표자, 시민에게 헌신하는 보수의 가치를 가진 대표자, 제한된 정부와 인류 역사상 최고의 헌법으로 보장된 개인의 자유를 진심으로 믿는 대표자를 가질 자격이 있다고 생각한다.

　　나는 내 삶 속에 아메리칸 드림을 실현했다. 나의 슬로건은 모든 사람을 위해서 '아메리칸 드림을 되찾아라!'이다.

제2장

영어, 이민자 정착의 필수요소

―유진유의 이민 정책 제안

이민자의 의사소통과 동화

우리가 서로 의사소통이 안 된다면 어떻게 '하나님 아래 한 나라'가 될 수 있겠는가? 나의 부모님은 영어를 완벽하게 하지 못했지만, 나에게는 영어를 배우라고 격려해 주셨다. 미국에 온 후 먼저 깨닫게 된 것은 내가 이곳에 사는 사람들과 의사소통이 되어야 한다는 것이었다. 한국말을 하는 미국인은 없었기 때문에 내가 영어를 배워야 했다.

문화적, 정치적, 사회적으로 미국적인 삶의 방식에 적응해야 한다는 것은 모든 이민자들이 미국에 오기 전부터 알고 있는 바이다. 미국에 정착하기 위해 가장 기본이 되는 사항은 미국의 언어인 영어를 하는 것이다. 서로 이야기를 나눌 수 없다면 하나의 국민이 될 수 없다. 대다수의 미국인과 미국에서 태어난 모든 시민이 사용하는 언어가 영어이기 때문에, 성공하는 미국 시민이 되고자 한다면 영어를 배우는 것이 마땅하다.

같은 언어를 사용하는 사람끼리도 서로 이해하는데 어려움을 겪는 마당에 서로 다른 언어를 사용한다면 어찌 되겠는가? 만약 언어 문제를 가볍게 여긴다면 우리 사회는 퇴보할 것이고 궁극적으로 국가의 몰락을 보게 될 것이다.

미국인들은 미국이 이민자들의 나라라는 것을 알고 있고, 자유에 초점을 맞추고 있다. 많은 이민자들이 미국을 선택하고 있고, 이 위대한 나라에 와서 자유를 만끽하며 살고 싶어 한다. 하지만, 이민자 고유의 문화를 유지하는 것도 좋은 일이지만, 그들이 원하는 혜택을 누리기 위해서는 미국 문화에 적응해야 한다는 사실도 알아야 한다.

헤리티지 재단[1]의 케네스 시몬 미국학 센터(B. Kenneth Simon Center for American Studies) 소장 메튜 스팔딩 (Matthew Spalding)은 이렇게 말했다. "이민자들이 미국의 공통 언어를 습득한다는 것은 그들이 미국의 한 부분이 되기 위해 열심히 노력한다는 증거입니다. 연구에 따르면 영어를 잘하는 이민자는 소득이 더 많고, 학력이 높고, 사회적으로 훨씬 빨리 성공합니다. 미국에 적응하기 위해서는 필수적으로 영어를 배워야 하지만, 그것만으로는 전혀 충분하지 않습니다. 미국의 이민정책이 유례없이 특별한 성공을 거둔 이유는 이민자를 애국자로 만들려는 의도와 확신으로 정책을 펼쳤기 때문입니다."

최근까지만 해도 미국은 새로 온 이민자들을 환영함과 동시에 이민자들이 진정한 미국인이 되기 위해서는 미국의 광범위한 시민 문화와 정치 제도를 배워야 한다고 강조했었다. 하지만, 좌파들은 소위 다문화주의가 마치 그 자체로 목적인 것처럼 주장하면서 이 핵심적인 사실을 가려버렸다. 입법자들이 해야 할 일은, 새로 시민권자가 된 사람들이 단지 '도덕적으로 올바른 것'에 그치지 않고, 미국 이민법에 쓰여 있는 대로 '미국 헌법의 원칙을 준수하고 미국이 제공하는 질서와 행복을 추구하는' 사람이 될 수 있도록 귀화 과정을 강화하고 의미 있게 만드는 것이다.

---

1) 헤리티지 재단[Heritage Foundation]: 미국 보수파의 정책 연구 단체

미국의 원칙을 따르는 이민정책

진정한 시민권자라면 미국의 역사, 정치 사상과 제도에 대한 이해가 있어야 한다. 미국에서 태어난 사람은 가정과 학교에서 교육을 통해 이를 배울 수 있다. 이민자는 미국의 최우선 원칙을 교육받아야 한다. 최우선 원칙이란 합법적인 정부는 평등한 자연권의 보호와 피통치자의 동의에 기초한다는 독립 선언문 내용이다. 또, 미국 헌법과 제한된 정부가 자유와 법치를 보호하기 위해 왜 필요한지 교육받아야 한다.

미국의 원칙은 국가 정체성을 고스란히 드러낸다. 하지만 미국의 설립자들은 시민 사회가 번영해야만 국가 정체성이 유지된다는 것도 이해하고 있었다. 이민자들이 자기 고국의 사람들하고만 관계를 맺고, 고국의 언어로만 이야기하고, 고국의 관습만을 따르면서 소수민족 거주지를 만들어 가지고는 완전하게 미국인이 될 수 없다. 미국의 습관, 관행 및 정신을 습득하기 위해서는 직장에서뿐 아니라 시민 사회의 구성요소인 교회, 학교, 시민단체 및 사회단체와 같은 지역 기관에서 만나는 현지 미국 시민과 장기적인 상호관계를 가질 필요가 있다.

자유를 찾아 이민 오는 사람들도 많지만 대부분은 경제적 기회를 얻기 위해 이주한다. 이민자가 성공하면 그가 미국 사회에 동화되는 데 큰 도움이 된다. 근면과 기업가 정신을 통해 성공의 열매를 맺었을 때 새로운 고향인 미국과 단단히 결속하게 된다. 우리가 새로운 시민들을 위해 할 수 있는 최선은 그들에게 정부 지원금을 주는 것이 아니라 자립할 수 있도록 돕는 것이다. 특히 가난하고 기술이 없는 이민자들의 자립과 가족 간의 화합, 그리고 재정적 독립을 저해하는 현대의 비정상적인 복지 정책에 절대 말려들지 않도록 해야 한다.

알렉산더 해밀턴(Alexander Hamilton)이 말한 '진정한 공화정에 필수적인, 자유에 대한 저 차분한 사랑'을 배양하기 위해서 뿐 아니라 나라에 진정한 애착을 형성하기 위해서도 동화가 필요하다. 미국에 온 이민자들이 이 나라를 자기 나라처럼 여기고 미국이 어떤 나라인지, 미국 국민이 어떤 사람인지 이해하고 헌신하며 애국심을 발전시키는 것이 동화의 목적이다.

미국 역사 전반에 걸쳐 이민정책의 결과로 사회자본 강화, 국가경제 확장, 그리고 국가 목표의 지속적인 혁신이 이루어졌다. 미국은 이민자들에게 좋은 나라였고 이민자들은 미국에 도움이 되었다. 하지만 미국이민을 성공으로 이끈 정책을 부활시키고, 이민자를 미국 시민으로 만드는 힘들지만 고귀한 업무로 돌아갈 때에야 이민정책이 성공할 수 있는 것이다.

미국은 이민자들의 나라이다. 아메리카 원주민을 제외하면 모든 미국인과 그 선조들은 다른 어딘가로 부터 여기 미국으로 온 것이다. 미국은 계속해서 세계 어떤 나라보다 많이 이민자들을 끌어당기는 나라가 될 것이다.

내가 사는 조지아 주 어거스타(Augusta)에는 특별한 골프 코스인 어거스타 골프장(The Augusta National Golf Club)이 있다. 이 골프장은 전 세계가 존중하고 감탄하는 곳인데, 이 골프장이 특별한 이유가 뭘까? 세상 모든 골프장 중에서도 이만큼 아름다운 분위기를 자아내는 곳이 드물고, 마스터즈 대회를 연다는 후광효과가 있기 때문이다. 어거스타 골프장의 구성원들은 골프장을 아름답게 가꾸는 데 노력을 기울였고 참석자들을 위한 규칙과 규율을 만들었다. 이렇게 해서 어거스타 골프장에 가는 것은 권리가 아니라 특혜가 되었다. 마찬가지로 미국도 어거스타 골프장처럼 특별한 곳이다. 그래서 세상 사람들은 미국이 이룩한 성취에 참여하기를 갈망하는 것이다.

미국 헌법제정자들은 미국의 국민 즉, 구성원이 주인이 되어 그 나라를 책임지는 방식의 역사상 전무후무한 독특한 통치 계획을 세웠다. 그리고 마스터즈 대회와 마찬가지로 미국은 법과 규율의 나라이다. 따라서 방문자나 근로자로 미국에 오는 사람들, 혹은 시민권 제도를 통해 미국의 구성원이 되고자 하는 사람들을 고를 때 신중해야 한다. 무엇보다 먼저 미국 사회에 기여할 수 있고 미국 문화에 동화되기를 원하는 사람들만 허용해야만 한다. 미국의 헌법과 시민 사회를 인정하고 우리가 너무나 소중히 여기는 자유를 존중해야 한다.

어거스타 내셔널 골프장의 규칙에 대해 불평하는 사람은 아무도 없다. 그곳에서 주최하는 대회에 참여하고 싶으면 그곳의 규칙을 따라야 한다. 미국도 마찬가지다. 미국에 오고 싶으면 이곳의 규정을 존중해야 한다. 애초에 미국이 마음에 들지 않아서 바꾸고 싶기만 했다면 대체 여기 왜 오려고 하는 것인가? 결론은 미국을 좋아하지 않고, 자유 시장 경제와 개인의 자유를 기초로 하는 미국의 생활 방식을 좋아하지 않는 사람이라면 그냥 오지 않는 것이 좋다. 미국은 그런 사람들 없이도 잘 돌아간다.

제3장

학계를 통한 사회주의 해외 수출

–미국의 대학을 통해 미국과 세계를 세뇌시키다

좌경화 되는 세계와 미국의 책임

내가 한국이나 다른 남아시아 국가들을 여행하며 관찰한 결과, 가장 큰 변화 중 하나는 미국에서 봤던 것과 비슷한 문화적, 정치적 변화였다. 미국 민주당을 장악한 좌파적 운동이 남아시아, 특히 한국에도 엄청나게 진출한 듯하다.

이러한 좌경화의 원인 중 하나는, 젊은 한국인들이 미국의 대학에서 교육을 받기 때문이라고 설명할 수 있다. 많은 한국 사람들이 고등 교육을 위해 아이들을 미국으로 보낸다. 이들 중 다수는 한국에 돌아와 학계, 정계, 사업, 방송, 그리고 노동조합 분야에서 직업을 얻는다. 또 일부는 정치인 또는 지역사회 조직책이 된다. 미국에서 교육받은 이 좌파들은 그들이 미국 대학에서 배운 것들이 마치 미국을 움직이는 경제, 사회 문화의 복음인양 가르친다. 따라서 미국 대학들이 좌경화 할수록, 교육을 위해 미국에 자기 학생들을 보낸 나라들 또한 좌편향으로 흐르게 된다.

안타깝게도, 이 유학생들은 자유시장경제, 경제적 자립, 개인의 책임, 법에 따른 자유와 평등과 같은 미국식 삶의 방식의 장점을 배우기보다는, 사회주의, 자격 사고[2], 집단적 사고, 그리고 거대 정부[3]에 의한 통제를 가르치는 좌파적 아젠다(Agenda)에 세뇌된다. 이들은 정부만이 사회적 병폐에 대한 해결책을 가지고 있으며 개인의 사회 공헌여부와 상관없이 정부가 모든 사람들의 요구를 채워 주어야 한다고 믿는다.

---

2) 자격 사고[entitlement]: 소수자와 사회적 약자는 사회적 특혜를 받는 것이 당연하다고 주장하며 그러한 특혜를 기본적 인권의 일부로 여기고 요구하는 사고방식

3) 거대 정부[Big Government]: 사람들의 삶과 경제에 많은 통제력을 갖는 정부

이것은 인간의 본성은 그가 누구든, 어디에 있든 동일하다는 것을 보여주었다. 즉, 한 사람의 필요를 다른 누군가가 채워주고 책임지기로 한다면, 대부분의 사람들은 안전을 보장받기 위해 자신들의 자유를 기꺼이 포기하려고 한다는 것이다. 역사상 어느 때에도, 세계 어느 곳에서도 사회주의가 성공한 적이 없음에도 불구하고, 사회주의 이념은 근면과 개인의 책임을 회피할 매력적인 대안이며 인생경험이 별로 없는 젊은 사람들의 마음에 쉽게 들어갈 수 있다.

미국 대학의 좌경화

'컬리지 픽스(The College Fix)'의 편집자 제니퍼 캐버니(Jennifer Kabbany)에 따르면 '공산당 선언문'은 아직도 미국 대학에서 가장 자주 교재로 지정되는 문서 3위 안에 들고 있다.

마켓워치(Market Watch)의 최근 보고에 따르면, 칼 마르크스(Karl Mark)는 미국 대학 수업에서 가장 많이 과제로 지정되는 경제학자라고 한다. 이 통계는 백만 개 이상의 강의 계획서에서 대학생들에게 교재로 지정된 도서와 저작물을 기록하는 '열린 강의계획서 프로젝트(Open Syllabus Project)'의 자료를 인용한 것이다.

학생들이 공산주의자로부터 경제학을 배운다는 것은 컬리지 픽스 관계자들에게는 놀라운 일이 아니었다. 컬리지 픽스에서 2013년 전국 31개 공립 및 사립대학을 대상으로 실시한 설문 조사에 따르면, 대학에서는 자유 시장 경제라는 주제가 번번이 비방을 받고 무시당하며, 객관적인 관점에서 다루어지지 않는 것으로 나타났다.

노조를 통한 좌파 및 마르크스주의 혁명이 실패한 후, 일반 미국인들이 공산주의를 완강히 거부하자 좌파는 새로운 권력 기반이 필요했다는 것을 기억하자. 그들이 찾은 새로운 기반은 바로 대학이다.

대부분의 미국인들은 자유롭고 개방적인 사회에서 살면서 자기 사업을 하고, 자기 일을 하고, 자기 아이들을 키우고, 자기가 가장 좋아하는 TV연예, 오락, 스포츠 프로그램들을 보며 산다. 이들은 좌파언론으로부터 뉴스를 접하기 때문에 현실이 그들을 직접 강타할 때까지는 미국 문화가 얼마나 빨리 변하고 있는지 거의 모르게 된다. 일이 닥쳐야만 국민이 알게 되는 이 현상은 국가적 재앙 사태에서 볼 수 있는데, 그 예로 2007년과 2008년, 주택시장의 거품이 꺼져서 많은 사람들 일자리와 집을 잃고, 노후 자금을 잃고, 주변 누군가가 이런 일을 당한 시기를 생각해보면 된다. 이 사건은 우리 경제에도 충격이었지만, 정부와 대형 은행들이 함께 무슨 짓을 하고 있었는지 관심을 기울이지 않았던 대부분의 미국인들에게 충격으로 다가왔다. 올바른 정보를 접하는 시민들만이 오래 번영할 수 있는 것이다.

미국인으로서 우리는 세계에 책임이 있다. 우리는 이 세상에 반드시 긍정적인 본보기가 되어야 하는데, 왜냐하면 좋건 싫건 세계 모든 국가들이 우리를 지켜보고 있고 우리 사회를 모방하고 있기 때문이다. 미국을 다시 위대하게 만드는 일은 미국이 세계를 위해 좋은 모범이 되는 것에서부터 시작한다. 우리는 건국의 가치관과 발상으로 돌아가서 어떻게 하면 번영하고 평화로워질 수 있는지 미국 사회를 통해 보여주어야 한다.

미국은 헌법에 담겨 있는 이념과 가치관 덕에 처음에는 위대했다.

다시 위대해지기를 바란다면 우리는 그러한 위대한 아이디어와 가치관으로 되돌아가야 한다. 우리는 경계를 늦추지 말고 정부를 주시해야 한다. 그렇지 않으면 정부는 통제 불능이 될 것이고 미래에 더 많은 경제적 재앙을 직면하게 될 것이다.

한국의 좌경화

나는 2주간의 한국여행을 마치고 막 돌아왔다. 나는 한국 사회가 얼마나 심각하게 좌경화되었는지 보고 다시 한번 놀랐다. 보수주의 박근혜 대통령이 탄핵되기 6개월 전 한국에 방문했었는데 그 이후로 극좌파가 한국 전역에 얼마나 많이 퍼졌는지 깜짝 놀랐다.

새로 대통령으로 선출된 문재인은 북한과 더 튼튼한 관계를 맺고 싶어 이미 북한방문 계획을 짜고 있다. 북한과 중국이 사드(THADD)에 항의하자, 문재인은 사드 방어 체계가 제거되기를 바란다는 성명서까지 발표했다. 사드는 북한으로부터의 공격을 막기 위해, 그리고 대한민국에 주둔하고 있는 미군뿐 아니라 한국 사람들을 보호하기 위한 방어책으로 미국이 배치한 것이다.

문재인은 사드 배치를 연기시킬 방법을 모조리 동원하고 있는데, 이것은 오랫동안 지속된 미국과 대한민국의 상호 방위 협정을 심각하게 위반하는 것이다. 더욱 우려가 되는 것은 대다수의 한국 국민들이 그에 동의하는 것처럼 보인다는 사실인데, 이는 여기 미국과 같이 좌파 성향의 언론들이 사람들의 생각을 교묘히 조작해왔기 때문이다.

파시스트 수준으로 보이는 좌파들은 아무 증거도 없이 박근혜 대통령을 권력남용과 뇌물 수수 혐의로 체포하기에 이르렀다. 증거라고 내세운 것들은 대부분 출처를 알 수 없는 정부 소식통에 의한 뉴스 보도이다. 어디서 많이 들어본 이야기 아닌가?

중우정치(Mob rule)가 법치를 대체했다. 만일 당신이 좌파에 동의 하지 않는다면 당신은 자신이 동일한 법의 보호를 받지 못한다는 것을 알게 될 수 있다. 이것이 바로 민주주의를 가장한 중우 정치의 본 모습이다.

대한민국 국민들이 미국에 말하기를, "탄핵은 자유롭고 공정한 선거 대신 지도자를 바꾸는 또 하나의 방법이기 때문에 한국 국민이 수용할만한 일이다."라고 한다. 미국 헌법을 본 따 만들어진 대한민국 민주공화정은 사회주의를 위해 이렇게 버려졌다. 미국으로부터 온 '자격 사고(entitlement mentality)'가 더 강력한 버전으로 대한민국에 수출된 것이다! 젊은 사람들과 노동빈곤층은 일하지 않아도 생계를 위한 돈을 주겠다고 약속하는 정치인들을 찾고 있는 것이다.

만일 어떤 사람이 새로운 사회주의 관행에 반대하면 좌파들은 미국을 콕 찍어서 이렇게 이야기한다. "미국이 그렇게 하고 있으니까 틀림없이 옳은 것이다." 개인의 책임은 더 이상 아무 의미가 없고, 가난하기만 하다면 무조건 돈을 주는 것이 인간으로서 해야 할 옳은 일이라고 좌파들은 생각한다.

미국은 한국의 좌파들을 잘 가르쳐 주었다. 한국전쟁 이후 부유하고 번영한 사회를 이룩한 한국은 이제 돈을 지불할 방법이 없는 거대한 복지국가가 되어 가고 있다! 어디서 많이 들어본 이야기 같지 않은가?

마치 마약상들이 그러하듯, 부패한 정치인들은 자기들의 정책이 사회에 어떤 결과를 가져올지 생각하지 않은 채, 권력을 얻고 유지하기 위해 달콤한 것들을 더 많이 주겠다고 약속하고 있고 사람들은 거대 정부가 제공하는 마약에 중독되었다.

한국은 마치 '탄광 안의 카나리아'처럼 미국에게 경고등 역할을 하고 있다. 만약 미국이 사회주의로 미끄러져 내려가는 것을 멈추지 않는다면, 한국이 내려간 똑같은 길로 미국도 내려갈 것이다.(사실 미국은 이미 내려가는 중이다.) 미국은 사회주의 수출을 멈추어야 하고, 전 세계가 미국을 본보기로 여기고 있다는 것을 깨달아야 한다. 미국의 대학과 언론에서 기회의 평등이 아니라 결과의 평등이 '평등'을 창조한다는 사회주의적 유토피아의 영광을 설교할 때, 그들은 미국을 세계의 부러움의 대상으로 만들었던 바로 그 이념을 파괴하고 있는 것이다.

사회를 지배하려는 것이 아니라 오직 사회를 위해 봉사하기만을 원했던 대표자들은 어디로 간 걸까? 이들 대신 자기 이익에만 관심 있는 정치인들이 그 자리를 차지했다. 이런 세상에서는 오직 정치적 연줄이 있는 사람들, 정부 및 언론계 엘리트, 연예계 유명 인사들만 성공할 수 있고, 불행은 국민들 모두가 골고루 나누어 가지게 된다.

제4장

보수의 입을 막아라
−역사를 무시하고 미국 탓하기

미국 탓하기

제1차 세계대전 이후, 문제가 있을 때마다 세계는 언제나 미국의 도움을 구했고, 거의 모든 경우 문제를 해결한 것은 미국이었다는 것을 역사가 보여준다. 직간접적으로 미국은 구조하는 역할을 담당했다. 하지만 그 문제가 일단 해결되거나 끝나고 나면, 얼마 못 가 세계에 일어난 어떤 문제라도 미국의 탓이 되고 만다.

제2차 세계대전부터 한국전쟁, 베트남, 중동에 이르기까지 미국은 공산주의, 폭군들, 급진적 신정정치로부터 세계를 구하기 위해 외교, 군사적으로 깊이 개입해 왔다. 우리 미국이 관여했건 안했건 결과는 마찬가지다. 미국은 관여해도 욕을 먹고 관여를 안 해도 욕을 먹는다.

지난 한 세기동안 크고 작은 전쟁에서 미국인의 생명과 재산에 꾸준히 손실을 본 결과, 미국인들은 이제 지쳤다. 미국의 희생에 대한 어떠한 감사 표시도 받지 못한 채 끊임없이 부담만 떠맡아왔기 때문이다. 미국이 완벽하지 않다는 것을 알지만, 무엇이든 우리 미국이 관여해야 할 상황이 오면 하나의 국민으로서 최선의 의도를 가지고 참여했다. 하지만 결과와 상관없이 나중에 안 좋은 일이 생기거나, 의도와는 상관없이 미국의 관여로 말미암아 빚어진 사태에 대해 항상 비난을 받고 있다.

만약 베트남, 한국, 혹은 중동 등의 국가에 발생한 문제에 미국이 책임이 있다면, 그것은 우리 정치가들의 잘못으로 미국 군대의 손발이 묶인 나머지 원래 임무를 달성하지 못하게 된 것일 뿐이다.

전쟁이 끝난 뒤에도, 부상 당한 전사들과 그들의 가족, 가장 큰 희생을 치른 사람들의 가족들에게 합당한 지원을 해주기 위해 돈을 내는 것은 미국의 납세자이다. 동시에 미국의 관여로 자유롭게 되었지만 이로 인해 나타난 문제를 견디지 못하고 미국을 탓하는 유럽, 일본, 한국, 그리고 이라크 같은 나라들을 지원하고 방어하도록 요청을 받는 것도 바로 미국이다.

계속되는 전쟁과 미국 탓하기에 미국인들은 지쳐버렸다. 어떠한 대가를 치르더라도 갈등을 피하자는 태도를 갖게 되었고, 이로 인해 미국은 미국이 세계에 자유를 수출해야 한다는 주장을 꺼리게 되었다. 결국 세상 나쁜 일은 '뭐든지 미국 탓'을 하는 사회가 되어버렸다. 물론 이 자기혐오는 미국 교육 제도를 통해 아이들에게 주입되었고, 지금 여러 세대에 걸친 미국인은 미국이 해결책이 아니라 문제였다고 확신하고 있다.

미국은 미국의 근본적인 목표는 언제나 자유와 평화였다는 것을 미국 국민들에게 가르쳐 주어야 한다. 미국은 악의 제국이 아니라, 세상이 잘 되기를 바라는 유일한 나라로서, 세계의 평화와 번영을 유도할 잠재력을 갖고 있는 유일한 국가이다. 미국 안팎의 사람들이 미국을 어떻게 묘사하든, 기회만 주어진다면 거의 모든 나라 사람들이 살고 싶어 하는 국가가 바로 미국이다.

한국의 미국 비난, UN의 미국 비난

한국은 현재 미국을 비난하고 있는데, 미국이 사드 미사일 방어망을 배치하여 한국에 경제적 문제가 야기되었기 때문이다. 사드 배치로 인해 중국은 한국 상품의 수입을 거부하고 중국인의 한국여행을 금지시켰다. 지난 60년 이상 미국은 북한과 중국으로부터 남한을 보호하기 위해 한·미군사동맹을 맺었다. 그 협정에 따르면 미국은 미군과 한국인을 보호하기 위해 필요한 군사력을 무엇이든 배치할 수 있다.

한·미군사동맹으로 미국이 여태까지 남한을 보호해왔다는 사실을 감안하면, 한국이 사드 배치 때문에 경제적 피해를 조금 입는다고 할지라도, 어떻게 자기를 지켜주려고 와있는 미군을 보호하기 위한 최소한의 수단인 사드 배치를 불편해하면서 사드 배치에 반대하는 중국의 주장을 옹호할 수 있단 말인가? 한국 정치 지도자들은 미국을 비난하기보다는 중국이 한국에 대한 주권침해를 중단할 것과, 미사일 방어 체계가 아예 필요 없도록 중국이 북한에 영향력을 행사할 것을 요구해야 한다.

주한미군이 한국에 주둔하는 이유는 무엇보다도 한국이 끌어안고 싶어 하는 그 국가들, 바로 중국과 북한으로부터 우리의 동맹국인 한국을 보호하기 위해서이다. 한국전쟁에서 미국이 한국인들을 보호하기 위해 지출한 수천억 달러를 굳이 언급하지 않더라도, 한국전쟁에서 3만7천 명의 미국인이 목숨을 잃었고 엄청나게 더 많은 사람들이 부상당하거나 실종되었으니, 한국이 미국에게 멸시가 아니라 감사를 표할 거라 기대할 것이다. 하지만 한국은 미국의 구조를 받고도 전쟁이 끝나자 불평만 해대는 여러 나라 중 하나일 뿐이다.

UN과 NATO의 부당한 처사에 대해서도 정말 할 말이 많다. 미국 시민과 납세자가 전 세계와 우리 동맹국을 방어하는 비용에서 가장 큰 몫을 담당해야 한다고 어디 쓰여 있는가? 미국은 세계 2번째,

3번째 강대국이 지출하는 비용을 합한 것보다 40% 많은 비용을 국방비로 지출하고 있다. 반면 동맹국들은 미국 납세자들의 돈으로 보호를 받으면서 자기들 돈은 자기나라 경제 발전을 위해 사용할 수 있었다.

자기나라 땅에 유엔본부가 존재하는데, 그로 인해 받는 혜택은 없고 비용은 거의 다 감당해야 한다면, 과연 어떤 나라가 자기 땅에 유엔본부를 두려고 할까? 하지만 좌파 생각에는, UN이 미국 땅에서 미국을 맹비난하더라도 미국이 UN을 지지하는 게 마땅하다. 왜냐면 미국은 그간 소위 제국주의적인 행태를 보였으므로 이에 대해 사과해야 하고, 또 미국의 부를 전 세계에 나눠주어야 한다고 그들은 생각하기 때문이다.

좌파가 된다는 것은, 문제가 무엇이든 미안하다고 할 필요가 전혀 없고 항상 미국을 먼저 탓한다는 것을 의미한다. 좌파들은 기업가정신, 근면, 교육에 따라 보상을 해주는 우리의 탐욕스러운 자본주의 사회 대신, 사회주의나 심지어 마르크스주의가 들어서서 부가 균등하게 분배되고 모든 사람들이 똑같이 비참한 사회가 되어야 한다고 생각한다.

미국과 미국의 이상을 비난하고 악으로 낙인 찍는 것은 좌파가 우리의 자본주의 경제 체제를 무너뜨리기 위해 쓰는 방법 중 하나이다. 좌파는 말로 하는 논쟁에서 이기지 못한다. 때문에 좌파가 논쟁에서 이기려면 정치적 반대편의 말문을 막아야만 한다. 이러한 목적을 달성하려면 미국 헌법에서 가장 중요한 권리 중 하나에 훼방을 놓아야만 하는데, 언론의 자유와 종교의 자유에 대한 첫 번째 수정조항이 바로 그것이다.

좌파의 전략: 보수의 입을 막아라

지난 4월 힐스데일 대학(Hillsdale college)에서 열린 킴벌리 스트라셀(Kimberley Strassel)의 연설 '언론의 자유를 겨냥한 좌파의 전쟁'에서 그녀는 좌파들이 반대편을 침묵시키기 위해 사용하는 전략들을 다수 소개했다.

좌파의 주장은 이러하다.

"언론의 자유란 당신이 원하는 것을 말할 수 있는 것이다. 단, 내 맘에 들어야 한다."

지난 수십 년간 정치와 선거자금법에서 좌파 맘에 드는 언론의 자유만 허용하는 태도가 점점 더 용인되다가 멕케인-페인골드법[4]이 통과됨에 따라, 언론의 자유, 특히 민감한 정치적 쟁점과 관련된 비영리 단체와 기업의 자유를 겨냥한 좌파의 탄압이 극에 달했다.

우파는 노조가 좌파 후보를 지지한다고 불만을 제기해왔지만, 더 큰 문제는 좌파가 사업체와 기업, 정치적 쟁점을 다루는 우파 성향의 비영리 단체의 입에 재갈을 물리기 위해 이러한 정치적 언론법을 이용한다는 것이었다.

멕케인 페인골드 법의 내용은, 법인은 사람이 아니므로 언론의 자유가 없다고 주장하며 이른바 정치 쟁점을 다루는 외부 그룹들로부터 언론의 자유를 빼앗으려고 한 것인데, 이 법은 대법원이 합헌이라고 인정하기 힘든 심각한 문제가 있었다. 2010년 1월 미국 대법원은 5:4의 판결로 결정된 '시민 연합' 사건에서 멕케인 페인골드 법을 위

---

4) 멕케인 페인골드 법[McCain-Feingold Act]: 2002년 통과된 미국의 법으로, 연방 공직자 선거운동을 위한 재정조달 방법을 바꾸었다. 후보자 개인이 아닌 전국 정당 위원회에 규제를 받지 않고 액수가 큰 후원금을 기부하는 것을 금지했다.

헌이라고 판결하여 헌법에서 보장된 언론의 자유를 회복시켰다.

지난 몇 년간 언론과 종교의 자유를 조금 회복한 바 있는 우파 대부분은 이 시민 연합 판결을 자유를 위한 반격으로 간주했다. 하지만 좌파의 입장에서는 끔찍한 재앙이 아닐 수 없었다. 스트라셀은 다음과 같이 말했다. "좌파는 정책논쟁에서 이기기가 더 힘들어졌다는 것을 알게 되자, 정치적 반대파의 입을 막는 법에 더욱 매달리게 되었다. 하지만 대법원은 그러한 법을 폐지하고 비영리단체와 기업이 다시 자유롭게 공적 발언을 할 수 있도록 물꼬를 텄다. 이 일은 좌파 입장에서 최악의 타이밍에 일어났다."

좌파는 오바마 행정부의 정책과 아젠다(Agenda)에 대한 국민의 엄청난 반발을 경험하고 있었다. 자동금융구제, 경기 부양을 위한 재정지출, 오바마케어(ObamaCare)에 대한 국민적 저항이 공화당 내부의 풀뿌리 운동인 '티파티(Tea Party)' 운동, 즉 보스턴 차 사건에서 영감을 얻은 시민들의 운동과 맞물리면서 2010년 대통령 임기 중반 총 선거에서 커다란 변화가 있을 것이 분명해 보였다. 민주당이 의회 다수석을 잃을 가능성도 있었다.

맥케인 페인골드 법이 사라진 마당에, 좌파는 더 이상 법적으로 자기 반대편의 입을 막을 수 없었다. 그렇다고 이길 수 없는 정책 논쟁을 할 수도 없었기 때문에 권력을 유지하기 위한 새로운 전략이 필요했다. 반대편을 위협하고, 괴롭히고, 겁을 줘서 정치에 참여하지 못하도록 하는 것이다. 만약 보수주의자가 헌법에 규정된 권리를 행사하려고 한다면 정치적인 피해는 물론 개인적인 피해도 볼 거라는 메시지를 보내는 것이다.

2010년 이후, 미국 좌파는 다양한 방법을 사용해 체계적으로 이와 같은 전략을 구사했다. 정치적 반대자들을 대적하기 위해 연방 및 각 주의 공무원 조직을 활용한 것이다. 예를 들어 국세청을 사용하여 보수 성향의 비영리단체를 조사하거나, 검찰 권력을 남용해서 정치적 반대자를 추적하고 겁을 주거나, 활동가 단체를 이용해서 기업과 비영리단체의 입을 막으려고 협박하거나, 보수적인 정치활동을 후원하는 사람들을 괴롭히는 것이다.

이러한 거대한 권력의 압박에 대항하여 승리할 수 있으려면, 국세청 등의 기관 직원들이 언론의 자유를 짓밟지 못하도록 행정부의 권력을 줄여야 한다. 연방 및 주 공무원 조직을 축소하는 것만으로도 큰 진전을 볼 수 있다.

또 하나 필요한 것은 국가기관의 권력에 대한 체계적인 재검토작업이다. 이를 통해 잘못에 대한 아무런 책임도 지지 않는 공무원 조직이 미국인의 정치활동에 대해서 가타부타 토를 달 권한을 박탈해야 한다. 국세청은 자기들이 할 일만 하면 된다. 납세자가 양식을 제대로 작성했는지 확인하는 것, 그 이상 다른 일을 하려고 하면 안된다.

능동적으로 방어하고 큰소리로 고발하라

기업은 남 보고 자기를 방어해 달라고 할 것이 아니라, 뚝심을 갖고 스스로 언론의 자유를 적극적으로 방어해야 하며, 우리는 기업이 이렇게 하도록 압박을 가해야 한다. 정보 공개에 관한 법률을 손질해서 시민이 아닌 정부가 정보 공개의 책임을 지도록 되돌려야 한다.

더 중요한 것은, 우리가 당하는 그 어떤 형태의 위협도 즉각 큰소리로 고발해야 한다. 남을 괴롭히는 사람들은 자기가 드러나길 원치 않기 때문이다. 마지막으로, 스트라셀의 말대로 보수주의자는 이러한 위협 행위를 자신도 저지르려는 충동을 억눌러야만 한다. 우리는 논리적 의사표현으로 토론을 이길 수 있기 때문에 좌파처럼 지저분한 수작을 벌일 필요가 없다.

그들이 보수 우파를 악의 무리로 규정하고 위협한다고 해서 꼼짝 못하고 수치심에 빠져서 할 말을 못해서는 안 된다. 진실과 상식은 우리 편이다. 보수적 가치관과 이상은 언제나 최상의 정책과 결과를 낳는다. 이것은 역사가 증명해주고 있다.

제5장

주류언론

−사회주의를 미국과 온 세상에 퍼뜨리다

나쁜 뉴스 만들기: 좌파의 미디어 장악
-피를 봐야 흥행에 성공한다

나쁜 뉴스는 잘 팔린다. 주류언론은 일상적으로 일어나는 긍정적인 이야기 대신 우리 사회의 나쁜 사건에 집중한다. 나쁜 사건이 일어나지 않는다면, 미디어는 사람들이 걱정할 수 있도록 문제를 만들어내서 시청률을 올리고 수익을 증가시키고 좌파적 생각을 밀어붙인다.

오늘날 미디어는 모든 사건을 심판하는 재판관이 되었다. 미디어는 누가 옳고 누가 그른지 결정한다. 뉴스를 전하는 것이 아니라 뉴스에 대한 자기 의견을 자기 이념에 맞춰 말하고 있다. 좌파이건 우파이건 정치인들은 인기를 끌고 싶어 하기 때문에 대개 미디어에서 반복하는 메시지를 그대로 따라간다. 따라서 미디어는 더욱 자기의 아젠다(Agenda)를 밀어붙일 수 있게 된다.

사회주의 좌파는 미디어, 연예산업, 학계 등 미국인들이 정보를 입수하는 모든 통로를 장악했다. 그런데 좌파는 정보를 제공하거나 교육을 하는 대신 자기들 이념을 선전하고 있다. 이런 현상은 수십년 간 계속되었고 현재 미국인은 정보를 제공받은 것이 아니라 세뇌가 된 상태이다. 그러면 어떻게 이런 현상을 되돌릴 수 있을까?

미국이 세계의 유행을 선도하기 때문에 세계는 미국을 문명사회의 표준으로 보고 있다. 따라서 미국에서 좌파가 모든 형태의 정보를 조정한다면 이것은 전 세계에 유행하게 된다.

대형 미디어 기관의 최상위 경영진은 혼란과 분열을 좋아한다. 자극적인 헤드라인은 사람들의 이목을 끌고, 결국 수익을 가져다주기 때문이다. 만일 미디어에서 분노와 원한을 조장해서 사람들이 서로 싸우도록 분열시킬 수 있다면, 격한 충돌, 심지어 폭력적인 충돌이 일상화된 환경이 조성된다. 그렇게만 되면 잘 팔리는 뉴스가 만들어지는 것이다. 요즘은 소셜미디어의 출현으로 많은 사람들이 어디서나 뉴스를 접하기 때문에, 주류언론은 주목을 받기 위해 더 열심히 싸워야 한다. 경쟁에서 이기려면 최대한 자극적인 혼란사태를 만들어내어 보도해야 한다.

주류언론이 타블로이드 미디어와 점점 더 비슷해지면서 점점 더 인기도 떨어지고 있다. 대중의 신뢰를 다시 얻고자 한다면 가짜 뉴스를 만들기보다 기본으로 돌아가 사실을 보도해야 할 것이다.

사회주의 사상을 주입시키는 저널리즘 교육

저널리즘 학생들이 실제 저널리즘 기법보다는 사회주의 사상을 주입 받았기 때문에 기본으로 돌아가려면 시간이 오래 걸릴 것이다. 특정한 관점으로 편집된 보도만 보면서 역시 자기 생각이 맞다고 좋아할 일이 아니다. 사실에 기반한 보도를 원한다면 미국은 미래의 저널리스트를 교육시키는 방법을 바꿔야 한다.

갈수록 더 많은 젊은 저널리스트가 좌파 사상에 세뇌되고 있다. 뉴스에서 균형 잡힌 보도를 보기는 더욱 더 어려워질 것이다. 뉴스를 편집해서 자기 사상, 자기가 배운 좌파적 사상에 맞추면서 자기 생각과 배치되는 사실은 무시해버린다. 정부와 대부분의 미디어가 좌파적 아젠다를 공유하기 때문에, 잘못된 정보를 보도했다고 엄중한 책임을 지는 일은 거의 없을 뿐만 아니라, 오히려 잘못된 정보를 사실로 보도해도 동료들에게 칭찬을 받는다.

　결론은 시민들이 믿을 만한 뉴스를 접할 곳이 없다는 것이다. 이 모든 문제가 결국 교육에서 비롯된 것이다. 교육에 관한 내용은 이 책의 다른 장에 논의하고자 한다.

제6장

좌파의 정체성 정치
−분열시켜서 정복한다

인종, 성별, 성적지향, 종교, 출신국가, 이민

종교의 자유가 허용되려면 먼저 종교가 평화적이어야 한다. 기독교가 15세기에 개혁되었듯이, 이슬람권에서도 마틴 루터가 했던 것과 같은 개혁이 일어날 수 있도록 우리는 도와야 한다.

인종차별을 하는 것은 인간 본성의 잘못된 측면이다. 인종차별은 원래 생존을 위한 종족본능에서 나왔는데, 이러한 종족본능은 현대 사회에 더 이상 유효하지 않다. 인간 본성에 이런 문제가 있긴 하지만, 바로 그 인간 본성 덕에 인종차별 문제를 해결할 수 있다. 왜냐하면 사람들이 결국 인종의 차이에 상관없이 생존을 위해 자기 이익을 쫓아 움직이기 때문이다.

재키 로빈슨(Jackie Robinson)[5]이 좋은 예이다. 시간이 지나면 가장 실력 있는 사람이 드러나서 정상에 서기 마련이다. 재키 로빈슨이 성공한 이유는 피부색이 아니라 실력이 중요하다는 것을 구단주가 알았기 때문이다. 실력 있는 선수가 경기를 해야 야구가 발전하고, 야구가 발전해야 구단주들이 이득을 보는 것이다. 로빈슨은 당시 심각한 인종적 편견과 불안감을 극복하고 스포츠계를 한 차원 더 발전시켰다. 한 사람의 정체성을 결정하는 것은 피부색이 아니라 실력과 개성이라는 것을 입증한 것이다.

마틴 루터 킹(Martin Luther King Jr.)도 이런 유명한 말을 남겼다. "나는 꿈이 있다. 내 아이들 네 명 모두 피부색이 아니라 자기가 가진 특별한 재능으로 평가를 받는 나라에서 자라는 것이다." 미국에

---

5) 재키 로빈슨[Jack Roosevelt Robinson](1919. 1. 31.~1972. 10. 24.): 메이저리그에서 최초의 흑인으로 활동한 미국의 프로 야구선수)

서 이 꿈은 거의 현실이 되었으나 아직 이 꿈이 모두에게 완전히 성취되려면 좀 더 많은 작업이 필요하다.

인종차별 문제는 크게 개선되었지만, 과거의 극심한 편견을 넘지 못하고 다른 인종에 적대감을 가지고 있거나 종족본능을 유지하고 있는 사람들은 끊임없이 갈등을 일으킨다. 하지만 이런 사람들은 소수이고 대다수의 사람들은 과거의 분열을 넘어 서로를 같은 미국인으로 보고 있다.

나 역시 십대에 미국에 온 소수자이다. 미국에 와서 새로운 언어를 배워야 했고, 내가 자란 사회와는 전혀 다른 미국사회에 적응해야 했다. 이 나라는 열심히 일하고, 최선을 다하고, 자기가 대접받고 싶은 대로 남을 대접하면 무궁무진한 성취를 이룰 수 있는 곳이다. 자기가 성공하든 실패하든, 남이 더 좋은 조건을 갖추었다고 탓을 하면서 인종문제를 거들먹거리는 일을 그만둬야 한다. 누구나 자기에게 주어진 재능과 성품을 가지고 최선을 다하면 인간의 편견을 깰 수 있다. 자신을 있는 그대로 인정하고, 피부색이나 출신을 의식하지 말고 단지 맡은 바 일을 열심히 한다면 사람들이 그의 피부색이나 출신국가에 상관없이 능력을 인정해줄 것이다.

차별 보완 조치[6]야말로 인종차별과 적대감을 부추기는 인종차별법이다. 차별 보완 조치는 취업이나 대학 입학에서도 긍정적인 결과를 낳지 않는다.

모든 사람은 하나님 아래 평등하고, 법 앞에 평등하다. 인종과 상관없이 자기가 대접받고 싶은 대로 남을 대접한다면 인종차별 문제

---

6) 차별 보완 조치[Affirmative action]: 과거의 차별을 근거로 고용과 교육에서 흑인과 히스패닉 등 특정 집단에게 특혜를 주는 정책

는 없을 것이고, 오직 인간애만 있을 것이다. 이렇게 서로 평등하게 대한다면 결국 인종차별을 극복할 수 있지만, 이것을 정부가 사람들에게 강요해서는 안 된다. 정부가 불필요하게 간섭하지만 않는다면 자유시장경제, 개인의 자유, 개인의 이익이 균형을 맞추게 되고 인종차별 문제는 먼 과거의 이야기가 될 것이다.

기회의 평등은 결과의 평등을 보장하지 않는다. 자유롭고 개방된 사회에서 똑같은 성과가 나오도록 강제하려는 사회주의적 시도는 분열과 인종갈등을 심화시킬 뿐이다.

정체성 정치(Identity Politics)[7]는 상황을 악화시킨다. 표를 얻기 위해서, 선거 기부금을 받으려고, 또는 자기가 부자가 되려고 어느 특정 집단의 대변인이 되는 정치인들은 결국 문제를 악화시킨다. 왜냐하면 다른 사람들의 피해를 담보로 해서 특정 그룹의 이익을 대변하기 때문이다. 하나의 미국이 되기 위한 노력을 해야 할 때, 이러한 행동은 다양한 사람들로 이루어진 여러 그룹들에 갈등을 불러올 뿐이다.

미국 의회에 '흑인 의원의 모임', '라틴계 의원의 모임', '아시아계 의원의 모임'이 있다. 이것은 다른 국가에 좋지 못한 본보기가 된다. 대표자들부터 자신들을 인종에 따라 나누고 있다면 국민들이 인종간의 경계를 지우는 것이 어찌 가능하겠는가? 만일 '백인 의원의 모임'이 있다면 어찌 될까? 다들 인종차별이라고 하지 않겠는가? 의회에 백인 의원의 모임이 있는 것이 인종차별이 된다면 인종에 따라 나눈 다른 의원 집단도 인종차별이 되는 것이다.

오히려 정치인들은 인종과 상관없이 서로를 동등하게 존중하는 모

---

7) 정체성 정치[Identity Politics]: 특정한 종교, 인종, 사회적 특징 등이 있는 사람들을 정치적 동맹으로 형성해서 기존의 광범위한 정치 당으로부터 떨어져 나가는 경향

습으로 국민 일치의 본보기가 되어야 한다. 길게 보았을 때, 정치인들이 인종에 신경 쓰는 일을 서둘러 그만둘수록 미국 사회는 그만큼 더 빠르게 하나의 국민으로 단합이 될 것이고, 피부색을 가지고 특정 민족으로 구분하지 않게 될 것이다. 얇은 피부색 밑으로 흐르는 피는 모든 사람이 똑같이 붉은 색이고 누구도 인종차별사회의 희생자가 아니다.

1970년대 초반, 십대에 달랑 29달러를 가지고 영어 한마디도 모르는 상태로 미국에 온 나의 개인적 경험으로 말하건데, 미국에서는 누구나 아메리칸 드림을 성취할 수 있다는 것이다. 열심히 일하고, 모든 사람에게 제공되는 교육의 기회를 적극 활용하고, 자기가 대접받고 싶은 대로 다른 사람을 대접한다면 누구나 미국에서 성공할 수 있다.

인종을 가지고 희생자를 만들어서 사람들을 분열시키고 정복하는 좌파들의 방식은 이제 젠더(gender)에 적용되고 있는 것을 지금 이 사회에서 볼 수 있다. 우리는 더 이상 인종차별이 심했던 19세기에 살고 있지 않다. 개인의 신체적 특징을 가지고 응석을 부리고 보호를 받는 사람이 되기보다는, 자기 능력과 성품으로 굳건히 서는 사람이 되는 것이 바람직하다. 있지도 않은 희생자를 만드는 짓을 멈춰야 한다.

요즘에는 대학졸업생 중에 남자보다 여자가 더 많다. 이렇게 된 이유는 자기가 되고 싶은 것은 무엇이든 될 수 있는 기회가 미국의 모든 여성들에게 주어졌기 때문이고, 우리가 기리는 자유를 적극 활용했기 때문이지, 특별하게 여성에게만 별도로 무엇을 해주었거나 차별 보완 조치의 덕을 보았기 때문이 아니다.

미국은 다양성을 존중하는 나라이다. 하지만 그 다양성이 피부색이건, 성별이건, 성적 지향이건 간에 그것을 가지고 다른 사람을 강제로 불평등하게 다루는 것은 용납할 수 없다. 법 앞의 평등은 미국을 특별한 나라로 만들었다. 인종차별이 있었던 과거는 한쪽으로 치워 놓고, 다른 사람들을 불평등하게 다루는 무기로 억지희생자를 만들어내는 짓을 그만두어야 한다.

우리는 서로 다르지만 미국인으로써 공통적으로 감사해야 할 것은 많이 있다. 우리는 완벽하지 않지만 다행스럽게도 미국의 건국자들 덕에 헌법과 공화국이 있어서 미국 연방을 좀 더 나은 상태로 만들기 위해 노력할 수 있다.

미국은 출신이 어떠한지에 상관없이 자신의 재능을 펼칠 수 있고, 원하는 것은 무엇이든 이룰 수 있는 유일한 나라이다. 빈민가에서 태어나도 상관이 없다. 벤자민 칼슨(Benjamin Carson) 박사와 같이 자기 출신을 극복한 사람은 헤아릴 수 없이 많다. 누구나 동등한 교육을 받을 수 있기 때문에 모든 아이들은 하나님께서 주신 재능이나 자기가 마음속에 정한 소망에 따라 목표를 성취할 수 있다. 물론 아버지와 어머니로 이루어진 가정의 중요성도 빼놓을 수 없다. 칼슨 박사는 아버지가 없다는 단점을 극복했지만 그것은 언제까지나 특별한 경우이고, 일반적인 법칙은 아니다. 하지만 그는 미국 시스템에서 성공하기 위해 개인의 노력 외에 다른 요구 사항이 없다는 것을 증명했다.

모두가 법 앞에 평등하다면 모든 사람에게 평등하게 법이 적용되어야지 특정 그룹에 예외를 둘 수는 없다. 이 사회를 커다란 교차로에 비교해보자. 개인의 피부색이나 성별, 종교적 믿음, 성적 지향에 상관없이 모두 똑같이 교통신호를 지켜야 한다. 그렇지 않으면 혼란만 야기될 뿐이다. 신호등에 빨간 불이 켜질 때 피부색이 어떻건 무슨 상관인가. 빨간 신호를 보는 사람이 누구이건 멈춰야 하는 것이다. 파란 불이 켜질 때는 종교에 상관없이 누구나 출발하면 된다. 노란 불은 신호가 바뀌니 조심하라는 것이지, 그 사람의 성적 지향이 무엇이건 상관하지 않는다. 교통신호는 보행자나 차를 가진 사람에나 마찬가지로 똑같이 적용된다. 규칙은 누구에게나 적용되는 것이고 모든 사람이 규칙을 지킬 의무가 있다. 지키지 않으면 사고가 날 것이다.

사람들을 정치적으로 나누기 위한 좌파들의 전략 최신판인 '정체성 정치', '집단 위주의 사고(Group Think)'는 이런 이유로 거절해야 한다. 우리는 헌법에 의해, 그리고 개인의 자유와 법 앞의 평등이라는 공통의 가치에 의해 미국인으로 하나가 되어야 한다.

세상 사람들은 미국에 와서 아메리칸 드림을 성취하는 꿈을 꾼다. 미국의 가족이 되고 싶은 사람은 미국에는 하나의 국민만 있다는 것을 이해하고, 자기의 정체성은 미국인이라는 것을 최우선으로 하고, 다른 미국인과 미국 기관, 미국만의 특별한 삶의 방식을 존중해야 한다.

제7장

워싱턴의 썩은 물 빼내기

워싱턴의 썩은 물이 벌이는 일

도널드 트럼프 대통령이 선거기간에 홍보한 것 중 인기가 많았던 안건이 있다. 그의 초창기 연설에서 그는 '워싱턴의 썩은 물을 제거하자'는 문구를 사용했다.

민주당이나 공화당 의원들은 선출직이라 계속 바뀐다. 하지만 선거로 뽑히는 것이 아닌 워싱턴의 관료들은 항상 그 자리를 지키고 있다. 그들이야 말로 영구적인 정부 노릇을 하면서 정치인들을 서서히, 하지만 확실히 자기들 생각대로 끌고 간다. 워싱턴에서는 이런 방식으로 일이 진행된다.

관료들과 마찬가지로 K스트리트(로비 집단)도 항상 존재한다. 정치적 기구가 돌아가도록 기름칠을 하는 존재는 바로 로비스트들이다. 그들은 선출된 정치인들에게 선거자금과 비금전적 혜택이라는 당근을 가지고 압력을 넣을 수 있다. 제아무리 선한 의도를 가진 도덕적 정치인이라도 머지않아 엘리트층의 호사스러운 돈 잔치와 숨은 정부(deep government)에 회유 당하고 만다.

한편, 유권자들이 자기 가족을 먹여 살리느라 눈코 뜰 새 없이 바쁜 와중에, 그들이 워싱턴으로 보낸 대표자들은 유권자의 이익이 아닌 자기 이익을 찾느라 바쁘다. 미국 의회 법안은 누군가의 특수 이권을 위해 시작된다. 누군가는 이것이 자기 먹을 거 챙기기라고 미화하지만, 이는 결국 납세자의 돈으로 정치인과 비즈니스 엘리트들의 배를 불리는 것이고 국민에게는 아무 도움이 안 되는 것이다.

정치인들은 필연적으로 썩은 물의 유혹에 넘어갈 수밖에 없다, 자기를 뽑아준 유권자보다는 자기 자신을 풍요롭게 하려다 보니, 자기에게 돈을 대주고 보호해준 숨은 정부(Deep State)와 로비스트의 지시를 따르는 신세가 되어 버린 자신을 발견하게 된다.

내가 워싱턴에 가면 나에게 접근하는 K스트리트의 로비스트에게 내 지역에 타운홀 미팅의 날짜와 시간을 알려줄 것이다. 그들이 만일 나와 할 이야기가 있다면, 나보다는 내 유권자들에게 먼저 말해야 한다. 그들이 내 유권자에게 자기들 주장을 직접 이야기해서, 내가 그들의 주장을 지지해야 하는지 아닌지 유권자들이 직접 결정하도록 할 것이다. 이로써 내 유권자들은 내가 그들을 위해 무슨 결정을 해야 하는지 알게 되고 로비스트들은 자기들의 주장을 유권자들에게 직접 전하게 된다.

그저 정부에 한자리 차지하기를 원할 뿐 시민을 위한 섬김이가 되고 싶지 않은 정치인을 워싱턴으로 보내는 것은 금붕어를 지키라고 고양이를 보내는 것과 같다. 그 정치인은 법적 임기가 끝나면 결국 자기가 살던 곳으로 돌아와야 하는데, 한번 워싱턴의 단물을 맛보고 나면 그곳을 뜨기가 싫어진다. 그래서 임기 제한이 있어야만 하는 것이다.

물이 흐르지 않으면 고여서 썩게 되고 투명성을 잃는다. 똑같은 사람이 똑같은 생각과 똑같은 행동으로 정부에 계속 머물게 되면 고여서 투명성을 잃은 썩은 정부가 되는 것이다. 새로운 문제를 해결하기 위한 혁신적이고 새로운 아이디어들이 지속적으로 넘쳐흐르기 위해서는 새로운 사람들이 필요하다. 임기제한이 없는 워싱턴은 곰팡이 핀 빵처럼 되어버렸다.

워싱턴의 입법자들은 결코 자기들의 임기를 제한하도록 헌법을 개정하자는 제안을 할 리가 없다. 따라서 '썩은 물'을 빼내는 유일한 방법은 정치 엘리트가 아닌 국민이 주도하는 헌법 5조의 주 대회 소집이다. 갈수록 비대해지고 부패하고 무모하고 사생활을 침해하는 연방정부를 보며 나라의 미래를 걱정하는 시민이 대처할 수 있는 방법은 헌법을 수정하는 것이다. 주 대표회의를 소집해서 나라를 원래 상태, 즉 국민의, 국민에 의한, 국민을 위한 제한된 연방정부로 되돌려 놓는 것이다.

주 대회[8]를 소집하여 해야 할 것은 (국세청 설치를 허용한) 16번 수정 조항과 (주 의회에서 상원의원을 선출하도록 한 원래 헌법과 달리 주 유권자들이 상원의원을 직접 뽑도록 한) 17번 수정 조항을 폐지하기 위한 부가조항을 만드는 것이다. 헌법 5조 주 대회를 소집하기 위한 운동을 하는 최선의 방법은 미국 대통령이 나서서 이를 추진하는 것이다. 도널드 트럼프는 여론을 움직이는 데 탁월한 재능이 있고 공화당이 주의회의 2/3를 장악하고 있는 지금이 바로 기회이다.

도널드 트럼프의 대통령 선거 유세 기간에 그의 지지자들에게 왜 그렇게 트럼프를 열렬히 따르냐고 물어보았다면, 모든 사람은 같은 대답을 했을 것이다. "트럼프는 돈 주고 살 수가 없어요." 그는 자기를 뽑아준 국민을 위해서 워싱턴에 가서 특수 이권에 영향 받지 않고 일할 수 있는 유일한 후보였다.

트럼프가 K스트리트의 로비스트들에게 신세지지 않았다는 것은 선거자금으로 유혹하는 썩은 물에 대해 신경을 끌 수 있다는 뜻이고, 바로 트럼프야말로 '썩은 물'을 빼낼 수 있다는 뜻이다. 불행히도 이 썩은 물은 아직 막강한 권력을 쥐고 있고 주류언론이라는 선전도구를 가지고 있어서 계속 가짜뉴스를 내보내서 트럼프를 공격하면서

---

8) 주 대회[Convention of States] 웹사이트: http://www.conventionofstates.com/solution

썩은 물에서 물 빠짐을 당하지 않으려고 악을 쓰고 있다. 그래서 여러 달 동안 주류언론에서는 오직 러시아, 러시아, 러시아만 외치고 있다.

상하원 양원에서 각각 트럼프 대통령에 대한 조사를 하고 있다. 거기에 더해 법무차관이 임명한 특별검사도 조사를 하고 있다. 이들은 트럼프 대통령 선거 팀의 음모와 법집행 방해 혐의에 대해 조사하고 있다. 이것은 썩은 물이 대중을 선동해서 대통령이 추구하는 정책을 방해하고 경제 회복을 막으려는 시도이다.

민주당은 사사건건 트럼프를 대적하기로 작정했다. 더 나쁜 것은 상하원의 공화당 의원인데, 그들은 오바마케어(ObamaCare)를 폐지하고 고치는 것에 뜸을 들이고 있다. 이것은 결국 트럼프의 세금 및 인프라 개혁을 막고 있는 것이다. 이 민주당원들, 미디어, 무늬만 공화당원들은 트럼프가 성공하는 것을 보느니 미국이 망하는 쪽을 택할 모양이다. 왜냐하면 썩은 물이 빠져버리면 그땐 정말로 국민을 위해서 일해야 하고 자기들을 호화롭게 살게 해주고 비싼 선거비용을 대주는 특수 이권을 위해서 일할 수 없게 되기 때문이다.

이 글을 쓰고 있는 시점에, 상원은 트럼프 대통령이 지명한 각료 후보들을 거의 승인해주지 않고 있는데, 이는 역대 대통령 중에서 가장 적은 수를 승인한 것이다. 이렇게 된 것은 민주당원들이 써먹을 수 있는 모든 법적 술수를 총동원해서 트럼프가 지명한 사람들이 승인되는 것을 막고 있기 때문이다.

같은 일이 의료와 세제개혁에도 일어났다. 민주당의 방해와 매일같이 러시아만 부르짖는 미디어 때문에 트럼프의 입법 일정이 느려지고 있고, 가짜뉴스를 근거로 끊임없이 조사를 진행하고 있는 국회의원과 상원의원들도 한몫하고 있다. 미디어는 트럼프 정책의 성공 사례는 무시한 채, 있지도 않은 마녀 사냥만 하고 있다. 일자리 창출, 의료보장제도, 인프라 등 미국인의 삶을 개선시키는 것과는 아무 상관도 없는 것들을 가지고 '썩은 물'이 일으키는 이 국가적 히스테리는 당장 중단되어야 한다.

그리고 공화당원들은 자기 지도자를 무조건 지키는 민주당원들의 태도를 배워야 한다. 오바마 대통령 임기 중에 민주당원들이 민주당 노선을 떠나서 대통령을 폄하하는 것을 본 적이 없을 것이다. 공화당원들도 똑같이 해야 한다. 그리고 트럼프 대통령을 지지해줘야 한다. '미국을 다시 위대하게!(Make America Great Again)' 이 표어를 성취하도록 해야 한다. 트럼프의 성공은 공화당원의 성공이 될 것이다. 하지만 트럼프가 실패한다면 그것은 공화당원의 실패가 된다.

미국인들이 트럼프를 백악관으로 보낸 이유는 그가 정치인이 아니기 때문이다. 국민들은 여전히 대통령을 지지한다. 2018년에 상하원 다수 의석을 유지하고 2020년 대선에서 다시 승리하길 희망한다면 공화당 의원들은 민주당과 가짜뉴스 미디어에 귀 기울이면서 그들 장단에 놀아나는 일을 그만두고 유권자의 이야기를 들어야 한다.

우리의 대표자들이 대통령을 지지하지 않는다면 그것은 곧 그를 뽑은 유권자를 지지하지 않는 것이다. 다음 선거에서 이들이 재선되기 위해서는 당내경선을 통과해야만 하는데, 여기서 그들은 트럼프를 지지하는 진짜 보수주의 후보들을 만나게 될 것이며, 국민은 이런 무늬만 공화당인 의원들을 예비경선에서 떨어뜨려야 한다.

국민이 워싱턴으로 보낸 목적을 성취할 용기가 없고, 유권자들의 이익보다 자기 이익을 앞세우는 대표자들은 워싱턴에 남아있을 필요가 없고 갈아치우는 것이 마땅하다. 이 글을 쓰는 이 시점까지 공화당 의원들은 오바마케어를 폐지 또는 대체하는 일과, 세제 개혁, 국경에 장벽을 세우는 일, 국가 인프라를 구축하는 일 같은 중요한 일은 하나도 해내지 못했다. 자기들과 트럼프가 천명한 선거 공약을 지키기 위해 성의를 다하지 않은 것이다. 국민들을 위해 열심히 일하라고 뽑아 놓았더니, 하라는 일은 안하고 엉뚱한 딴전 피우기에 열중하고 있다.

트럼프가 대통령이 되었는데도 왜 1월 20일에 의료보장 법안이 준비되지 않았을까? 오바마 대통령 임기 중에 7년이라는 기간이 있었고, 오바마케어를 폐지하자고 60번이나 투표했고 오바마가 그런 폐지안에 거부권을 행사할 것이라는 것도 알았다. 이 투표가 그냥 자기들이 선거에 이기고 싶어한다는 것을 유권자한테 보이고 싶어서 쇼를 하는 것이었을까? 만일 오바마케어 폐지안이 오바마 대통령 재임 중에 국회를 통과할 만큼 좋았다면, 그 폐지안에 거부권을 행사하지 않고 사인할 준비가 된 트럼프 대통령이 있는 지금 이 시점에 왜 통과시키지 못하는 걸까?

어쩌면 무늬만 공화당 의원들은 '썩은 물'에 매수 당해서 큰 보험회사나 제약회사, 병원 로비스트들로부터 흘러 들어오는 선거자금을 계속 받고 싶은 것 아닐까? 이 와중에 진짜 큰돈인 납세자의 세금은 이와 같은 특수 이권의 주머니 속으로 들어가게 된다. 무늬만 공화당 의원들은 힐러리가 대통령에 당선될 것이라고 보고 오바마케어가 단단히 자리 잡아서 폐지할 수 없게 될 때까지 4년 더 그들의 가면놀음을 유지할 수 있다고 믿었던 것 같다. 그게 아니라면, 미국이 승리하는 것을 보느니 트럼프가 망하는 것을 보고 싶었던 걸까?

감당할 수 없이 두 자릿수로 상승하는 보험 프리미엄과 공제금액은 사람들이 의료보험은 있으나 진짜 의료보장은 못 받는다는 것을 보여준다. 이런 사태를 막아 달라고 자신에게 기대를 거는 미국의 수많은 유권자들을 돌보는 대신, 무늬만 공화당 의원들은 자기이익과 특수 이권을 위해서 일하고 있는 듯하다.

더 이상 이 공화당원들이 자기 약속을 지킬 거라고 기대할 수 없다. 따라서 우리는 우리가 워싱턴으로 보낸 그 사람들을 갈아치워야 한다. 아니면 사회주의식 의료보장제도를 우리의 미래로 받아들여야 하는데, 그렇게 되면 미국의 위대한 의료보장 시스템은 지나간 일이 되어버리고 만다.

이러한 이유로 나는 전 국회의원 폴 브라운이 제시한 네 가지 질문, 즉 모든 법안에 '투표할 때 필요한 테스트'를 지지한다. 만일 상하원 의원들이 이 테스트를 해 본다면, 유권자들과 나라를 위해 항상 옳은 일을 할 수 있을 것이다.

1. 법안이 합헌적인가? 정부가 마땅히 해야 할 일인가?
2. 도덕적으로 올바른가?
3. 우리에게 필요한 것인가?
4. 비용을 감당할 수 있는가?

공화당 의원들이 정신 나간 좌파와 관료, 미디어, 그리고 '썩은 물'을 상대로 제대로 맞서고 싶다면, 그저 사이좋게 잘 지내려 하기보다는 투쟁정신을 갖춰야 한다. 공화당 의원들은 미디어, 학계, 하위 법원, 상하원의 소수당 의원들이 트럼프를 함부로 취급하도록 내버려두고 있는데, 좌파들은 민주당 대통령이 이런 취급을 받도록 절대 내버려두지 않는다. 제도권에 물든 공화당 의원들이 트럼프 대통령을 버리는 이유는 트럼프가 빼내겠다고 약속한 '썩은 물'에 자기도 포함되어 있기 때문이다.

우리에게 훌륭한 대표자들이 없다면 미국을 다시 위대하게 만들 수 없다. 또 워싱턴의 '썩은 물'을 빼 버릴 때까지는 아메리칸 드림을 되찾을 수도 없다.

제8장

미국을 다시 위대하게
–일자리 창출은 이렇게 하라

일자리 창출을 이해하지 못하는 정부

정치인들은 일자리 창출을 위한 끝내주는 프로그램을 가지고 있다면서 새로운 비즈니스를 끌어들이겠다고 늘 이야기하는데, 사실 그들은 자기가 무슨 말을 하는지 전혀 모르고 있다. 정부는 정부 관료 수를 더 늘리는 일이라면 모를까 일자리를 창출하지는 못한다. 정부는 비즈니스를 이해하지 못하고, 비즈니스 성장과 일자리 창출에 대해서는 더욱 더 이해하지 못한다.

정치인들이 사업가들의 일자리 창출을 도울 유일한 방법은 정부가 빠지게끔 하는 것이다. 실제로 일자리를 창출하고 비즈니스를 하는 사람들의 숨통을 틀어막는 엄격한 규제, 과도한 세금, 지나친 배상책임, 정부에 제출하는 끝도 없는 서류 등이 사업가에게 부담을 주지 않도록 환경을 조성해 주어야 한다.

정치인들은 음악 연주자에게 음악을 연주하는 방법을 가르쳐줄 수 없고, 운동선수에게 어떻게 경기를 하는지 알려줄 수 없다. 따라서 누군가에게 봉급을 주는 비즈니스를 해본 적이 없는 정치인들은 매우 다양한 분야의 사업가들에게 어떻게 일하고 어떻게 비즈니스를 성장시킬지, 또 어떻게 일자리를 창출할지 말해줄 수 없는 것이다. 그럼에도 불구하고 정치인들은 사업가들이 누구를 고용해야 하고, 어떤 안전규제를 따라야 하고, 고용인들에게 어떤 보험을 제공해야 하고, 고용인들이 일주일에 얼마나 일해야 하는지 결정하고 있다.

OSHA(고용안전 및 건강 행정부), EPA(미국 환경보호국), FCC(연방 통신위원회), IRS(국세청), FHA(미연방 주택국), SEC(미 증권거래위원회), SSA(사회보장국) 등 수십 개의 기관들은 기업가에게 너무 많은 업무와 시간을 요구한다. 영세 사업자들은 정부가 사업가에게 강요하는 산더미 같은 규제를 준수하고 있는지 확인해 줄 변호사 무리를 고용할 돈이 없다. 그러다보니 사업을 운영할 자금과 시간을 각종 규제를 준수하는데 쓰느라 경쟁력을 갖출 수가 없다.

비즈니스에 영향을 주는 법안을 의회에서 통과시킬 때마다 정부 관료들이 수천 개의 규제를 추가했기 때문에 국가 등록부(National Registry)는 현재 80만 페이지가 넘는다. 영세 사업자들이 80만 페이지에 달하는 규제를 다 지켰는지 아닌지 무슨 수로 알겠는가? 행정부는 국가 등록부에서 불필요한 규제를 낱낱이 찾아내어 없애는 작업을 시작해야 한다. 몇 십 년 또는 몇 백 년 전에 만들어진 수천 건의 규제들이 미국 비즈니스에 족쇄를 채우고 있다.

이 글을 쓰고 있는 오늘, 미국은 독립기념일인 7월 4일을 축하하는 행사를 했다. 슬프게도 매해 불꽃놀이에 지출하는 수억 달러의 99%는 중국, 멕시코, 스페인, 포르투갈, 일본으로 가고 있다. 규제와 세금, 배상책임 보험료 때문에 미국의 불꽃놀이 제조업자들은 경쟁력을 잃은 것이다. 다른 제품과 마찬가지로, 정부의 이러한 방해로 불꽃놀이가 다른 나라에서 만들어지면 그만큼 미국은 일자리를 빼앗기고 무역적자는 증가한다.

물론 법과 규제가 있어야 미국 시민 사회와 환경, 소비자 안전을 지킬 수 있다. 하지만 변호사들과 의원들은 모든 것을 과하게 규제하려고 담합을 해서 미국에서 비즈니스를 쫓아내고 있다. 매년 미국 독립기념일을 축하할 때마다 쏘는 폭죽처럼, 미국인이 낸 돈은 연기가 되어 다른 나라로 빠져나간다.

세금, 규제, 무역적자를 줄여라

〈법인세〉

미국은 법인세가 세계에서 가장 높은 나라 중 하나로, 이로 인해 미국 비즈니스는 다른 나라와의 경쟁에서 매우 불리해졌다. 가장 이상적인 것은 법인세가 아예 없어지는 것이다.

사실 기업은 세금을 내지 않는다. 기업이 부담하는 법인세율만큼 고스란히 소비자가에 포함시켜서 소비자들에게 떠넘기기 때문이다. 소비자는 언제나 최고의 가성비를 찾기 때문에, 비용이 높아지면 제품과 서비스의 경쟁력은 저하된다. 이러한 이유로 큰 기업들은 실제 세율을 낮추기 위해 과세에서 빠져나갈 구멍을 만들도록 로비스트를 고용한다.

부유한 특수 이익집단뿐 아니라 모든 미국인에게 유익이 되려면 세법이 단순해져야 한다. 과세에서 빠져나갈 구멍이 없어져서 평범한 미국인들이 진짜 세금을 못 보는 일이 없어야 한다.

모든 법인세는 실제로는 소비자에 부과되는 세금으로, 부가가치세와 마찬가지로 소비자에게 이전된다. 제품이나 서비스가 생산자나 원래 서비스 제공자로부터 최종 소비자에게 갈 때까지 모든 단계마다 세금이 추가된다. 이렇게 제품이나 서비스 가격에 포함된 숨은 세금을 국민이 볼 수 있게 하려면 정부가 기업이 아니라 국민들로부터 직접 세금을 받도록 하면 된다. 이러한 방식으로 정부가 더욱 효율적이 되고 잘못에 대한 책임을 지게 된다.

법인세를 폐지하게 되면 제품과 서비스의 가격을 상당히 많이 낮출 수 있게 된다. 하지만 개인은 실제로 자기 돈에서 세금이 나가는 것을 목격하게 된다. 사람들이 이 수치를 볼 수 있게 되면 유권자들은 책임 있는 정부를 요구하게 되고 그렇게 되면 정부의 크기와 간섭을 줄일 수 있다. 하지만 바로 이런 이유로 정치인들이 기업에게 세금을 부과하려 하는 것이고, 숨은 세금을 모르고 있는 대부분의 미국인 유권자의 무지에 의지하려 하는 것이다.

공업 국가 중에서 최고로 높은 세금을 부과하는 대신 기업에 투자할 자금을 남겨둔다면 폭발적으로 일자리가 창출되고 소비가 커져서 더 많은 일자리가 생기는 것을 보게 될 것이다. 예를 들어, 소규모 사업체는 남는 35%의 돈으로 새로운 장비를 마련하거나 직원을 고용할 수 있고 제품이나 서비스를 구입할 수도 있다. 이로 인해 미국 경제에서 돈의 회전 속도가 극적으로 증가할 것이고, 미국 국내총생산 역시 괄목할 만한 증가를 보일 것이다.

법인세를 폐지했을 때 나타나는 또 다른 결과는 정부의 규모와 영향력을 줄이는 것이다. 세제가 투명해지면, 민간 부문의 돈을 뺏어감으로써 성장을 방해하는 규제를 줄이고 정부의 규모를 줄이도록 요구하게 될 것이다. 돈은 민간부문 경제에서 더 효율적으로 쓰인다. 트럼프 대통령이 제안한 세제 개혁은 법인세를 35%에서 15%로 낮추는 것이다. 15%만 해도 시작으로서는 참 잘한 것이다. 미국인들이 법인세 인하의 혜택을 보게 되면 곧 나와 마찬가지로 법인세를 아예 없애자고 외칠 것이다.

〈페어텍스(The Fair Tax)〉

개인을 위해서도 세제 개혁이 필요하다. 일률과세(소득세) 제도나 납세신고가 필요 없는 소비세인 페어텍스(The Fair Tax)를 채택하면 된다. 각 개인은 자기가 얼마나 소비하냐에 따라 얼만큼 세금을 낼지 결정할 수 있다. 페어텍스를 채택하면 암시장에서 사업을 하면서 소득을 신고하지 않는 사람들이 세금을 회피하지 못한다. 다른 사람들과 마찬가지로 그들이 마약 매춘, 도박 등의 불법영업으로 번 돈을 소비할 때 세금이 부과되기 때문이다.

미국 저소득층은 세금 바우처를 사용하면 가난할수록 세금 부담이 더 높아지지 않고, 아마 대부분의 제품이나 서비스를 구입할 때 세금을 전혀 안내도 될 것이다.

정부는 사람들이 구입하는 대부분의 물건에 국가 판매 세금을 부여해서 세금 수익을 발생시킬 수 있다. 사업가들은 판매가 이루어질 때 세금을 거두어 그것을 중앙 정부로 보낸다. 국세청(IRS)은 더 이상 쓸모가 없게 될 것이고, 개인은 얼마나 많이 면제대상을 주장하냐에 따라 자기 순수익이 결판나는 일이 없을 것이다. 대신 개인이 받는 봉급은 고스란히 그 사람 돈이 된다. 세금이 없는 것이다.

대부분 미국인은 유권자가 요구하는 정부의 크기에 따라 23%의 판매세를 내게 된다. 이로써 세금과 돈을 어디에 쓸지 국민이 결정할 수 있게 되고, 정부에서 결정할 수 없게 된다.

나아가, 페어텍스는 이중과세 문제를 해결할 수 있다. 현재 사업가들은 제품을 만들기 위한 원재료에 대해 판매세를 내야 하고, 여기에 다시 한번 세금이 붙는다. 결과적으로 원재료는 두 번 세금이 붙는 것이다. 하지만 이번에 제안한 법률에서는 사업가가 직접 구입한 재료는 판매세를 피할 수 있고 따라서 이중과세를 피할 수 있다. 이것은 개인이 구입하는 도매가를 낮추고 이론적으로는 소매가 역시 낮춘다. 마지막으로 중고상품은 연방 판매세금의 부과대상이 되지 않을 것이다.

프리베이트(소비세 사전환급)는 미국의 빈곤층에게 매달 수표를 지급하여 그들의 소비세 부담을 상쇄함으로써 빈곤층을 줄이기 위한 방안으로 고안되었다. 지급되는 금액이 빈곤층 가이드라인에 의해 결정되고 대형 가족의 경우 금액이 늘어난다. 프리베이트가 빈곤한 가정 위주이기는 하지만 수입에 상관없이 모든 사람이 매달 수표를 받게 된다.

물론 페어텍스에는 노인들처럼 고정수입이 적은 사람을 돕기 위해 음식이나 의약품 같은 필수품에 대해서는 소비세를 부과하지 않을 수도 있다.

정부가 세금을 23%에서 25%로 올리고 싶어 한다면, 국민들에게 가서 세금을 올리는 이유를 설명하고 그 필요를 유권자에게 설득시켜야 한다. 이거야말로 진정한 투명성 아닌가! K스트리트 로비스트나 돈 많은 사람들, 연줄 있는 사람들이 더 이상 우리 대표자들에게 부당한 영향을 주지 못하게 된다.

제품이나 서비스에 부과된 23%의 세금이 다소 비싸 보이는 것은 사실이지만, 35%의 사업세나 법인세를 제거하고 나면 제품과 서비스의 가격은 사실상 낮아지게 된다. 또, 자기 수입에서 그 어떤 세금도 내지 않기 때문에, 소득도 확실하게 증가하고 소비할 수 있는 돈도 많아진다. 또 자기가 소비하는 돈에 따라 얼마만큼 세금을 낼지 결정할 수 있게 된다.

이 상식적인 조세개혁을 통해 미국 경제는 사상 최고의 호황을 맛보게 될 것이다. 모든 분야의 제조업자와 사업가들이 미국으로 몰려들어 수백만의 일자리를 만들고, 미국에서 만들어진 제품과 서비스에 대한 국내외의 수요가 폭증함으로써 국민총생산은 크게 상승할 것이다. '미국산(Made in USA)'이 선망의 대상이 되면서 미국은 무역 적자가 무역흑자로 바뀌는 것을 보게 될 것이다. 이를 통해 미국은 무역 협정을 맺을 수 있다.

무역 협정을 다시 하라

미국은 수십 년 동안 미국과 무역협정을 맺은 거의 모든 나라의 밥이 되어왔다. 미·북자유무역협정(NAFTA)은 자유는 있을지 몰라도 미국에 공정하지 못하다. 이 협정으로 인해 무역적자가 계속 증가했고 수백만의 일자리와 수천 수조 달러가 미국을 떠나갔다.

도널드 트럼프 대통령은 미·북자유무역협정을 다시 협상하는 중이고, 환태평양경제동반자협정(TPP)으로부터는 탈퇴했다. 또 각 국가와 개별적으로 쌍방에게 공정한 무역 협정을 하는 중이다. 이 또한 미국의 무역적자를 줄이고 미국인에게 일자리와 달러를 더 가져다 줄 것이다.

미국은 무역 파트너에게, 특히 중국에게 경제 붐을 일으켜 주었지만, 경제의 세계화는 미국에 큰 손해를 준 것으로 나타났다. 지난 수십 년간 미국이 관계한 모든 무역협상에서, 다른 나라들은 조심해서 자기 나라 경제를 최우선으로 했지만, 미국은 애국자의 시각으로 접근하기 보다는 글로벌리스트의 동의를 구했다. 환태평양경제동반자협정과 같은 다자간의 협상은 미국이 모든 무역상대국에게 적자를 보는 결과를 가져왔다. 이제 미국의 노동자를 최우선으로 놓고, 각

무역 파트너와 개별적으로 쌍방 협정을 시작할 때이다. 이렇게 하면 미국은 협상할 때 유리해진다. 미국 경제가 강해야 미국의 군사력도 강해지고 전 세계가 안전해진다.

규제와 세금, 무역적자를 줄임으로써 미국의 이익을 최우선으로 하는 것은 아메리칸 드림을 되찾기 위한 첫 번째 단계이다.

제9장

세계의 리더, 미국

─경제, 사회, 군사적으로 강해져야 한다

미국은 세계의 본보기가 되어야 한다

지구상에서 미국처럼 다채로운 사회를 구성한 나라는 없다. 전 세계에서 온 사람들로 구성된 나라라고 주장할 수 있는 유일한 국가이기도 하다. 따라서 미국은 세계의 본보기가 되어야 하는 특별한 의무가 있다. 미국이 없는 이 세상은 과연 어떠할까?

세계 2차 대전 중 자유 유럽 방송(Radio Free Europe)[9]과 미국의 소리(Voice of America)[10]를 통해 민주주의와 자유시장경제, 서양 문명의 이상에 관한 진실을 알렸다. 또, 왜 미국적인 삶의 방식이 바람직하고 왜 전체주의, 공산주의, 사회주의가 실패하는지에 대해 전 세계 사람들에게 알렸던 일을 기억하자. 이라크에서처럼, 냉전이 끝나자 미국의 소리 방송을 중단했었고, 그 공백은 사회주의 사상으로 채워졌다.

다른 나라들이 미국적인 가치를 수용하도록 하고 싶다면, 그 나라에 우리의 가치관을 홍보해야 한다. 물건을 팔 때와 마찬가지로 적절한 마케팅을 하지 않고는 미국식 가치관을 다른 나라에 전할 수가 없다. 비즈니스를 하는 민간 사업자들은 사업이 지속되는 한 홍보를 멈추지 않는다. 미국이 다른 국가와 교류할 것이라면 미국이 가지고 있는 자유, 개인의 자유, 법 앞의 평등이라는 가치관을 지구의 모든 국가에 홍보해야 한다.

---

9) 자유 유럽 방송[Radio Free Europe]: 미국 정부에서 지원하는 방송국으로 동유럽과 중앙아시아, 중동 지역에 각 나라에 관한 뉴스, 정보, 해석을 보도했다.

10) 미국의 소리[Voice of America]: 미국 정부에서 지원하는 국제 뉴스로 미국 연방정부의 공식적인 비군용 대외 방송국이다.

니키타 흐루시초프(Nikita Khrushchyov)가 부엌논쟁[11]에서 자기 신발을 들어 테이블을 쾅 내리치며 "우리는 당신들을 속부터 망가뜨리겠다."고 선언했을 때 그는 자기가 무슨 말을 하는지 정확히 알고 있었다.

흐루시초프가 1959년 이런 말을 했다. "미국이 자본주의에서 공산주의로 순식간에 바뀔 거라고 생각하는 건 무리다. 하지만 국민이 뽑은 리더들을 통해서 사회주의를 조금씩 맛보게 하면 언젠가 그 사회가 공산주의로 물들게 될 것이다."

사회 전반에 팽배한 사회주의

그는 사회주의 이데올로기와 그들의 선전 방법이 미국을 조금씩 설득해서 마침내 미국이 공산주의적 경제 시스템과 정부 시스템을 받아들이게 될 거라고 믿었다. 결국 오늘날 우리 삶 곳곳에서, 또 소위 주류 언론이라는 곳에서 사회주의적, 공산주의적 사고를 홍보하고 있고, 학계에서도 소위 엘리트 교수라는 사람들이 젊은이들에게 이런 가치관을 가르치고 있다. 자유시장경제와 개인의 책임은 왜 가르치지 않는 것일까?

좌파들은 공립학교와 대학을 사회주의 이념의 교육장 및 인력충원 수단으로 만들고 있다. 그들은 미국의 미디어산업에 침투해서 그것을 인류역사상 가장 강한 나라를 만든 바로 그 자유시장경제 시스

---

11) 부엌논쟁[Kitchen Debate]: 1959년 7월 24일 모스크바의 소콜니키 공원에서 열린 아메리칸 내셔널 전시 개막식에서 미 부통령 리차드 닉슨과 소비에트 연방 니키타 흐루시초프가 나눈 즉흥적인 논쟁을 말함.

템을 공격하는 무기로 만들어버렸다. 그뿐 아니라 한때 우리가 대적하여 싸웠던 사회주의 사상이 지금은 학계, 연예산업, 미디어 등을 통해 해외로 수출되고 있다.

대한민국을 한번 보자. 좌파 이념이 뉴스와 연예산업을 통해 사회 전반에 확산되고 있다. 대한민국의 젊은이들은 자기나라 역사에 대해 아무것도 모른다. 미국 학생들과 마찬가지로 한국 젊은이들은 미국이 나쁘다는 잘못된 역사를 배우고 있다.

젊은 이상주의자들에게는 사회주의가 제공하는 유토피아적 생각이 매력적일 것이다. 모든 것이 쉽고 일할 필요도 없으며 책임을 질 필요도 없이 정부가 다 해주는 세상을 원하는 것은 인간의 본성일수 있다. 이런 사람들의 머릿속에서 기회의 평등은 결과의 평등을 의미한다. 이런 사람들은 부자가 되거나 성공하는 것이 악하다고 생각하도록 배웠지만, 자기들은 남들이 이룩해 놓은 결과를 거저 가져가고 싶어 하고 그것을 당연한 권리로 여긴다. 모든 사람은 무상 의료를 받을 권리가 있고, 핸드폰도 공짜로 받아야 하고, 교육도 공짜로 받아야 하고, 교통도 무료로 이용해야 한다. 그들의 거저먹기 주장은 끝이 없다.

지역사회 조직책인 어느 유명한 사람은, 월스트리트(wall street)에서 성공하는 것은 악한 것이라고 말한 적이 있다. 하지만 지금 이 사람은 자기가 비난했던 그 성공적인 삶을 자기 자식들에게 안겨주려고 자식들을 공부시키고 있으며 월스트리트에서 40만 달러를 받고 강연을 하고 있다.

지배층 엘리트들은 자기와 자식들이 성공하길 바란다. 그러면서 다른 사람에게는 정부가 나눠주는 것과 결과의 평등에 만족해야 한다고 말한다. 소수의 지배층이 나머지 모든 사람들의 삶을 지배했던 과거의 잘못을 젊은 사람들이 모르기를 바라는 이유는 바로 여기에 있다.

국민이 무지하면 일어나는 일

오바마케어 설계자인 조나단 그루버(Jonathan Gruber)가 자랑한 바 대로, '법안의 불투명성'과 '미국 투표자들의 무지' 덕분에 의회가 오바마케어를 승인하게 되었다. 입법자들과 투표자들이 오바마케어의 내용을 모르거나 재원을 어떻게 마련하는지 몰랐기 때문에 승인이 되었다는 뜻이다.

"불투명해야 정치적으로 유리합니다. 미국 유권자들의 무지라고 해야 할까요? 오바마케어가 통과되는 데는 그게 결정적이었습니다." 그루버의 말이다. 또 그는, 의회 예산심의처에서 나쁜 점수를 받지 않으려고 오바마케어 법안을 작성할 때 내용을 비비 꼬아서 썼다는 이야기를 했다. 의료보험에 가입하지 않으면 벌금을 내야 하는데, 이 벌금을 만약 예산분석가나 대중이 일종의 세금으로 해석했다면 유권자는 오바마케어를 거부했을 거라고 했다.

오바마정부의 선동으로 인해 세계에서 가장 훌륭했던 의료보험 시스템이 정부가 거의 파산에 이르는 시스템으로 바뀌어 버렸다. 원래 없던 문제를 국민이 해결해야 하는 지경이 된 것이다. 이미 모든 국민이 응급실에서 치료를 받을 수 있도록 법으로 보장되어 있고, 보험 미가입자의 응급실 치료비는 이미 기존 의료보장제도에서 예산이 확보되어 처리되었다. 굳이 문제점을 찾으려고 나서면서 해결책이라고 내놓은 것이 정부가 유일한 보험공급자가 되어 모든 사람을 통제하는 의료보장시스템이라는데, 이게 사회주의가 아니고 무엇인가?

자유시장경제가 작동하도록 내버려두고 정부가 관여하지 않으면 의료보험 비용이 상승하거나 품질이 떨어지는 일은 없을 것이다. 인구의 8%에 해당하는 빈곤층 및 장애인에게 의료보장을 제공하는 것이 목적이라면 92%의 국민을 위한 시장을 방해하지 말고 그들에게 무상의료를 제공하는 편이 훨씬 경제적이다.

잘 되지도 않는 오바마케어 웹사이트에 낭비된 돈은 10억 달러가 넘는다. 이 돈이면 대체 국민 몇 명이 의료혜택을 받을 수 있었을까? 어떤 것이든 정부가 시장에 관여하게 되면 항상 같은 결과가 나타나는데, 비용은 많이 들고 개혁과 효율은 떨어진다. 레이건 대통령이 이런 유명한 말을 남겼다. "정부는 문제의 해결책이 되지 못한다. 정부가 그 자체로 문제다."

사회주의의 결과

오늘날 우리 아이들은 유치원에서부터 대학까지 사회주의 사상을 먹고 자라고, 주요 언론이나 영화, 음악, 문학 등의 문화 산업에서도 사회주의적 사상을 주입한다. 미국 주요 정당 중 하나도 사회주의 사상을 주입한다.

이 유토피아적 사상은 시도할 때마다 실패했다는 것을 역사가 증명한다. 오늘날 베네수엘라를 보라. 인플레이션이 800%를 넘어 계속 올라가고 있는 이 나라에서는 사람들이 휴지 살 돈조차 없고 생필품을 구하기가 힘들다. 수백만의 국민들이 길거리로 나와 항의하고, 내전이 일어나기 일보직전인데도 주류방송은 방송을 안 해준다.

국민들이 어떤 지경이 되었건 간에, 좌파, 사회주의자들은 자기들의 정치방식이 빚은 처참한 결과에 대해 결단코 사과하지 않는다. 오히려 더욱 더 자기들 사상을 강화하면서 돈 있는 사람들이 돈 없는 사람들에게 좀 더 나누어 준다면 사회주의는 지속될 수 있다고 주장한다.

사회주의 엘리트들은 자본주의가 악한 것이라고 말하면서, 대중은 굶주리게 놔두고 자신들은 호화로운 삶을 산다. 베네수엘라의 차베스, 쿠바의 카스트로, 북한의 김정은 등이 현대 역사에서 볼 수 있는 실례이다. 이런 나라에 사는 국민들은 가난하고 비참한 삶을 살지만 소수의 지배층은 절대다수 국민들의 등골을 빼먹으며 호화로운 삶을 즐긴다.

미국에서도 소위 지역사회 조직책(Community Organizer)이라는 사람들이 정치에 입문하는 것을 본다. 알 샤프턴, 제시 잭슨, 버락 오바마, 힐러리 클린턴이 그 예이다. 이런 사람들은 국민의 필요를 위해 헌신하겠다는 자기들의 주장과는 달리, 다른 사람들의 돈으로 넘쳐나는 부를 누리고 있다.

대한민국의 예를 보자. 한국전쟁 이후 대한민국은 세계에서 가장 가난한 나라 중 하나였는데, 지금은 세계에서 가장 빠른 경제성장을 이룩한 나라 중 하나가 되었고, 세계 경제규모 상위 10위권에 든다.

대한민국에서 사람들은 자유와 민주주의에 기초한 삶을 살고 있다. 하지만 어떤 사람들은 여전히 더 민주주의가 되어야 한다고 주장하고 있는데, 그들은 독재가 싫다고 하면서 자본주의 사회에서 부와 성공을 이룬 사람에 대해 불만이 많다. 그러면서 정치 엘리트만 잘 살고 국민은 가난한 북한의 공산주의 전체주의 체제를 받아들이려고 한다. 이런 사람들은 자기들이 싫다고 주장하는 것들을 자신들에게 달라고 구걸하고 있는 것이다.

똑같은 노력을 기울이지 않아도 똑같은 성과를 얻고자 하는 인간의 본성이 있기에 사회주의 사상은 매력적일 수 있다. 일은 남이 다하고 나는 놀 수 있다면 얼마나 좋겠는가? 문제는 이런 방식은 단한 번도 성공한 적이 없다는 것이다.

제10장

이스라엘과 북한 문제

-김정은의 선택, 미국의 선택

팔레스타인 문제와 해결방안

세계 2차 대전 이후, 세상은 자유민주주의와 공산주의, 전체주의, 신정주의로 나뉘었다

1948년 UN은 이스라엘 정부를 수립했다. 당시 유대인 문제를 해결하는 올바른 해결방안이라는 합의가 다른 여러 국가들 간에 이루어졌다. 팔레스타인의 아랍인들이나 유대인들은 UN이 분할 결의안을 통과시키기 전까지는 그 지역에서 평화롭게 살았다. 1948년, 팔레스타인의 아랍인과 유대인의 갈등이 심화되고 미 국무부에서 이스라엘 신탁통치를 지지했음에도 불구하고, 트루먼 대통령은 이스라엘을 국가로 인정했다. 이때부터 갈등이 시작된 것이다.

냉전이 시작되고, 소련이 이집트를 후원함에 따라 미국과 자유진영은 도전을 받았다. 이 일로 인해 서로 그곳이 자기 땅이라고 주장하는 아랍인과 유대인간의 긴장이 더 팽팽해졌다.

이천 년도 더 된 그 지역의 역사를 되돌리기는 불가능하다. 유대인의 관점에서 볼 때, 그들은 이천 년 이상 전 세계를 떠도는 유배생활을 끝내고 자신들의 고향으로 돌아가고 있는 것이다. 아랍인의 입장에서 보면, 팔레스타인에 자기들의 독립 국가가 세워진 적은 없지만, 아랍인들이 그 지역에 수천 년 동안 살았기 때문에 유대인들이 돌아와 유대인 나라를 건설하는 것은 자기 나라를 침략하는 행위로 보이는 것이다. 양쪽 모두 합법적인 근거가 있는 주장이다.

이 문제는 다른 나라에서 해결해줄 수 없다. 이미 수립된 이스라엘 국가를 취소할 수 없고, 팔레스타인에 살던 아랍인들도 자주권이 있지만 그렇다고 해서 이스라엘을 제거할 권리가 있는 것은 아니다.

평화를 유지할 수 있는 유일한 방안은 팔레스타인의 유대인과 아랍인들이 직접 협상을 하는 것이다. 이것이 지금 우리가 처한 현실이고, 그 지역 역사에 대한 논쟁으로 이 사실을 바꿀 수는 없다.

도널드 트럼프 대통령은 최근 이러한 현실을 인정했고 또 예루살렘이 이스라엘의 수도였고, 앞으로도 계속 수도라는 사실도 인정했다. 예루살렘이 이스라엘의 수도인가 아닌가 하는 문제를 더 이상 협상할 사안이 아닌 것으로 만듦으로써, 팔레스타인 사람들이 유대인들과의 협상장으로 나오도록 이끌었다. 평화로 가는 좀 더 쉬운 방법을 제시한 것이다.

이것은 뛰어난 결정이었다. 다른 나라들은 예루살렘을 이스라엘의 수도로 인정한 그의 결정을 비난할 것이 아니라 트럼프의 뒤를 따라야 한다. 팔레스타인 사람들이 더 이상 예루살렘 문제에 매달리지 않고 의미 있는 협상을 진행할 수 있도록 해야 한다.

이스라엘의 군사력과 경제력은 팔레스타인 사람들보다 훨씬 뛰어나다. 만일 군사적으로 문제를 해결하려 한다면 이스라엘이 이기게 되므로, 팔레스타인 사람들은 자기 목적을 달성하기 위해 테러에 의지하게 되었다. 이런 방식은 양쪽 모두 도움이 안 된다.

이스라엘 사람들이 그 지역에 존재할 권리를 팔레스타인 사람들이 인정할 때, 이스라엘 사람들은 평화를 위해 땅의 일부를 거래해야 한다는 사실을 받아들일 것이다. 양쪽 모두 합의에 이르게 되고, 평화로운 해결방안을 찾을 수 있게 된다.

우리는 여기서 의사소통에 실패한 것을 보게 된다. 인간의 본성은 오늘의 상황을 있는 그대로 다루려고 하지 않고, 역사 논쟁을 하는 쪽으로 양쪽을 몰고 간다. 팔레스타인 아이들은 유대인을 싫어하도록 배우고, 유대인 아이들은 아랍인들을 믿지 않도록 배운다. 이 현상은 이스라엘 사람이나 아랍인들에게만 일어나는 것이 아니다. 전세계에 일어나는 일이며 세계의 용광로라고 하는 미국에도 일어난다. 역사는 바꿀 수 없다. 역사로부터 배우기는커녕, 세상 사람들은 자기 조상들의 잘잘못을 따지면서 싸우고 있다. 우리는 과거의 잘못은 그냥 과거에 두고 역사로부터 배워야 한다. 그렇지 않으면 좀 더 나은 미래를 창조할 수 없을 것이다.

대한민국의 탄생과 이후의 역사

세계 2차 대전으로부터 태어난 국가가 또 있는데, 바로 한국이다. 전쟁 전에 한국은 일본의 지배 아래 있었다. 1900년대 초반, 일본이 아시아를 정복하기 시작했을 때 그들은 조선왕조를 이용해 중국을 정복하는 디딤돌로 삼았다. 처음에는 통상조약을 맺자고 접근했다가 결국에는 조선을 점령해서 일본의 영토로 만들었다.

세계 2차 대전 이후, 미국과 소련은 한국을 분할하기로 합의했다. 북한은 소련이 점령하고, 남한은 미국이 점령하기로 한 것이다. 그 후 몇 년간 둘로 나뉜 한국은 하나로 합치고자 했으나 소련은 꼭두각시 김일성을 내세워 북한에 공산주의 정권을 수립했다.

남한은 미8군 사령관이자 한국의 군정책임자인 하지 장군(General Hodge)이 관리했다. 미국과 소련은 몇 년에 걸쳐 협상을 했으나 결국 실패했다. 남한은 한국 역사상 최초로 선거를 통해 초대 대통령 이승만을 선출했다. 1948년 8월 15일 대한민국 정부가 탄생했다.

이승만 대통령은 미국에서 교육을 받았는데, 조지 워싱턴 대학에서 학사를, 하버드에서 석사를, 프린스턴 대학에서 박사 학위를 취득했다. 당시 한국인으로서 이러한 교육을 받는다는 것은 매우 드문 일이었다. 이승만 대통령은 국민들의 사랑과 존경을 받는 명석한 사람이었다.

1950년 6월 25일, 북한이 어떤 경고도 없이 남한을 침략했을 때, 미국이 남한을 지원하고, 소련이 북한을 지원하는 한국전쟁이 시작되었다. 곧 중국이 북한을 도와 참전하게 되었다. 3년간의 잔혹한 싸움 끝에 37,000명의 미군과 수많은 UN군이 희생되었고, 남한과 북한에 수백만의 사상자가 생겼다. 1953년 7월 27일, 미국과 중국, 북한은 UN 휴전 협정에 서명했다.

전쟁 후 몇 년간 남한은 민주주의와 자본주의, 자유시장경제를 도입했다. 남한은 그 후 크게 번영해서 세계 12번째 경제규모를 갖춘 나라가 되었다. 북한은 공산주의를 유지했고, 점차 김일성을 신으로 떠받드는 사이비 종교와 공산주의가 결합된 나라가 되었다.

김정은에 대한 이해

북한의 이 새로운 종교적 공산주의 왕국은, 김일성이 죽고 그 아들 김정일이 두 번째 집권자가 될 때에도 계속되었고, 김정일이 죽은 후 그 셋째 아들인 김정은이 계속하고 있다.

김정은은 자기 아버지와 마찬가지로 북한을 유산으로 상속받았다. 그런데 왜 셋째 아들을 선택했을까? 노동당은 첫째 아들이 아닌 막내 김정은을 지도자로 뽑았다. 김정은은 자기 할아버지 김일성과 비슷하게 생겼고 걷는 것이나 말하는 것, 태도가 비슷하다. 김정은의 어머니는 김정일의 마지막 아내였다. 노동당은 김정은을 관리해서 스위스에서 교육시켰다. 따라서 김정은은 서구 세상과 서구식 사고방식을 이해하고 있고, 서양 음식과 문화를 맛보긴 했지만 아직 너무 어렸다.

김정은이 최고지도자가 되길 원했는지는 알 수 없지만, 현재 지도자이기도 하고 북한의 신이기도 하다. 그렇지 않다면 그는 죽은 목숨이다. 무슨 소린가 하면, 북한의 노동당 지도부는 서로 권력을 나눠 가지면서 동시에 그들 중 아무도 최고지도자가 되고 싶은 야망이 없어야만 자기들의 권력을 유지할 수 있다. 그래서 당 리더 중에 2인자가 결코 있을 수 없다. 오직 김정은만 유일한 지도자일 때 이 체제가 유지가 되는데, 만일 당 지도부가 서로 권력을 잡으려고 싸우면 광란의 살인극이 벌어지게 되고, 이 체제는 종말을 맞고 만다. 결국 모두가 지는 것이다. 오직 하나의 태양만 존재할 수 있다. 이것이 김정은의 삼촌과 형이 살해된 이유이다.

김정은이 자기 자리를 유지하도록 보장을 해주고, 적으로부터 보호도 해주면서 그가 좋아하는 치즈도 제공하는 방식으로 접근한다면 김정은을 다룰 수 있을 것이다. 북한 주민들은 굶는 마당에 김정은이 세계적 수준의 스키 리조트를 건설한 까닭은 무엇일까? 그건 바로 '스위스 치즈'로 상징되는 물질문명을 누리고 싶었기 때문이다.

세계는 아직도 북한이 군대를 가장 중요한 독립체로 하는 군사국가(garrison state)라고 생각하고 있다. 하지만 이것은 완전히 틀린 이야기다. 무언가 결정하거나 정책을 만드는 것은 노동당 조직지도부이다.

김정은은 북한에 오랜 지지세력이 없었다. 혼자였고 동맹도 파벌도 없었으며 영향력도 없었다. 하지만 시간이 지나자 김정은은 자기 삼촌, 여러 고위 장군들, 내각의 장관들, 또 중국의 꼭두각시이자 김정은의 자리를 대체할 수도 있었던 자기 형 김정남을 제거함으로써 권력을 다졌다. 현재 그는 자기 자리가 안전하다는 자신감을 가지고 있다. 그리고 자기 국민들과 세계인이 두려워하고 인정하는 존재가 되기 위해 자기의 힘을 보여주고 싶어 한다.

북한은 미국 어느 곳이건 핵미사일로 타격할 능력을 갖추기 위해 서두르고 있다. 김정은은 자기 할아버지나 아버지가 그랬던 것처럼 핵 억지력을 가지는 것이 북한이 살아남을 수 있는 유일한 길이라고 믿고 있다. 그는 자기 할아버지의 소원을 성취하고 있다고 믿고 있을 것이다. 그러면 김정은이 핵을 포기하게 하려면 어떻게 해야 할까?

북한 핵 문제를 다루는 방법

가능한 모든 방법을 동원해 대북 경제 제재를 계속하고 미국의 압도적인 군사력을 입증해야 한다. 동시에 김정은이 망설이지 않고 협상테이블로 나올 수 있도록 북한 정권이 보호받을 것이라는 언질을 확실히 주어야 한다.

트럼프 대통령이 김정은에게 제공할 수 있는 완벽한 당근이 무엇인지 난 알고 있지만 여기서 발설하진 않겠다. 말을 하면 앞으로 그 당근을 쓰기가 어려워질 수도 있고 훗날 협상하는 데 지장을 줄 수 있기 때문이다.

트럼프 대통령이 이 위기를 전환해서 북한이 핵을 포기하고 김정은이 미국의 보호를 받게 되는 좋은 결과를 낼 수도 있지만, 그런 일이 일어날 가능성은 적다. 왜냐하면 백악관의 일부 사람들은 북한에게 듣는 것은 당근이 아니라 채찍이라고 믿기 때문이다. 하지만 총 한방 쏘지 않아도 모두 승리할 수 있는 외교적 해결책이 있다. 레이건 대통령이 냉전에서 증명한 바, 전쟁을 일으키지 않고도 전쟁에서 승리하는 것이 언제나 더 좋은 것이다.

트럼프 대통령 당선 이후, 그의 예측 불가한 스타일 때문에 미국의 정치 엘리트들이 놀라거나 혼란을 겪었다. 북한은 오죽했을까? 트럼프 대통령의 불확실한 행동에 북한은 트럼프가 어떤 사람인지, 무엇을 하려고 하는지 파악하는 데 어려움을 겪고 있다. 북한이 트럼프 대통령이 무엇을 할지 예측하고 그를 다룰만한 전략을 구사하기 전에, 이제는 우리 측에서 빠른 행동을 취할 때이다.

북한에선 똑같은 관료들이 수십 년간 미국을 상대해왔다. 민주당과 공화당 행정부를 거치면서, 북한은 자기들의 도발에 미국이 어떻게 반응할 지 알고 있다고 믿고 있었다. 마찬가지로, 미국에서도 수십 년 동안 같은 관료들이 북한을 상대해왔다. 이 관료들과 미국의 여러 대통령들은 북한의 행동에 예측 가능한 반응을 보여 왔다.

북한 노동당에서 북한의 도발에 대한 트럼프 행정부의 반응이 예측 가능하다는 생각이 들기 전까지는, 자기들이 실수를 저지르지 않을까 노심초사할 것이다. 따라서 그렇게 되기 전에 일을 진행해야 한다. 지난 몇 달간 보았듯이, 북한은 미국의 새로운 대통령이 자기들의 도발에 어떻게 반응하는지 알기 위해 영악하게 테스트하고 있다. 그들이 미국의 어떤 고정 패턴이나 습관적인 반응을 발견하게 되면 그것을 이용해서 더욱 모험을 하려고 하고 협상에서도 더 강하게 나오려고 할 것이다.

김정은과 노동당 조직지도부가 자기들 핵 프로그램을 계속 진전시키고, 또 중국, 러시아, 이란과의 관계를 강화하도록 내버려 둔다면, 머지않아 북한이 아무런 거리낌 없이 미국과 자유진영을 협박하고 갈취할 수 있는 진짜 핵 보유국이 되는 날이 올 것이다. 이제는 트럼프 대통령이 김정은에게 직접 특사를 보내 김정은을 보호하고 평화를 지키는 조건으로 핵을 완전히 포기하도록 압박해야 한다.

노동당 조직지도부와 이 협상을 하는 것은 의미가 없다. 왜냐하면 북한의 무기를 폐지할 수 있는 결정을 내릴 수 있는 사람은 오직 김정은 한 사람이기 때문이다. 아무리 노동당 조직지도부가 북한의 실제 권력이라고는 하지만, 그 중 어느 한 사람도 자기 목숨을 걸고 김정은한테 미국의 제안을 전할 수는 없을 것이다. 당 지도부 구성원들이 두려워하는 것은 2인자가 되려 한다고 의심받는 것이다. 북한에는 오직 하나의 태양만 존재하기 때문이다.

대한민국에서는 보수적 성향의 박근혜 대통령이 탄핵되었고 좌파 성향의 대통령이 선출되었다. 친북 성향인 그는 김정은과 직접 대화를 하고 싶어 한다. 미·북 직접협상의 장애물이 될 새로운 반미세력이 나타난 것이다. 남한의 새로운 좌파 지도자가 선출된 후, 김정은은 마음껏 미사일 테스트를 하고 있다. 남한의 보복을 걱정할 필요가 없기 때문이다. 이로 인해 미국은 협상하기가 더 어려워졌다.

북한에서 어떻게 권력이 유지되는지 이해해야 북한 지도부와 상대할 수 있다. 어떤 합의를 하건, 김정은의 체면을 세워주는 것 보다 중요한 것은 없다. 우리는 우리의 관점에서 북한을 바라보는 실수를 범하는데, 그들을 다룰 때는 그들의 관점을 이해해야 한다.

미국인에게는 죽을 고생인 것이 북한 주민에게는 그저 일상이다. 다른 곳으로 이사할 자유, 개인이 무언가 결정할 자유는 보통 북한 주민들이 꿈도 못 꾸는 것이다. 그들은 태어날 때부터 김씨 왕조를 숭배하도록 교육받았다. 자기가 사는 동네, 마을, 도시, 지역마다 당 위원회가 있어서 그들의 지시를 따라야 하고, 권력의 정점에서 모든 당 위원회를 통제하는 노동당 조직지도부의 권위에 도전할 수 없다.

태어나서 햄버거를 한 번도 안 먹어 보았거나 이름조차 들어본 적이 없는 사람은 햄버거를 원하지 않는다. 당 위원회와 노동 지도부, 그리고 김정은은 이런 식의 정보 통제를 통해서 사람들의 봉기를 막는 것이다. 북한 이외의 세상을 알지 못하는 북한 주민들은 마치 가축처럼 자기들이 탄압을 받는 줄도 모른다.

또, 북한과 중국이 서로 전혀 다른 집단이라는 것을 알아야 한다. 역사상 북한은 중국을 좋아한 적이 없고 항상 중국의 의도를 의심하고 있었다. 하지만 현재 북한은 미국에 대한 방어용으로 중국과 연합하고 있다. 동시에 중국은 북한을 졸로 여기면서 미국을 괴롭히는 수단으로 기꺼이 활용하고 있다. 중국은 겉으로는 북한의 위기를 완화시키자고 하지만 사실은 남중국해(The South China sea) 일대와 동아시아 전체 지역을 지배하려는 야망을 가지고 있는데, 이로부터 미국의 관심을 돌리는 수단으로 북한을 쓰고 있다. 따라서 중국의 도움을 기대하는 것은 헛수고이다.

미국은 중국이나 남한의 개입 없이, 반드시 북한과 직접 협상에 나서야 한다. 중국과 북한을 달래고자 하는 현 남한정부는 믿을 만한 협상 파트너가 될 수 없다. 남한의 새 지도부는 비무장지대(DMZ)

주변에 '연방국(Confederate State)'을 만들어서 남·북한 사람들이 서서히 융합되고 이러한 연방국이 점점 커져서 결국 하나의 한국으로 통일되는 시나리오를 고려하는 지경에 이르렀다. 이때 미군은 한반도를 완전히 떠나게 될 것이다. 물론 남한의 새로운 좌파정부의 이 시나리오는 남한을 김정은의 손아귀에 넘겨주게 될 것이고, 김정은의 핵 개발도 막지 못할 것이다.

따라서 북한과 미국이 직접 협상을 하여야만 한다. 쌍방이 직접적으로 하지 않는 다른 모든 협상은 시간 낭비일 뿐이고 아시아 지역을 더욱 위험하게 만드는 결과를 빚을 수 있다. 북한은 언제나 미국과 직접 소통하고 싶어 했고, 이 위기를 해결하는 방안은 그것뿐이다.

북한이 핵 폐기에 대한 협상을 할 때, 김정은이 자기만이 세계 최강대국을 상대할 수 있는 존재라는 것을 북한 주민들에게 과시할 수 있어야만 한다. 그래야만 자기 국민들 앞에서 체면을 잃지 않으면서 핵 폐기에 이르는 협상을 진행할 수 있다. 협상이 성공하려면 북한 주민들에게 신이자 최고권력자로 군림하는 김정은의 입지에 손상을 주는 일은 피해야 한다. 김정은과 노동당 조직지도부가 관심 있는 것은 자기들 권력을 유지하는 것이고, 이것은 그들에게 절대 협상의 대상이 아니다.

미국은 북한 문제를 너무 오랫동안 질질 끌었기 때문에, 북한은 자기들 정권이 당장 파멸을 맞을 위험이 없는 한 미국을 계속 가지고 놀 수 있다는 것을 알고 있다. 따라서 지금은 미국이 김정은과 직접 협상을 해서 김정은에게 양자택일의 기회를 주어야 할 때이다.

김정은은 핵을 포기하지 않으면 파멸한다

김정은과 그 정권이 살아남는 방법은 핵 프로그램을 포기하는 것이다. 그러면 미국과 다른 나라와 좋은 관계를 가질 수 있다. 경제적 원조 및 투자도 받을 수 있다. 하지만 핵을 포기하지 않는다면 분명하고도 즉각적인 파멸을 맞이할 것이다. 둘 중 하나이다.

미국은 군사 옵션을 항상 마지막까지 미루기 때문에 북한은 자기들이 얼마든지 시간을 끌 수 있다는 것을 알고 있다. 우리에게는 시간이 없다. 북한이 핵을 보유한다는 것은 용납할 수 없다. 북한의 핵 무장은 이란의 핵 무장으로 이어질 것이다. 그것 역시 용납할 수 없다.

이제는 북한이 선택을 해야 할 시점이라는 것을 북한이 이해하도록 만들어야 할 때가 왔다. 미국은 북한의 핵 폐기를 위해 필요하다면 어떠한 일도 할 준비가 되어있다는 것, 그리고 미국은 "핵 폐기를 하지 않겠다."는 말이나 "계속 시간을 끌겠다."는 북한의 대응을 답변으로 간주할 생각이 없다는 것을 북한이 깨닫도록 만들어야 한다. 만약 그들이 이에 응하지 않는다면 우리는 우리의 말을 압도적인 군사력으로 지킬 태세가 되어 있어야 한다. 그것이 동아시아에서 어떠한 결과를 초래하더라도 말이다. 그들이 아니면 우리가 죽는다.

제11장

어떻게 아메리칸 드림을 되찾을 것인가

정치인의 역할, 시민의 권리

국회에서 의원으로 일하는 것은 대단한 영광이다. 자신이 대표하는 유권자를 위해 봉사하는 것이 최우선사항이 되어야 하며, 섬기는 마음가짐 없이 국회에서 일하면 안 된다. 정부에서 자기나 특수 이권을 위해서 일하면 안 된다. 이것이 바로 국회에서 의원들을 갈아치워야 한다고 내가 믿는 이유다.

우리의 대표자들이 워싱턴의 기득권층, 즉 자기 권력과 특권을 유지하는 데만 몰두하고 국민의 이익은 무시하는 자들의 손아귀에 들어있는 한 우리의 이익은 보호될 수 없다.

정부의 첫째 임무는 시민의 권리와 안전, 재산을 지키고 보호하는 일이다. 시민들이 정부를 두려워하거나 특혜를 받지도 않으며 자유로이 자신의 삶을 살 수 있어야 한다. 모든 시민은 법 앞에 평등해야 하고, 하나님이 주신 자기 재능과 자기 성품, 또 꾸준한 열심으로 자기 재능을 세상에 펼치겠다는 의지를 가지고 행복을 추구할 무한한 기회를 가진다. 이것을 지켜주는 것이 정부의 역할이다.

시민의 이러한 권리는 정부가 주는 것이 아니고 하나님으로부터 오는 것이기에 헌법으로 보장되어 있다. 하나님은 우리에게 자유를 주었고 정부는 그 자유를 지키고 보호해야 한다. 나는 헌법이 쓰인 그대로 헌법을 지킬 것을 약속한다. 다른 모든 헌법 추가조항과 마찬가지로, 나는 표현의 자유, 종교의 자유, 그리고 종교적 표현의 자유를 보호하는 첫 번째 헌법추가조항을 지지한다.

그리고 두 번째 헌법추가조항도 문자 그대로 지지한다. '시민이 무기를 소유하고 소지할 수 있는 권리는 침해할 수 없다.' 이 조항에서 극좌파들은 '침해할 수 없다'는 문장을 이해할 수 없다고 하는데, 대체 어디가 이해가 안간단 말인가? 이 문장은 모호한 것이 없다. 국민의 방어권을 빼앗아가려는 사람들로부터 국민의 방어권을 지키기 위해 노력해야 한다. 좌파들은 시민들의 무기 소지권을 박탈하려고 하기 때문에 '시민이 무기를 소유하고 소지할 수 있는 권리는 침해할 수 없다.'는 문장을 좋아하지 않는 것이다. 이런 사람들이 국민의 권리를 빼앗지 못하도록, 미국 시민들은 자기의 권리를 지키기 위해 노력해야 한다.

불행하게도 '제한된 중앙 정부'라는 헌법 설계자들의 탁월한 발상이 그만 약화되고 말았다. 시간이 흐르면서 불필요한 수정조항들이 헌법에 덧붙여졌고, 이로 인해 연방정부의 힘이 비대해지는 대신 각 주(state)의 힘은 약화되는 의도치 않은 결과를 낳고 말았다.

헌법설계자들이 이해한 탁월한 발상이란, 권력에 대한 견제와 균형이라는 필수적인 장치를 연방정부에 있는 입법 행정 사법 3부에만 적용한 것이 아니라, 각 주가 서로 견제할 수 있도록 제도적인 장치를 마련했다는 것이다. 각 주야말로 혁신을 통해 보다 완전한 연방을 만드는 민주주의의 실험장인 것이다.

헌법설계자들은 한 주에서 통하는 방식이 다른 주에서는 통하지 않을 수 있다는 것을 이해했다. 그리고 사람, 사업, 자금을 유치하기 위해 주끼리 서로 경쟁하는 와중에 혁신이 발생할 것이고, 그러한 혁신이 한 주에서 성공을 거둘 경우 다른 주에서도 받아들여질 수 있다는 것을 알고 있었던 것이다.

수정조항 폐지

그래서 나는 국회의원 임기제한 신설, 그리고 16번, 17번 헌법수정조항 철폐를 위해서 헌법 제5항에 명시된 주 대회를 소집할 것을 주장한다. 16번, 17번 수정조항은 헌법 설계자들의 원래 의도를 바꿔버림으로써 주와 연방정부 사이의 힘의 균형을 깨뜨리고 말았다.

16번 수정조항은 연방 정부가 국세청(IRS)을 만들어서 소득세를 징수할 수 있도록 허용했는데, 이것은 원래 주에게만 주어진 권한이었다. 그 결과, 연방정부는 주들 사이의 쟁점에 대해서 쉽게 간섭할 수 있게 되었는데, 새롭게 생긴 세금 징수 및 예산 집행권을 이용해서 연방 정책에 순응하는 주에게는 자금 지원이라는 당근을 제시할 수 있게 된 것이다.

17번 수정조항으로 인해 주 의회는 상원의원을 선출할 권한을 잃어버렸고, 국민들이 직접 상원의원을 선출하게 되었다. 자기 주의 주민 뿐 아니라 전국에서 선거기부금을 받을 수 있게 된 상원의원은 자기 주의 이익보다는 전국 정당 간의 정치싸움에 더 민감하게 되었다. 더 이상 주 입법부에 아무런 책임을 지지 않게 된 상원의원들은 원래 자기들이 대변해야 할 자기 주 대신 워싱턴에 있는 거대 중앙정부에 충성을 다하게 되었다.

17번 수정조항을 폐지함으로써 상원의원은 정당 간의 정치싸움 및 중앙정부 조직으로부터 자유로워질 것이고 오직 주 유권자에게만 책임을 지게 됨으로써, 각 주의 주민에 대한 쟁점에 귀를 기울이게 될 것이다. 주마다 두 명의 상원의원이 있기 때문에 나라 전체에 권력을 골고루 배분할 수 있을 것이고 북동부와 서해안에 있는 인구가 밀집된 주에 권력이 집중되는 것을 막을 수 있을 것이다.

헌법 1조 8항에 명시되지 않은 모든 연방 권한을 10년에 한 번씩 재검토하고 제거할 것을 나는 주장한다. 이때, 자신의 대리자인 국회의원을 통해 국민의 지지를 받는 연방 권한만 유지될 것이다.

채무, 지출, 예산관리

세금 수입을 늘리지 않으면서 균형 예산을 유지하기 위한 수정조항 또한 나는 지지한다. 연간 국내총생산의 1%가 국가 채무 중 원금을 갚는데 쓰여야 하고, 빚을 다 갚게 되면 어려울 때를 대비해 최소 1년 예산이 비축되어야 한다.

재정 지출을 늘리기 위해 (물가상승률 이상으로) 증세하는 일은 없을 것이다. 유일한 예외는 전쟁과 자연재해를 위한 재정 지출인데, 이런 비상자금은 비축분에서 지출될 것이고, 그렇게 지출된 비상자금은 매년 국내총생산의 1%씩 다시 채워 넣을 것이다.

지출을 줄이지 않고서는 재정적자와 국가 부채를 줄일 수 없다. 모든 입법자는 정부가 지출하는 돈을 마치 자기 돈 바라보듯 하고 아껴 써야 한다. 표를 얻거나 특수 이권을 위해 기부하는 사람들을 만족시키려고 다른 사람의 돈을 써버리는 것은 너무나도 쉬운 일이다. 정치인들은 오랫동안 거대정부 프로그램에 지출을 늘릴 것을 약속함으로써 표를 얻고 특수 이권그룹의 선거 기부금을 받아왔다. 마치 돈이 하늘에서 떨어지고, 열심히 일하는 납세자의 주머니에서 나오는 것이 아닌 것인 양 말이다.

우리는 더 이상 이렇게 정부를 비대하게 만들지 말고, 중복된 일을 하는 기관들을 통합해야 하고, 불필요하거나 특수 이권을 위해 만들어진 기관과 프로그램을 없애 버려야 한다. 또한 정부지출을 철저히 감사해서 불필요한 지출을 중단해야 한다.

소위 정부활동중단(government shutdown)이라는 것을 겪을 때마다 '필수 인원'이 아닌 정부 종업원들은 임시휴직을 한다고 한다. 내 질문은 이것이다. 필수 인원이 아니라면 애당초 거기 왜 있는 것인가?

미국이 나라의 금융안정과 우리 자녀의 미래에 대해 진심으로 고민한다면, 재정적자를 줄이기 위해 연방 지출을 줄여 나가야만 한다. 그리고 경제성장과 민간부문 일자리 창출을 통해 납세자를 늘리고 세수기반을 확장해서 채무를 갚아 나가야 한다.

탐욕이라는 인간의 본성으로 말미암아 개인이나 환경, 또는 사회 전체가 피해를 입을 수 있기 때문에 이를 막는 규제는 필요하다. 다만 이러한 규제가 모두의 이익을 위한 안정과 자유, 정직한 금융과 환경을 보호하기 위해서 쓰여야지 특수 이권을 위해 쓰이면 안된다. 그런데 규제 일변도의 숨은 정부(deep state)가 손댈 수 없을 정도로 커져서, 자기 조직을 보호하고 권력을 확장하는 것이 주 목적인 국가 기관들을 만들어냈다. 규제가 많을수록, 똑같은 일을 해도 돈을 훨씬 적게 버는 납세자들의 피땀 어린 노력에 무임승차해서 풍족하게 사는 정부 관료들이 존속할 근거가 많아진다.

규제완화

미국이 '규제국가'가 되면서 발생한 경제적 비용이 또 있다. 국내총생산 증가가 둔화됨에 따라 일자리가 줄어들고 정부의 세수가 감소하여 재정적자와 국가채무가 늘어났다.

도널드 트럼프 대통령이 당선되고 규제완화 정책이 적극적으로 추진되면서 경제성장에 불이 붙었다. 오바마 대통령 시절 마지막 분기에서 경제성장률이 1.9%에 머물렀던 것이 트럼프 행정부가 맞이한 세 번째 분기에서 3.3%로 치솟은 것이다. 오바마 대통령 시절을 통틀어서 국내총생산 증가율은 2%를 밑돌았고, 최고치 역시 3%에 미치지 못했다. 다시 말해, 감세와 세제개혁 법안이 통과되기 전인데도 트럼프 대통령의 규제완화 만으로 오바마 시절에는 결코 볼 수 없던 경제 활성화를 이루어 낸 것이다. 주식시장은 거의 매일 사상 최고가를 갱신하고 있으며 수조 달러에 이르는 새로운 부가 창출되면서 미국인들은 자기들의 연금투자액이 천정부지로 치솟는 것을 목격하고 있다.

일자리 창출

민간 부문에 일자리를 창출하는 것은 정부가 할 수 있는 일이 아니다. 오히려 정부는 공공 부문에 헛돈을 쓰느라 나라 경제에서 일자리 창출을 할 돈을 허비하고 있다. 일자리 창출을 위해 정부가 할 수 있는 최선의 일은 자유롭고 개방된 시장을 통해 일자리가 창출될 수 있는 환경을 조성하는 것이다. 그러기 위해서는 불필요하고 부담스러운 법과 세금, 규제로 자유 시장 경제를 방해해서는 안 된다. 기업의 경쟁력을 약화시키는 규제와 강압적인 세금, 정부 지출을 줄여서 일자리 창출이 방해를 받지 않도록 해야 한다.

손해배상법도 간결하게 정비되어서 사회에 이익을 가져다주는 새 제품이나 서비스를 창출하는 데 더 이상 방해를 주지 않아야 한다. 암이나 심장병을 고칠 수 있는 의약품이 시장에 나오는 데 드는 엄청난 비용을 생각해보라. 물론 비양심적인 비즈니스는 막아야겠지만, 자유 시장 경제야말로 이에 대한 최고의 처방이다. 나쁜 제품이 시장에 나온다고 해도, 오늘날 소셜미디어의 발달로 얼마 못 가 그 제품의 문제가 드러나서 제조자는 물건을 팔지 못하게 된다. 만일 나쁜 제품으로 인해 손해가 발생했다면 과오에 대해 처벌하는 사법 제도를 이용하면 된다.

교육: 선택과 경쟁을 통한 혁신과 발전
-교육은 집에서부터 시작한다!

가족의 기본 단위인 아버지와 어머니는 아이들이 사회적 능력과 원칙, 태도, 법과 권위에 대한 존중심, 문명 사회의 기본기를 다지는 데 필수적인 역할을 한다. 60년대 존슨 정부가 만든 '위대한 사회(Great Society)'와 '가난과의 전쟁(War on Poverty)' 같은 잘못된 정책 때문에 부모로 이루어진 가정이 심각하게 해체되었고 빈곤의 가장 큰 원인이 되었으며 교육의 효과를 감소시키는 역할을 했다.

헤리티지 재단에 의하면, 정부는 저소득 주민에게 현금, 음식, 주거, 의료, 사회서비스를 제공하는 80가지 이상의 복지프로그램을 실행하고 있다. 2011년에 연방 정부 및 주정부는 아이를 양육하고 있는 저소득층의 복지에 4,500억 달러 이상을 지출했다. 이 예산 중 대략 ¾, 즉 3,300억 달러의 예산이 한 부모 가정에 지출되었다. 대부분의 미혼 출산 비용은 저소득층 의료보장 시스템(medicaid)을 통해 납세자가 지불하게 되는데, 아이가 태어난 후 거의 20년 동안이나 어머니와 아이에게 광범위한 복지가 지원된다. 아이가 있는 한 부모가정에 주어지는 복지 금액은 한 가정 당 일 년 평균 3만 달러 정도이고, 매해 증가하고 있다.

헤리티지 재단은, "결혼한 부모가 키운 아이들은 한 부모 가정에서 자란 아이와 비교했을 때 향후 삶의 질이 훨씬 더 높다."고 밝혔다.

"결혼한 부모가 있는 온전한 가정에서 자란 아이들과 비교했을 때, 한 부모 가정에서 자란 아이들은 정서나 행실에 문제가 많다. 육체적 학대를 당하거나, 술, 담배, 마약을 하거나, 공격적이거나, 폭력 비행 범죄 성향을 보이거나, 학교 성적이 좋지 않고 학교에서 퇴학당하거나 고등학교를 중퇴하는 문제 등이 나타난다. 이런 부정적인 결과의 원인은 많은 경우 미혼모의 빈곤율이 높은 것과 상관이 있다고들 한다. 하지만 미혼모 가정과 소득이 비슷한 경우라도, 결혼한 부모 아래서 자란 아이들이 일반적으로 더 높은 정서적 안정감과 올바른 생활태도를 보여준다. 이것은 아버지가 가정에 오직 돈만 벌어다 주는 존재가 아니라는 것을 증명한다.

따라서 아이들의 교육은 부모에게 결혼의 가치를 교육시키는 것부터 출발한다. 이것이 부모와 아이들 모두를 위한 길이다.

모든 아이들은 특별한 재능을 타고난다
-학교 선택의 중요성을 빼고 교육에 대해 논할 수 없다

미국에서 우리는 모두 법 앞에 평등하다. 하지만 하나님께서는 우리를 모두 똑같이 만들지 않고 각기 다른 재능과 다른 성격, 그리고 다른 학습능력을 주셨다. 부모와 교사는 아이들의 이런 재능을 발견하고 잘 인도해서 아이들이 재능을 최대로 발휘하도록 해야 한다.

앞서 말했듯, 부모가 있는 가정에서 자란 아이는 교육의 성공에 필요한 학습능력과 사회성을 좀더 빨리 습득한다. 하지만 아이들을 가정 밖에서 교육시키는 일도 중요하다. 부모들은 아이들을 가르치는 선생님이 누구인지 알아야 하고 학교활동에 적극 참여해야 한다. 아이들이 어디에 뛰어나고 어디에 부족한지 알게 되면, 부모는 특별하게 그 아이가 뛰어난 분야에서 더 발전하도록 도울 수 있고, 필요하지만 부족한 분야는 보완할 수 있다.

학교 선택의 중요성
-사는 동네 때문에 교육의 질을 포기할 순 없다

부모는 서로 다른 커리큘럼을 내세워 경쟁하는 공립학교나 사립학교, 또는 조합(charter) 학교 중에서 선택할 수 있어야 한다. 아이들 교육에 필요한 기초적인 것들을 배우면서도 자신만의 특별한 재능을 발달시키는 데 도움이 되는 환경을 선택할 수 있어야 한다.

정부가 획일적으로 통제하는 학교는 수십 년간 아이들 교육에 실

패했다. 혁신과 탁월함은 오직 경쟁에 의해서만 나오기 때문이다. 경쟁을 통해 민간부문에서 최저가로 최상의 상품과 최고의 서비스를 제공할 수 있는 것처럼, 교육에서도 마찬가지로 경쟁이 있으면 학교의 혁신과 탁월함, 교육의 결과 등을 평가할 수 있고, 학부모들이 자기 아이들을 어느 학교에 보낼지 결정하는 데 도움이 될 수 있다.

　세금이 학생을 위해 쓰일 수 있도록 하고, 돈이 어디에 쓰일지 학부모들이 결정할 수 있다면, 학교는 존속하기 위해 경쟁의 필요를 느낄 것이다. 학생을 가르치는 능력과 학생이 나타내는 결과에 따라 교사의 봉급이 결정되게 된다면, 실력 있는 교육자들이 최정상에 오르는 것을 보게 될 것이다. 최고의 선생님들은 최고의 학교로 몰릴 것이다. 반면, 실적이 좋지 않은 학교는 잘 못 가르치거나 과한 봉급을 받는 선생님들을 쫓아내고 최고의 선생님을 유치해서 학생들이 빠져나가는 것을 막으려고 할 것이다. 학생이 빠져나가면 수입도 그만큼 줄고 결국 학교 문을 닫아야 하기 때문이다. 호봉이 아니라 실력을 보고 교사에게 보상을 해 주어야 교사들이 아이들을 유치하려고 경쟁할 것이고, 그래야 교사들이 경쟁력을 유지하고 자기가 가르치는 분야에 뒤쳐지지 않을 수 있다.

　경쟁은 교육비를 낮춘다. 경쟁을 통해 학교 운영자는 자기가 사용한 돈으로 최대한의 효과를 거두기 위해 혁신적이고 전략적으로 재정을 운영할 것이다. 좀 더 많은 돈이 교실로 갈 것이고 헛되이 낭비되는 행정 비용은 적어질 것이다.

　어느 학교에나 사용할 수 있는 바우처(Voucher: 정부에서 주는 교육 전용 보조금)를 이용하면 학부모들은 아이들 교육비를 어디에 쓸 지 결정할 수 있고, 그 돈으로 최상의 효과를 내려고 할 것이다. 학교에서는 이 돈을 끌어들이기 위해 비용은 낮추고 교육의 질은 높이려고 할 것이다.

건강보험: 오바마케어(ObamaCare) 폐지, 보험사의 경쟁 유도

"이 세상에서 거의 영생을 누리는 것이 있다면 그것은 정부 프로그램이다."(퍼주기식 정부 프로그램은 정말 바꾸기 어렵다는 뜻)

– 로널드 레이건

이 글을 쓰고 있는 이 시점에 상원은 오바마케어를 폐지하고 대체하려는 싸움이 한창 벌어져서 꼼짝 못하고 있는 상황이다. 테드 크루즈, 마이클 리, 랜드 폴과 같은 보수주의자들은 오바마케어를 완전히 없애버리자고 하는 마당에, 온건파 공화당의원들은 민주당에서 2009~2010년 사이에 만든 이 괴물 같은 오바마케어를 그냥 살짝 손만 보자고 한다.

어떤 면으로 보아도 오바마케어는 대실패를 하고 있고 단기적으로도 장기적으로도 도저히 지속 불가능하다. 정부에서 한번 공짜로 나눠 주기 시작하면 다시 안주기는 불가능하다. 겁쟁이 공화당 의원들은, 오바마케어로 저소득층에게 나가는 비용을 줄이자는 것도 아니고, 비용이 증가하는 속도를 줄이자는 이야기조차 꺼내지 못하고 있다. 그런데 이 증가 폭을 줄이지 않으면 전체 프로그램이 유지될 수가 없다. 2018년에 재선이 있으니까 상하원 의원들은 현상유지를 하면서 이 문제는 나중으로 미루는 것이 그나마 낫다고 보는 것이다.

그런데 2020년에 선거가 또 있으니, 국가 부채가 통제 불가능한 상태가 되어 헤어날 수 없는 재정 위기에 봉착할 때까지 계속 미루게 될 것이다.

현직 공화당 의원들이 맞닥뜨린 또 다른 위기상황은 자기 지지자들이다. 그동안 공화당 의원들은 워싱턴으로 공화당 의원을 많이 보내주면 오바마케어를 폐지하고 대체하겠다고 수없이 약속했다.

2010년에 공화당 의원들은 자신들이 하원을 장악하게 되면 재정예산권을 쥐게 되므로 오바마케어에 예산을 안 주면 된다고 자기 지지자들한테 이야기했다. 공화당의 풀뿌리 그룹인 티파티(Tea Party)들은 힘을 모아 공화당에 하원 다수 의석을 선물해줬는데 결과는 어떠한가? 다시 변명만 늘어놓고 있다. 변명인즉슨 해리 래이드라는 인간이 상원에 버티고 있어서 이 오바마케어의 폐지를 막고 있기 때문에 못했다는 것이다. 그리고 공화당이 상원의 다수 의석을 확보하게 되면 그때는 정말 오바마케어를 폐지하고 대체할 수 있다고 약속했다.

2014년에 공화당 지지자들과 무당파(지지하는 정당이 없는 사람들)들이 미국 전역에서 합세하여 또 한 번 공화당에게 승리를 안겨줘서 결국 하원과 마찬가지로 상원도 공화당이 다수석을 확보했다. 그랬더니 저 악독한 버락 오바마 대통령이 거부권을 행사하여 오바마케어를 폐지하거나 대체하는 법안을 도저히 통과시키지 못하도록 번번이 방해했다. 그러자 2년 동안 또 나온 이야기가 무엇이냐면, 공화당원을 대통령으로 당선시키기만 하면 공화당이 상하원을 장악하고 있으니, 그때는 정말 오바마케어를 폐지, 대체할 수 있을 거라고 약속했다.

오바마케어를 폐지하고 대체하겠다는 거창한 약속을 공화당에서

하고 있었을 때, 버드룰(BYRD RULE)이라는 것이 존재한다는 것을 기억하는 사람이 있었을까?

버드룰은 법안의 통과를 막는 규정이다. 1985년에 통과된 이 규정은 미국 건강보험법(AHCA: American Health Care Act)과 같이 예산 조정과정을 거치는 법안의 경우, 그 법안 내용 중에 연방 예산과 직접 관련되지 않거나 필수적이지 않은 부분이 들어있다는 이유만으로 법안의 통과를 막을 수 있도록 한 것이다.

공화당에서는 미국 건강보험법 법안을 예산 조정과정을 통해 통과시키려고 하는데, 예산 조정 과정이란, 60표가 아니라 단지 50표의 다수표만 얻어도 연방 예산을 조정하는 법안이 의사진행 방해를 피하면서 상원을 통과할 수 있도록 해주는 과정이다.

지금 공화당은 소위 감당할 수 있는 건강보험법(Affordable Care Act: 오바마케어)이라고 하는 법안 중에서 얼마만큼을 이런 복잡한 의회 절차를 통해 손볼 것인지 골머리를 앓고 있는 상태다. 그런데 왜 그냥 규정을 바꾸지 않는가?

해리 레이드는 오바마가 지명한 판사 후보들로 연방 법원을 채우기 위해서 소위 핵 선택지라는 것을 사용해서 규정을 바꿨다. 미치 맥코넬 역시 똑같은 방법으로 닐 골서치의 대법원 판사 임명안을 통과시켰다. 척 슈머(민주당 상원의원)가 다수당 지도자로 상원에서 의사봉을 휘두르게 된다면 그 사람이 민주당에 유리하게 하기 위해 버드룰을 없애 버릴 것이 틀림없다. 안 그런가?

규정이라는 건 누가 상원을 장악하는가에 따라 깨라고 만들어진 것 같은데, 오바마케어를 완전히 폐지, 대체하는 것과 같은 중요한 법안이야말로 버드룰을 없애 버릴 수 있는 구실이 된다. 문제는 민주당과는 달리 공화당은 항상 민주당이 반대하면 무릎에 힘이 빠지는 것 같다. 또 다른 문제는 일단 오바마케어가 폐지되면 그것을 무엇으로 대체할 것인가 하는 것이다. 아마도 이것이 공화당에서 버드 룰을 가지고 씨름하는 게 더 낫다고 생각하는 진짜 이유일 것이다. 이렇게 하면 오바마케어를 대체, 폐지할 것이라는 자신들의 약속을 안 지켜도 되기 때문이다.

이 법안을 두 개의 별도 법안으로 쪼개자고 한 랜드 폴의 제안에 나는 동의한다. 첫 번째 법안은 저소득층 의료보장제도의 증액은 남겨두고 오바마케어와 관련된 모든 강제조항, 세금, 규정들을 없애 버리는 용도로 사용해야 한다. 그렇게 하면 공화당이 가난한 사람들을 의료 혜택을 못 받게 한다고 민주당의원들이 주장할 여지가 없게 된다.

두 번째 법안은 보험 회사들이 여러 주에서 동시에 경쟁을 할 수 있도록 허용하고, 미국인들이 각각 개인의 필요에 맞는 다양한 보험을 선택할 수 있도록 허용하면서 자기들이 원치 않거나 필요 없는 그 어떤 것도 강제로 사야 하는 일이 없도록 만드는 것이다. 저축형 의료 보험과 재난 보험 같은 것은 훨씬 더 저렴하고 가입하고 싶게 만들 수 있기 때문에 젊은이들이 보험에 가입함으로써 보험료를 크게 낮출 수 있으면서 동시에 그들이 필요로 하는 보장을 제공할 수 있을 것이다. 이런 개혁은 아마도 60표를 필요로 하는 일반적 기준을 통해서 이루어질 수 있을 것이고, 민주당의 참여도 거의 확실히 이끌어낼 수 있을 것이다.

이민정책
-법치국가 미국의 주권이 침해되어서는 안 된다

나 역시 미국에 온 이민자로서 다른 이민자들에게 하고 싶은 말이 있다. 우리 이민자들이야말로 다른 이민자들이 합법적으로 와야 한다고 목소리를 높여 주장해야 한다. 왜냐하면, 우리 이민자들은 합법적으로 이민을 왔지만, 다른 사람들이 법적인 절차를 거치지 않고 불법으로 이민을 온다면, 그것은 미국에서 태어나 자란 사람보다도 합법적 이민자에게 더 불공정한 처사가 되기 때문이다.

이민자들은 이민 규정이 엄격하다고 항의할 것이 아니라, 그 규정을 어기는 사람들을 규탄해야 할 것이다. 불법 이민자들은 우리를 속일 뿐만 아니라 이민자들을 환영해준 이 나라, 우리가 충성을 맹세한 이 미국을 속이고 있는 것이다.

미국은 이민자들의 나라이고, 앞으로도 미국의 이민법을 지키면서 합법적으로 오는 사람들을 계속 받아들일 것이다. 하지만 이 나라는 미국 문화에 동화되고 싶지도 않고 사회에 공헌할 수도 없는 사람들을 위한 쓰레기 처리장이 아니다.

트럼프 대통령이 종종 발언했듯, "미국과 미국인을 최우선으로!"를 외칠 때가 되었다. 미국이 원하는 이민자는 자유를 누림과 동시에 다른 미국인들의 자유도 존중하는 사람들이지, 미국 사회를 좀먹고 단물을 빼먹는 사람들이 아니다. 이런 측면에서 이민자들이 온 후 최소 5년간은 복지 및 다른 정부 지원은 주어지지 않아야 한다고 생각한다.

이 목적을 성취하는 방안은 다음과 같다.

첫 번째로, 국경에 장벽을 세워서 불법 유입을 막고, 국경이 있는 지역에 맞는 대책을 세워야 한다. 항구와 공항의 보안을 강화하고, 시스템을 구축하여 미국에 들어오는 사람과 비자가 만료된 이후에도 거주하고 있는 사람의 신원을 파악할 수 있어야 한다.

최근 학생비자, 취업비자, 여행비자로 합법적으로 미국에 온 후 비자 만료기간을 넘겨 체류하는 사람들이 매우 많은데, 이런 사람들이 어디에 있는지 파악해서 미국을 떠나게 해야 한다. 다시 들어오고 싶거든 정상적인 절차를 걸쳐 재입국을 신청하고, 신원 조사를 거치고, 자기 순서를 기다린 후, 필요하다면 벌금도 납부하는 등의 절차를 거쳐야 한다.

또, 미국에 있는 동안 범죄를 저지른 사람들부터 처리해야 한다. 이런 사람들은 즉시 자기 나라로 추방되어야 하고, 그 나라에서 추방비용을 부담하여야 하며, 다시는 입국하지 못하게 해야 한다.

마지막으로, 이 외의 불법체류 외국인은 자기 나라로 돌아가야 하고, 합법적인 절차를 거쳐 재입국을 신청해야 한다. 자기 순서를 기다려 벌금을 납부하고 신원조사를 거쳐야 한다.

종교의 자유
-'종교는 정부의 기초이자 기반이다'_제임스 매디슨

미국을 건국한 사람들이 헌법의 첫 수정조항으로 확신할 정도로 그 가치를 인정한 자유 중 하나는 바로 종교의 자유이다. 미국을 건국한 사람들은 영국 교회에서의 경험을 바탕으로 종교의 자유가 의회의 기초가 되어야 한다는 것을 알고 있었다. 미국에 온 사람들 대부분이 자기 뜻대로 하나님께 경배할 자유를 찾아왔고, 특정 종교만 적법한 것이라고 공개적으로 지지하거나 처벌하는 정부를 갖기를 원치 않았다.

건국자들은 하나님을 창조주로 인정하고 우리의 권리는 하나님으로부터 온다는 것을 알고 있었지만, 나라에서 통치하는 교회는 종교지도자들에게 권력을 쥐어 주어서 사람들의 의지를 예속시킬 수 있고 서로 분열시키며 끝도 없는 악감정을 야기한다는 것을 알고 있었다.

반드시 존중해야 하는 가장 사적인 개인의 자유는, 자신의 믿음에 따라 경배할 것인지 아닌지를 결정할 수 있는 자유이다. 안타깝게도, 미국의 건국자들이 성취하려고 애쓴 이 종교의 자유는 시간이 지남에 따라 '종교의 자유'가 아니라 '종교로부터의 자유'로 변질되었다.

반종교적인 좌익세력은 하나님을 믿는 사람들이 공공장소에서 자신의 믿음을 표현하지 못하도록 표현의 자유를 박탈하는 데 성공했다. 헌법에 있지도 않은 소위 정교분리라는 것을 무기로 삼아 학교나 정부에서 믿음을 표현하는 사람들을 탄압한 것이다.

동성애가 죄악이라고 배우는 종교를 가진 사람들이 케이크를 만들거나 꽃가게를 경영하는 경우, 그들은 동성애자들의 결혼에도 케이크이나 꽃다발을 만들도록 강요당하고 있다.

LGBTQ 집단은 동성애가 옳지 않다고 믿는 사람들의 권리보다 자신들의 권리가 우선한다고 생각하는 듯하다. 그들에게 자신들이 원하는 삶을 살 자유를 주고, 그들의 믿음을 존중해주는 이 나라 헌법에 감사할 줄 알아야 한다. 남과 여로 이루어진 그들 부모님이 아니었다면 그들은 이 세상에 태어나지도 못했다.

모든 생명이 신성하다고 믿는 사람들도 낙태에 사용될 세금을 강제로 내고 있다. 아기를 가지려면 남녀가 우선 결혼해야 한다는 개념이 없는 미혼 임산부나 임신에 무책임한 남자들을 위해서 혼외정사가 죄라고 배운 사람들도 세금을 내야 한다. 자기 행동에 대한 책임은 면제되고, 대신 사회 전체가 그에 대한 비용을 지불하고 있다.

미국과 미국 정부는 기독교 정신과 십계명을 기반으로 설립되었다. 이 사회의 모퉁이 돌은 남과 여로 구성된 가족이다. 사회가 건강하려면 기초 단위인 가정이 건강해야 한다. 하지만 극좌 세력은 하나님을 믿는 사람들과 결혼 제도를 공격하고 있다. 이 사회는 붕괴되고 있고 빈곤하게 자란 젊은 세대들은 아메리칸 드림을 이룰 준비가 되어있지 않다.

생명존중(Pro-Life)

세상에서 인간의 생명보다 소중한 것은 없다. 우리는 하나님의 형상으로 만들어졌고, 성경에 따르면 하나님께서는 우리가 수태되기도 전에 우리를 알고 계신다.

'내가 너를 배 속에 짓기 전에 너를 알았고 네가 태에서 나오기 전에 내가 너를 거룩히 구별하였으며'

– 예레미야서 1장 5절(킹제임스 흠정역)

나는 뱃속에 수태되는 순간부터 그것은 생명이고, 모든 생명은 소중하다고 믿는다.

요즘 낙태가 정당하다는 허울 좋은 주장이 계속되고 있다. "당신 딸이 강간당해 임신했다면 그 아이를 낳으라고 강요하고 싶은가? 근친상간을 당해 생긴 아이를 낳으라고 강요할 수 있는가? 어머니의 생명을 보호해야 하지 않는가?" 등의 질문을 던진다.

이런 질문은 극히 일부에 해당한다. 절대 다수의 낙태는 편의상의 목적으로 이루어지기 때문에 낙태를 법으로 금지하고 나서도 다룰 수 있는 문제이다.

낙태를 찬성하는 사람들은 여자의 몸은 그 자신의 것이기 때문에 낙태할 수 있다고 말한다. 하지만 이것도 틀린 주장이다. 수정이 되는 순간부터 수정란의 DNA는 어머니와는 다르게 형성되기 때문에 수정란은 어머니의 몸과는 구별되는 다른 사람의 몸이다. 다시 말해 이들이 주장하는 것은 뱃속의 다른 인간을 죽이고 살리는 권리가 어머니에게 있다는 것이고, 아직 태어나지 않은 아기는 자신이 죽을지 살지 말할 권리가 없다는 뜻이다.

무너지는 상식, 미국 건국 정신으로 돌아가라

오늘날 이 나라가 직면하는 가장 큰 문제는 상식이 무너진다는 것이다. 정치적 정당성이나 역사, 경험을 경시하고자 하는 좌익들의 욕망 덕에, 수많은 바보 같은 정책들이 받아들여지고 법제화되었다. 이 기울어진 배를 바로 잡으려면 몇 년이 걸릴지, 몇 세대가 걸릴지 모른다.

목적이 수단을 정당화한다면서 정신없이 사회주의를 추구한 나머

126

지, 상황이 어떻건 관계없이 평등한 결과를 누려야 한다는 이상에 빠져 정상적인 사고방식과 명명백백한 해결책을 무시하고 있다. 역사에서 배울 것이 있다면, 사회주의는 한 번도 성공한 적이 없고 앞으로도 성공할 수가 없다는 것이다. 개인의 노력 여하와는 상관없이 똑같은 부가 분배되고 똑같은 혜택이 주어진다는 것은 인간의 본성과는 정면으로 반대되는 것이다.

미국은 완벽하지 않고, 미국 정부도 완벽하지 않음에도 불구하고, 이 한 가지는 분명하게 이해해야 한다. 자유 시장 경제는 항상 성공했고 앞으로도 그럴 것이다. 또 자유 시장 경제는 인류역사상 가장 위대한 나라 미국을 만든 원동력이고 앞으로도 그럴 것이다.

평등한 결과가 아니라 법 앞의 평등을 보장하는 것이 행복의 열쇠라는 것을 미국의 건국자들은 이해하고 있었다. 법 앞의 평등으로 각 개인은 정부에 의존하지 않고 자기 능력과 노력에 따라 자신의 잠재력을 발휘할 수 있다.

미국인으로서 우리는 동료 시민들과 온 세상에 이 사실을 알릴 책임이 있다. 자유 시장 경제, 법 앞의 평등, 개인의 책임은 모두에게 더 좋은 사회를 만드는 필수 요소라는 것이다. 우리가 이 기본적인 상식과 진실로 돌아오게 될 때 우리는 아메리칸 드림을 되찾을 수 있다!

하나님, 미국을 축복하소서! God Bless America!

제12장

한국정치와 박근혜 대통령

나는 솔직히 한국 정치에 관심이 없다. 내가 한국에서 태어났지만, 고등학교 1학년 때 미국으로 이민을 왔다. 나는 미국 조지아 주 12지구 연방 하원 공화당 후보 중 한 명이다. 미국 정치인이다. 한국 정치에 대해 관심을 가질 까닭이 없었다.

나는 재미한인들의 대표단체 미주한인회총연합회(이하 미주총연) 24대 회장(2011년~2013년)을 역임했다. 미주총연은 한인회 간 친목도모, 미국에서의 한인 전체와 관련된 문제에 대한 협조체제의 구축, 정보의 상호 공유 등을 위한 협력의 네트워크를 갖고 있다.

임기 2년인 미주총연 회장은 선거로 선출된다. 경쟁이 아주 치열하다. 당시 내가 미주총연 회장에 당선된 것은 특이한 공약이 영향을 미쳤을 것으로 짐작된다.

"미주한인회총연합 회장에 당선되면 절대로 한국 정치에 관심을 두지 않겠다."

역대 회장들이 전부 한국 정치에 관심을 보이지는 않았지만 관례로 비추어 볼 때 미주총연 회장은 한국 정치 등용문 코스나 다름없었다. 한국 정치권에서 국회 비례대표 유혹을 받기도 한다. 또 스스로 한국 국회의원을 탐내기도 한다.

한국에서 야당 정치인으로 활동하는 박지원 민주평화당 의원도 사실은 미주총연 회장 출신이다.

내가 미주총연 회장이 되면 한국 정치에 관심을 두지 않겠다고 밝힌 것은 미주총연 회장이면 미국에 살고 있는 교포들의 권익을 위해서만 전력을 다하면 된다.

그렇게 하지 않고 잿밥에 관심을 두는 것은 미주총연 회장직을 자신의 성공적 입지와 발판으로 이용해 보겠다는 심보다. 그 피해는 고

스란히 미주 한국 교포들에게 돌아간다.

박근혜 대통령 탄핵과 촛불 시위

그 공약 덕분인지 몰라도 미주총연 회장에 당선되었다. 나는 2년간 회장을 역임하면서 한국정치에는 관심조차 두지 않았다.

그런데 지금은 한국 정치에 너무나 관심이 많다. 일각에선 "유 회장님 한국 정치인이요? 미국 정치인이요?"라는 소리까지 듣는다.

내가 한국 정치에 관심을 가진 것은 한국의 박근혜 대통령이 탄핵당한 후 구속되고, 문재인이 대통령에 당선되면서다.

2016년 12월 9일 한국의 국회가 박근혜 대통령 탄핵 표결에 찬성했다. 그 후 2017년 3월 10일 한국의 헌법재판소가 박근혜 대통령 파면 선고까지 했다.

나는 이 두 장면을 지켜보면서 "어, 이건 뭐지, 이래도 되는 건가?"라는 놀라움과 흥분을 감추지 못했다.

나는 한국 사람들이 박근혜 대통령 파면과 탄핵을 위해 촛불시위를 벌이는 장면을 외신을 통해 지켜보았다. 이들은 무슨 이유와 연유로 박근혜 대통령 파면과 탄핵을 요구하는 것일까. 박근혜 대통령이 도대체 무엇을 잘못했고, 실제 국정 파탄을 했단 말인가.

내가 알고 있는 한국의 지인들에게 "도대체 박근혜 대통령이 무엇을 잘못했는지, 그 잘못이 무엇이고, 어떤 내용인지 궁금하니 자료를 보내 달라"고 했다. 그들은 한결같이 "유 회장님 한국의 언론을 보세요. 날마다 언론이 폭로하고 있으니 관심 있게 보세요."

그때부터 나는 왜 한국에서 이런 일이 벌어졌는지 관심을 갖기 시작했다. 우선 나는 한국에서 펼쳐진 촛불시위를 유심히 지켜보았다. 촛불시위는 누가 어느 단체가 주도하는 것일까. 그 집단과 사람들을 보니 좌파 활동을 하는 단체가 주축이 되어 촛불 시위를 주도했다.

당시 촛불집회를 이끌었던 단체가 일명 '박근혜 정권 퇴진 비상국민행동(퇴진 행동)'이다. 민주노총, 전교조, 전국농민회 총연맹, 한국진보연대, 참여연대와 과거 이적단체 판결을 받은 적이 있는 범민련 남측본부도 포함되어 있었다.

나는 이들이 앞장서서 촛불시위를 벌이는 순간, 직감했다. 박근혜 대통령 국회 탄핵 표결 통과는 물론 헌법재판소가 박근혜 대통령 파면 선고를 할 것이다. 나아가 적폐라는 미명하게 구속시킬 것으로 내다봤다. 나의 예상은 한 치도 어긋남이 없이 그대로 적중했다.

한국의 대통령으로 선출된 문재인 씨는 촛불에 의해 탄생했다. 한국좌파들은 그런 문재인 씨를 향해 '촛불대통령'이라 부르는 것을 들었다. 문재인 씨 스스로도 자신을 촛불에 의해 탄생한 대통령이라는 소리를 해댔다.

문재인 씨가 한국은 물론 해외에서 연설할 때 가장 많이 강조하는 게 있다. '촛불 혁명'이다. 나는 문 씨가 촛불혁명 운운할 때마다 너무나 역겹고 토할 심정이다.

혁명은 '비합법적 수단으로 국체 또는 정체를 변혁하는 일', '기존 사회체제를 폐기하고 한층 고도의 새로운 사회체제를 세움으로써 근본적인 전환을 가져오는 것' 등이다.

그런데 문재인 씨 등도 참여한 이 촛불시위는 일반적 정의의 혁명과는 거리가 멀다. 나는 한국의 촛불시위는 좌파들의 권력찬탈이요,

조원진 대한애국당 대표 말마따나, 촛불쿠데타로 본다.

또 한국의 국회가 탄핵 표결에 찬성하고, 헌법재판소가 재적 재판관 전원 일치 의견으로 박근혜 대통령 파면을 결정한 것은 '헌법 수호의 관점에서 용납될 수 없는 법 위배 행위'로 본다.

나는 대통령도 탄핵 받을 짓을 했다면, 당연 탄핵을 시켜야 한다고 생각하는 사람이다. 다만, 탄핵이 결코 거짓으로 포장되어선 안 되고, 선동이 자리 잡고 있으면 안 된다. 오직 헌법의 범위 내에서 위법 여부를 확인해야 하고, 그 과정과 절차가 공정해야 한다.

박근혜 대통령 탄핵은 아주 이상했다. 우선 절차와 과정은 물론 탄핵을 주도했던 자들도 이상했다. 탄핵을 주도한 자들이 한때는 박근혜 대통령 밑에서 간과 쓸개를 다 빼주었던 자들이었다. 야당은 앞장설 수 있지만 당시 여당 소속 의원들이 탄핵에 앞장섰다는 것은 도무지 이해와 납득이 가지 않았다.

박근혜 대통령이 탄핵을 당할 만큼 아주 큰 죄를 지었는가 궁금했다. 한국의 지인들에게 물어보면, 대부분 촛불시위자들이 박 대통령 탄핵을 요구한다는 이야기와 여론조사를 보면 국민의 90% 이상이 탄핵에 찬성한다는 그런 원론적인 이야기뿐이었다. 탄핵 사유가 최순실 씨의 국정 개입 허용과 대통령 권한 남용이 핵심이었다.

대한민국 헌법 84조에 의하면 대통령은 내우외환의 죄를 범하지 않고선 형사 소추가 안 된다. 이것은 헌법에 규정된 것이다. 헌법재판소가 대통령을 탄핵시키기 위해선 이것이 판결의 대명제여야 한다. 공정한 판결을 위한 인식의 출발선이기도 하다.

그런데도 헌재는 헌법을 무시했다. 나는 헌재의 판결은 초헌법적이고, 독선적 판결이요, 여론과 촛불시위자들의 눈치를 본 비겁한 판결로 보았다. 박근혜 대통령 탄핵 판결은 헌재, 스스로가 프레임에 빠져서 내린 전형적인 프레임 판결이다.

박근혜 마녀사냥

박근혜 대통령 탄핵 당할 전후, SNS를 통해 나에게 아주 많은 박근혜 죽이기와 마녀사냥 글들이 들어왔다. 하나같이 확인되지 않았던 선동과 왜곡, 가짜 뉴스 일종이었다.

'박근혜 대통령이 최순실을 '최 선생님'이라 불렀다, 최순실의 아들이 청와대에 근무하고 있다, 세월호 침몰 날 박 대통령은 청와대에서 최태민을 위한 굿을 했다, 최순실을 중심으로 한 8선녀 그룹이 있다, 최순실이 대통령 전용기에 동승하여 외국을 다녔다, 누가 누가 심야에 청와대로 들어가 대통령과 만났다'

그래서 이번 기회에 박근혜를 날려야 한다. 새로운 대통령을 뽑아서 한국 국정을 바로 세워야 한다 등.

내가 살고 있는 미국 조지아 주 오거스타의 밤하늘은 무척 아름답다. 마치 별이 내려와 수놓은 듯하다. 나는 밤하늘의 별을 보면서 가끔 아내와 차를 마신다. 당시 우리 부부 대화 대부분은 한국에서 벌어진 박근혜 대통령 탄핵을 둘러싼 내용이었다.

특히 한국 언론은 최순실 씨 보도를 한 하루도 빠트리지 않았다.

한번은 아내가 이런 지적을 했다.

"박근혜 대통령을 탄핵시키기 위해 최순실 씨를 희생양 카드로 쓴 게 아닐까요."

나는 아내의 생각에 전적으로 공감을 했다.

이런 거다. 최순실 씨와 관련, 악의적인 보도를 통해 언론이 국민 분노를 일으키게 했고 촛불을 들도록 한 것이다. 언론의 선전 선동에 좌파 정치인, 좌파 시민단체, 나아가 일반시민들까지 합세했다. 나치 선동가 괴벨스가 간파했던 것처럼, 대중은 사실과 거짓이 적당히 섞인 경우에 더 쉽게 속는다.

한국 언론 보도는 폭로성 집중 보도였다. 감정적이고 적대적이며 주관적이었다. 저널리즘의 원칙을 포기한 선동 일변도였다. 오보나 왜곡으로 밝혀져도 바로잡지 않았다. 언론의 이 같은 보도는 한마디로 '박근혜 마녀사냥'이다.

당시 대한민국 언론은 선동 프레임에 갇혔다고 봐도 과언이 아니었다. 선동 언론이란 저널리즘의 기본을 무시한 채 사회불안과 정치 위기를 증폭시키는 기형적 저널리즘을 총칭한다. 팩트 확인이 부족하거나 무시하기 일쑤이고, 명분 따위에 매달리니 실사구시의 태도에서 한참 멀다.

미디어가 어떤 사건과 현상을 프레임 속에 가두어 버린 후 선동을 하면 결국 그것이 여론화되면서 때론 '마녀사냥'의 희생양이 된다. 그것이 인터넷과 SNS를 통해 급속히 확산되면 상대에겐 영영 지워지지 않는 '주홍 글씨'로 새겨진다. 이런 과정이 몇 차례 숙성을 거치면 마치 그것이 진실인 양, 국민적 공감과 공분이 축적되어 나타나기 마련이다.

미국에서 바라본 한국 사람들은 군중성이 매우 강하다. 그런 선동 프레임에 갇히면 익명화된 인터넷의 미명 아래 소수의 사람들을 속죄양으로 지목한다. 이것은 한국인의 '대체 폭력'이요, 만장일치의 폭력이다.

한국 사람들은 분명, 선동 프레임에 갇혔다. 이에 갇히면 사람들은 더 이상 진실이 무엇인지 중요시 여기고 있지 않는다. 보이는 대로 보지 못하고, 보고 싶은 대로만 보고, 들리는 대로 듣지 못하고, 듣고 싶은 대로만 듣는 흐름 속에서 살아갈 수밖에 없다.

인간은 네모난 창을 통해 밖을 보면 네모로 보이고, 세모난 창을 통해 밖을 보면 세모로 본다는 것인데, 아무리 네모가 세모라 한들, 그것을 받아들이지 않는다는 맥락이다.

나는 이런 선동 언론의 보도가 교포 사회에도 아주 큰 약 영향을 미쳤다고 본다. 미주 교포들이 한국 정치와 사회를 접하는 것은 한국의 언론을 통해서다. 그런데 한국 언론을 보면 모두가 세뇌를 당하고 있다는 생각이 들었다. 이성이 마비 당하고 나의 뇌가 허탈과 분노의 물질을 내뿜는 거 같은 먹먹한 느낌이랄까. 나 역시도 그런 착각에 빠지곤 하는데 하물며, 선량한 교포들은 이런 보도를 액면 그대로 믿어버린다.

나는 한국의 뉴스를 보면서 문득 히틀러의 통치기반을 공고히 한 괴멜스의 어록이 떠올랐다.

'대중은 거짓말을 처음에는 부정하고 그 다음엔 의심하지만 되풀이하면 결국에는 믿게 된다.'

이 말은 '위대한 독일제국의 재건'을 목표로 내 건 괴멜스의 대표적인 어록이다.

한국의 언론은 박근혜 대통령 탄핵 구실을 만들기 위해 모든 뉴스의 초점을 최순실 씨 사태로 몰고 갔다. 앞 다퉈 촛불 시위를 생중계했고, 참여를 독려케 했다.

언론은 툭 하면 '단독', '특종' 보도인 양, 대통령이 무슨 주사를 맞았다니, 주름 줄이는 시술을 했다니 등 떠들어 댔다. 그것이 국정이나 최순실 사태와 무슨 상관인가. 최순실 사태의 본질은 어디로 가고 없다. 주사제나 미용, 시술과 같은 박 대통령 모욕 주기가 그 자리를 차지했다.

언론인의 가장 중요한 책무가 무엇이냐? 팩트를 보도하기 전에 다양한 팩트를 확보하는 것이다. 보고 들은 대로 전하는 앵무새가 되면 안 된다. 이성적 판단에 근거해서 균형을 잃지 않은 사실을 합리적으로 전하는 것이다.

한쪽 귀는 닫고, 한쪽 눈은 감고 있다. 여기에 편향된 입으로 사건의 본질은 사라지게 하고, 사건 외곽 때리기나 과도한 자극만 주고 있다. 무 개념, 무 책임의 극치로만 치닫고 있다.

내가 볼 때 대한민국은 여전히 왜곡되고 독선적이고 파렴치한 언론의 곡필에 의해서 빠르게 죽어가고 있다. 나라가 망가지건 말건 언론은 눈에 보이는 게 없다.

'전 매체의 선동 언론화', 이미 정치사회적 괴물로 자라난 선동언론은 한국 사회를 황폐화시키고, 시민의식을 마비시켰다.

2018년 9월 말, 미국의 폭스 뉴스(Fox News)가 문재인 씨에게 한국의 북한 종속 문제, 언론인과 탈북민 탄압 문제, 학교 교과서 '자유' 개념 삭제 문제에 대해서 물었다. 문재인 씨는 횡설수설과 동문서답으로 일관, 미국 조야의 불신감을 더욱 키웠다.

특히 폭스뉴스는 문 씨에게 "한국의 당신 비판가들은 당신이 언론인들을 탄압하고 있다"고 질문했다. 이에 대해 문 씨는 "한국에서 지금처럼 언론의 자유가 가장 만개한 때는 없을 것"이라고 말했다.

나는 한국의 민주노총이 이미 언론을 장악했다는 사실을 전해 들었다. 한국의 공영방송이 문재인 정권 앵무새로 전락한지도 오래됐다고 한다. 만약 한국의 언론들이 자유가 있고, 공정한 방송이라면, 왜 한국서 벌어지고 있는 태극기 집회에 대해선 단 한 줄도 보도하지 않는가.

문재인 정권은 가짜뉴스와 전쟁을 벌이고 있다. 감히 말하고 싶다. 가짜뉴스로 정권을 잡은 문재인 정권이 가짜뉴스 운운할 자격이 있는가. 이것은 문재인 씨가 폭스뉴스와 인터뷰에서 거짓을 말했다는 방증이다. 아주 내로남불의 전형이다.

대한민국 공산전체주의

한국에선 박근혜 대통령 탄핵의 배후가 있다고 말한다. 내가 듣기로는 한국 사회에서 활동하고 있는 공산전체주의 세력이라고 한다. 이들은 박근혜 대통령에 대한 탄핵을 넘어서 대한민국 체제를 전복하기 위한 활동을 진행 중이라고도 한다. 미국 조야 일부에서도 한국인이 이런 본질을 깨닫지 못하고 방치할 경우 대한민국의 자유 체제가 붕괴 될 가능성이 크다고 우려한다.

현 대한민국체제 위기의 근본 원인은 다양하지만 우파 쪽 사람들이 자유 체제 전복을 하는 자들을 묵인했다는 점이다. 80년대 대학가를 장악했던 공산전체주의자들이 성장하면서 오늘날 체제전복활동에 나선 결과가 결국 박근혜 대통령 탄핵으로까지 이어지지 않았을까.

체제전복세력의 특징은 민주주의자 또는 평화주의자 등으로 자신의 활동을 위장했다. 문제는 우파 정부도 체제전복활동을 묵인했고, 지식계가 용납했다는 점이다.

전위그룹은 80년대와 90년대 학생운동에서 성장한 세력들이다. 이들은 북한의 주체사상과 혁명이론으로 무장되어 있다. 전위그룹은 우리 사회 각계각층으로 침투했다. 교육계, 국회, 언론계, 문화계, 법조계 등 이들의 침투 활동은 성공적이었고, 각계에 침투한 세력들은 모든 계기를 정치투쟁으로 전환시켜 대규모 시위 사태를 조직한다.

2002년 여중생이 미군 장갑차에 치여 압사하는 사건이 발생했다. 전복세력은 이 사건을 주한미군에 의한 만행으로 규정했다.

전복세력은 미국산 쇠고기를 문제 삼았다. 이명박 정부가 출범하자마자 터진 이 광우병 시위사태를 수습하는 데 1년이라는 시간을 허비해야 했다.

전복세력들은 국정원을 동원한 불법선거에 대통령을 도둑맞았다고 선동했다. 그리고 2014년 고등학교 수학 여행단을 태우고 제주도를 향하던 세월호가 진도 앞 바다에 침몰했다. 재판 결과 밝혀졌지만 세월호의 비극은 배를 소유한 선사의 과도한 화물적재와 안전수칙 무시와 관리감독의 책임이 있는 감독기관의 묵인, 그리고 당시 선장과 선원들이 인명구조활동을 포기하고 자신들만 먼저 배에서 탈출하는 등 복합적인 결과 일어난 불행한 재난 사건이었다.

그러나 전복세력은 이 사건을 곧바로 정권의 문제로 몰고 갔다. 대통령이 세월호 사건의 초기 7시간 동안 구조활동을 전면에서 지휘하지 않았다고 주장한 것이다. 그 영향으로 온갖 억측이 난무했다.

2016년 최순실 사태가 터졌다. 전복세력은 최순실로 총결집했다. 이들은 그동안 침투해 자신들의 영향력 하에 있던 세력들을 총동원했다.

이어 최순실이 대통령을 이용해 국정을 농단했다고 폭로했다. 여기에서 전 국민이 분노하게 되었다. 전복세력은 곧바로 대중투쟁을 기획했다. 민중총궐기투쟁본부를 확대해서 '박근혜 퇴진 국민행동'을 조직했다. 그리고 대중을 광화문에 동원했다. 이들은 외쳤다.

'이게 나라냐'며 대한민국을 저주했다. 이어 국회가 나섰다. 야당이 나서고 일부 여당이 이에 동조했다. 아직 어떤 진실도 밝혀지지 않은 상태에서 2016년 12월 9일 국회가 대통령을 탄핵했다.

특검이 구성되고, 헌재를 압박했다. 탄핵을 인용하지 않으면 혁명이 발생할 것이라고 노골적으로 협박까지 했다. 마침내 2017년 3월 10일 헌재가 국회의 대통령에 대한 탄핵소추를 인용해 대통령을 파면했다.

나는 한국의 좌파들이 대한민국을 전복시키려 했던 거 보다 더 분개하는 게 있다.

바로 우파의 가면을 썼던 자들이다. 감히 말하지만 김무성, 김성태, 권성동, 유승민 등은 박근혜 대통령 피를 빨아먹은 정치인이었다. 이들이 박근혜 대통령 탄핵과 구속에 앞장섰다. 탄핵에 앞장섰던 위장된 우파 정치인들은 반드시 국민의 심판을 받아야 한다. 만약 미국에서 이런 일이 있었다면 그의 정치생명은 그날 끝이다.

나는 비록 미국에 살지만 이런 배신자들이 국회의원 배지를 달고 호의호식하고, 국민들에게 군림하는 그 꼴을 보지 못하겠다. 한마디로 오장육부가 비틀린다.

정치인은 누구인가. 국민에게 군림하는 자인가. 아니면 국민의 머슴인가.

미국도 그렇다. 정치인이 국민에게 군림하려는 순간, 정치 생명은 끝난다. 그런데 한국인은 안 그런 거 같다. 한국인이 정이 많아서 인지, 그런 정치인의 감언이설에 속아서 또 국회로 보내준다.

나는 한국이 발전하기 위해선 국민들이 앞서서 그런 정치인을 청소하고 퇴출하지 않으면 영영 정치 후진성을 면할 수 없다고 본다. '배반과 배신의 아이콘'들. 박근혜 대통령 탄핵을 사리사욕으로 악용한 막장정치 장본인들. 그들의 처신을 돌아보면 문재인 정부의 일등 공신이자 배반의 일등 공신이다.

이런 자들이 한국의 대선 후보로 거론되는 것을 보고 웃어야 할지 울어야 할지 기가 막힌다.

줄서기, 계파 정치

한국의 정치 형태는 아주 기형적이다. 대표적인 게 한국 정치의 가장 큰 폐단은 계파와 줄서기라 본다.

공천을 따내기 위해 줄서기, 계파 정치가 반복 되고 있다. 여기에 몽매하지만 영악한 인간들이 유력자에게 줄서기가 있는 한 한국의 악어와 악어새 구조는 끊기 힘들다.

계파 정치는 밀실 공천에서 비롯된다. 계파 보스에 의해 공천이 좌지우지되는 상황에서 '줄서기 정치'를 근절하기란 요원하다.

계파 간 밀실 공천이 가능한 이유는 정당의 공천 규칙(룰)이 명확하지 않기 때문이다. 공직선거법의 통제를 받지도 않는 데다 각 정당의 당헌, 당규에 포함돼 있는 규정 또한 애매모호하다. 그래서 선거 때면 공천 룰 확정 문제를 놓고 계파 간 충돌이 반복된다.

한국의 전문가들은 프라이머리(완전 국민경선제) 도입이 필요하다는 의견을 내놓고 있다. 해외 각국도 대체로 상향식 공천제를 활용하고 있다. 미국의 경우 1970년대 정치개혁 바람을 타고 도입이 시작된 오픈 프라이머리가 표준으로 자리 잡았다.

영국은 중앙당이 아닌 지구당이 당원총회를 통해 공천권을 행사하고 있고, 독일은 상향식공천을 선거법으로 의무화했다.

한국이 진정한 공천 규칙을 잡기 위해선 한국은 현역 의원이 당협위원장을 동시에 맡고 있는데 당협위원장과 현역 의원이 각각 분리되어야 한다.

당협위원장이 현역 의원을 감시하고, 현역 의원은 오직 자신의 지역구와 의정활동만 충실히 이행하면 된다. 이렇게 각각 분리해 놓으면 현역의원과 당협위원장은 서로 간 견제와 균형을 이루면서 발전을 해 나갈 수 있다.

나는 한국의 정치 발전을 위해서라도 현역 의원과 당협위원장은 반드시 분리해서 각자의 역할을 충실히 이행할 때 정치의 업이 이루어질 것으로 본다.

아울러, 한국의 가장 큰 문제점은 3권이 사실상 제 가능을 발휘하지 못하는 거 같다. 정치체제를 구성하는 입법권, 행정권, 사법권 등 3권이 자신들에게 주어진 기능을 제대로 하지 못할 때, 정치체제가 타락한다.

3권이 견제와 균형이 이뤄질 때 자유는 보장된다. 그러나 지금 한국은 입법이 무너진 지 오래고, 행정부의 자취도 감추어 져 있다. 입법부는 문재인 정권의 충실한 충견이 된 듯하다. 이러고도 한국의 자유와 민주주의가 그나마 지켜지고 있는 것이 신기할 따름이다.

태극기 애국 시민

나는 미국에 살지만 한국선수가 올림픽에서 금메달을 딴 후 시상대에 섰을 때 태극기와 함께 애국가가 울려 퍼질 때면 그냥 눈물이 난다. 지금도 대한민국이란 이름만 들어도 심장이 쿵쿵 뛴다.

나는 대한민국 애국시민들이 박근혜 대통령 탄핵 이후 단 한 번도 쉬지 않고 태극기 집회를 여는 것에 큰 감명을 받았다. 이들이 있기에 오늘날, 대한민국 자유 체계가 흔들리지 않고 버티고 있는 거 같다.

만약 한국의 우파 정치인들이 똑바로 했었다면, 왜 선량한 애국시민들이 태극기를 들고 밖의 왜 나왔을까. 이들 정치인이 제 역할을 못 해주기에 태극기를 들고 나오는지 모른다.

태극기를 들고 자유 대한민국을 외치는 한 사람, 한 사람을 존중한다. 특히 한국 국회의원들이 아무도 나서지 않는 가시밭길을 조원진 대한애국당 대표가 걷고 있다. 조 대표의 애국심에 깊은 찬사를 보내고 싶다.

태극기를 든 분 모두를 잊을 수 없지만, 그 중 한 분이 유달리 떠오른다.

지난 2017년 그해 겨울이었다. 한국을 방문했던 나는 태극기 집회 연단에서 연설을 한 후 내려왔다. 그런데 한 80대로 보이는 할머니가 나를 보자마자 주머니에서 꼬깃꼬깃해 진 1만 원을 건넸다.

"선생님 비록 얼마 안 되는 돈이지만, 이 돈으로 박근혜 대통령 석방하는 데 꼭 써이소."

그 할머니가 건넨 1만 원을 받을 수가 없었다. 할머니의 손을 꼭 잡아주었다. 할머니 손은 아주 차가웠다.

"할머니! 건강하셔야 됩니다. 건강하시야지 좋은 나라 볼 수 있습니다."

나는 지금도 그 할머니를 잊을 수 없다.

날씨가 추우나 더우나, 비가 오나 눈이 오나 매주 한국에선 많은 애국시민들이 태극기를 손에 들고 자유대한민국과 박근혜 대통령 석방을 외치고 있다.

한 할머니는 매주 링거를 맞고 태극기 집회에 나온다는 소리를 전해 들었다.

요즘 내가 한국 사람들로부터 가장 많이 듣는 소리가 있다.

"대한민국 살려주세요."

내가 미국 공화당에서 활동하는 정치인이란 것을 아는 분들은 하나같이 대한민국을 살려달라고 한다.

이들이 오죽했으면 나에게 이런 읍소를 할까. 이런 이야기를 들으면 내 마음이 무거워진다.

그리고 또 포기 하지 않겠다는 다짐을 한다.

"미국 의회에 반드시 진출하겠다."

내가 미국 의회에 진출해서 대한민국 국민들의 눈물을 닦아 드리고 싶다.

비록, 선거에 세 번 나와서 세 번 떨어졌지만 나는 결코 포기하지 않을 것이다.

반드시 당선되어 말로만 한·미 동맹이 아닌, 진정한 한·미 동맹을 위한 길을 걷고 싶다.

1950년 북한이 6·25 남침을 했을 때 미국은 당시 'KOREA'란 이름도 몰랐던 낯선 대한민국에 병사들을 보냈다. 이들이 목숨 걸고 지킨 것은 자유다.

그런데 대한민국은 문재인정권하에서 자유가 훼손되고 있다. 문재인정권의 대미관은 위장되어 있거나, 혹은 반미주의로 본다.

만약 대한민국이 공산화되면, 6·25 남침으로 인해 목숨을 잃었던 미군과 유엔 참전용사들의 죽음은 '개죽음'이 된다.

나는 이들의 숭고한 희생정신을 지켜주기 위해서라도 대한민국이 좌경화되어가고 공산화 과정의 길을 걷는 것을 보고만 있지 않을 것이다.

미국 트럼프행정부도 겉으로는 문재인정권에 대해 거부반응을 보이지 않지만 이미 문재인정권의 실체를 파악했다. 문재인정권은 좌파정부다. 문재인은 대한민국 건국일과 그 정통성을 부정하고 있다. 많은 한국인들은 문재인 정권은 궁극적으로는 한·미 동맹 파기와 낮은 연방제를 통해 대한민국 통일을 꿈꾸는 자라고 지적한다.

연방제 통일론은 북한이 줄기차게 주장하는 통일론과 비슷한 것으로 안다. 이 연방제가 실현되면 대한민국은 사실상 북한의 지배를 받을 가능성이 높다.

한국의 많은 애국시민들은 트럼프행정부에 기대를 걸고 있다. 트럼프행정부가 북한이라는 악의 축을 제거해주길 바랐다.

나는 트럼프행정부가 한국인들의 바람을 저버리지 않을 거라 본다. 대한민국을 절대 포기하거나 보고만 있지 않을 것이다.

나는 한국인들에게 부탁하고 싶은 말이 있다.

Never, Never, Never Give-Up!(절대로, 절대로, 절대로 포기하지 말라!)

영국의 수상 윈스턴 처칠은 옥스퍼드 대학교 졸업축사에서 청중들을 향해 단 세 마디의 말을 남기고 단상에서 내려왔다. 처칠의 명언은 짧지만 큰 울림을 주는 명연설이다.

나는 한국인들이 절대로 자유를 포기 하지 않기를 바란다.

인간은 패배하였을 때 끝나는 것이 아니다. 포기했을 때 끝난다.

자유는 그저 얻어지는 게 아니다. 수많은 사람들이 나라를 위해 목숨을 바쳤고, 희생이 있었기에 가능했다. 자유 수호를 위해 소중한 목숨을 바친 호국영령들을 잠시도 잊어선 안 된다.

나는 그 자유의 힘이 오늘날, 대한민국의 혼이라고 믿는다.

한국 애국가를 들을 때 내가 가장 좋아하는 구절이 있다.

'하느님이 보우하사 우리나라 만세!'

'괴로우나 즐거우나 나라 사랑하세!'

이 얼마나 아름다운 가사인가.

나는 한국을 믿는다. 한국인을 믿는다. 내 조국 대한민국을 사랑한다.

'자유 대한민국 만세!'

'태극기 애국 시민 만세!'

'박근혜 대통령을 당장 석방하라!'

146

트럼프의
세계 질서에 대한 도전

-김병규

1. 트럼프(Trump)

2018년 북한은 미국에 직접적인 대화제의를 하지 못하고 지속적으로 대화를 주장했던 남한을 통하여 그 출구전략을 마련했다. 남한에서 열린 평창동계올림픽을 통하여 북한은 선수단과 응원단을 내려 보내는 간접적인 방법으로 미국에 대화제의를 타진하기 시작했다. 이런 분위기 속에서 4월 남·북정상회담과 미·북정상회담이 속전속결로 결정되었다. 이후 북한 김정은 위원장은 3월 26일부터 28일까지 중국을 전격 방문하므로 북한 권력을 잡은 지 6년 만에 국제무대에 깜짝 데뷔했다. 하지만 짧은 시간 내에 이루어진 갑작스러운 변화들은 남·북한과 국제사회의 큰 기대와 함께 혼란도 같이 야기하고 있다. 그것은 김정은의 광폭행보가 거침없고 충분한 준비 없이 북한의 변화에 맞닥뜨렸기 때문이다.

4월 27일, 남·북정상회담이 남측 판문점에서 개최되었고, 남·북한 간 다양한 합의가 있었다. 합의문에 비핵화 내용이 포함되었다. 하지만 김정은 위원장은 비핵화에 대한 내용을 일절 거론하지 않았다. 비핵화에 대한 결정은 미·북회담의 몫으로 남겨졌다. 4월 27일 남·북정상회담 이후 미·북회담에 대한 기대감은 훨씬 높아졌다.

미·북회담은 세기의 협상이 될 것이 확실했다. 5월 개최설이 6월로 미루어지며 미·북정상회담에 대한 낙관론과 회의론이 동시에 미국 조야에서 나오기 시작했다. 회담 성사에 대한 회의론이 있을 무렵 트럼프 대통령은 미·북회담을 진행할 의사가 없음을 국제사회에 통보했다. 하지만 발표 하루 만에 북한은 태도를 바꾸어 미·북회담 개최에 매달렸다. 그리고 6월 12일 미·북정상회담의 싱가포르 개최가 결정되었다. 이후 1차 미·북회담은 성사되었으나 양측은 교착상태에 빠졌다. 이런 교착상태를 타개하기 위해 9월 18일 문재인정부 들어 3차 남·북정상회담이 평양에서 이루어졌고 비핵화 관련 다시 불씨가 살아나기 시작했다.

지난 30년 간 미·북 사이에는 수많은 협상들이 있어왔다. 북한의 협상 방식은 항상 동일했고 시간 벌기를 통하여 궁극적 목표인 핵무장에 성공했다. 북한은 핵 개발을 통하여 이미 핵의 소형화, 경량화 그리고 고도화에 이르렀다. 6월 12일 미·북 간에 정상회담은 생각한 것보다 훨씬 기대에 못 미치는 합의에 이르렀다고 미국 언론들은 평가했다. 현재 미·북 간 핵 협상은 완전한 핵 폐기와 종전선언이라는 완전히 다른 요구 지점에서 진전 없이 교착점에 놓여 있다. 이런 교착상태는 이미 예측되었던 문제였다. 현 시점을 보는 전문가들은 과거의 모습으로 회귀할 가능성이 있다고 진단했다. 다만 김정은이 국제사회에 등장하여 공언한 만큼 예상을 뒤엎고 완전한 핵 폐기에 이를 것이라는 조심스런 전망도 예상되고 있다.

미·북 간 정상회담이 합의에 이른다고 해도 궁극적으로 그 합의가 남한에 긍정적 결과를 줄지는 아직 미지수이다. 남·북한 분단은 이미 70년을 넘겼다. 조심스런 전망이지만 김정은의 핵 폐기 의지 공언과 미·북정상회담을 통하여 격랑 속에 있었던 한반도는 어느 정도 안정을 되찾았다. 하지만 북한은 경제제재대상이다. 미·북회담 이후 확실한 북한의 비핵화 의지가 없다면 미국의 북한에 대한 경제제재는 지속될 것이다. 더욱 악화될 소지도 배제할 수 없다. 이렇게 되는 경우 남·북 간 정치, 경제, 군사적 상황도 이전보다 악화될 것이다. 하지만 미·북 간 완전한 핵 폐기(PVID, CVID, FFVD[12]) 합의가 이루어진다면 한반도는 엄청난 변화를 경험할 것이며, 어려운 길이지만 통일로 한 발자국 다가서게 될 것이다.

현재 게임체인져(game changer)는 트럼프 대통령과 김정은 국무위원장이다. 특히 트럼프의 결단은 대단히 중요하다. 북한 김정은의 국제사회 등장은 트럼프의 다양한 전략과 전술에 의해서 가능했다. 실질적으로 트럼프는 김정은을 대화에 끌어들이기 위해 다양한 압박수단을 동원했다. 트럼프의 압박 전략 전술을 이해하는 것은 대단히 중요하다. 그것은 현 상황의 변화뿐만 아니라 앞으로의 변화를 예상하는데도 도움이 될 수 있기 때문이다.

---

12) PVID(permanent, verifiable, irreversible, and dismantling), CVID(complete, verifiable, irreversible and dismantling), FFVD(final, fully, verified and denuclearization)

트럼프의 인생 전환기

도널드 트럼프는 독일과 스코틀랜드 혈통이고 부동산 사업을 하는 백만장자 프레드 트럼프의 아들로 뉴욕에서 태어났다. 트럼프가 자란 고향은 자메이카 이스테이츠라는 부자 동네로, 퀸즈의 대저택에서 살았다. 도널드와 형제자매들은 매우 유복하게 자랐지만 부잣집의 아들처럼 성장하지 않았다. 비가 오면 트럼프는 자가용을 타고 신문 배달을 했다. 트럼프의 아버지 프레드는 매우 엄격했다. 프레드는 자식들에게 가업을 철저히 배우도록 했으며 일주일 중 하루도 휴일 없이 일할 정도로 일 중독자였다. 주말이면 아이들을 자동차에 태우고 공사현장에 갔고 아이들은 못을 주웠다. 작은 못 하나라도 아낄 정도로 전형적인 구두쇠였다.

트럼프는 자기 아버지의 세계관을 배우며 자랐고 아버지에 영향을 많이 받았다. 인생은 경쟁이라는 것도 그의 아버지 프레드의 지론이었다. 그는 세상에는 승자와 패자가 있다고 생각했다. 프레드 트럼프는 경주용 말과 인간이 비슷하다고 생각했다. 뛰어난 유전자를 받은 인간은 따로 있고 유전자가 뛰어난 남자와 여자가 만나면 우월한 자손들이 태어난다고 생각했다. 트럼프는 지론대로 항상 승자가 되려고 했다.

트럼프가 13세가 되자 프레드는 그의 아들 트럼프를 엄격하기로 유명한 기숙학교로 그를 보냈다. 뉴욕 시에서 북쪽으로 100km 떨어진 뉴욕 육군군사학교였다. 13세의 어린 트럼프는 완전히 새로운 환경을 접하게 되었다. 트럼프는 새로운 환경에 의외로 적응을 잘해냈다. 그는 거기서 우등생이 되었고 그 스스로가 군사학교를 좋아했다. 그는 분명한 책임 소재, 명확한 규칙을 좋아했다. 무슨 일이건 잘하면 메달과 상을 받는 것을 좋아했다. 이 학교는 트럼프 소년기에 큰 영향을 주었다.

트럼프의 성장기를 논할 때, 빠짐없이 나오는 것이 마블합동교회이다. 트럼프는 공화당 대선 후보 당시 자신이 장로교 신자이며 마블합동교회(Marble Collegiate Church) 성도라고 밝힌 바 있다. 역사가 1629년까지 거슬러 올라가는 오랜 역사와 전통의 이 교회는 트럼프 가문과 깊은 연관을 가지고 있었던 것으로 알려졌다. 마블합동교회 측에서는 "트럼프 가문은 교회와 오랜 역사를 함께 해왔는데, 도널드 트럼프의 부모는 활발한 교회 성도였다."고 말했다.

트럼프는 마블합동교회에서 성공의 복음을 들으며 성장했다. 이 교회는 노먼 빈센트 필 목사의 교회였다. 필 목사는 트럼프에게 성공의 복음을 가르쳤다. CNN에 따르면, 트럼프는 노먼 빈센트 필 목사에 대한 존경심도 나타냈다. 트럼프는 "노먼 빈센트 필 목사는 나의 목회자였다."면서 "그는 내가 지금까지 본 최고의 설교자 중 한 명이었다. 교회에서 집으로 돌아가는 것, 설교가 끝나는 것이 싫을 정도였다. 그는 정말 위대했다."고 말했다.

노먼 빈센트 필 목사는 『적극적 사고방식(The Power of Positive Thinking)』 등으로 유명한 베스트셀러 저자이며 〈가이드포스트〉를 창간했고, 1932년부터 1984년까지 무려 52년간 담임목사로 사역했다. 이 교회에는 정치인, 사업가가 모여들었다. 필 목사는 자본주의와 부자를 칭송했으며 트럼프의 성향과 목표, 부친 프레드의 야망과도 잘 맞았다.

트럼프는 포덤대학교(Fordham University)를 2년 동안 다니다 펜실베니아 대학으로 편입하여 와튼스쿨에서 경제학 학사 학위를 받았고 아버지에게 인정을 받았다. 이후 트럼프는 아버지의 부동산 개발 회사의 견습사원으로 들어갔다.

트럼프는 그가 25세 되던 해인 1971년 회사 전권을 아버지로부터 물려받았다. 트럼프가 부동산에 눈을 뜨기 시작한 것은 그의 아버지의 영향이 컸다.

트럼프의 아버지는 고등학교를 졸업하고 대학 진학을 포기하고 주택 건축업자의 목수 조수로 일을 시작했다. 일반 목수들에 비해 고학력을 소유했던 그는 부동산 시장을 보는 눈이 탁월했고 직접 주택을 지어 판매하는 사업에 관심을 가졌다. 당시 그는 가난한 노동자들을 위해 저렴한 주택을 지어 되팔아 상당한 이익을 얻었다. 그 다음에는 슈퍼마켓을 건설했는데, 셀프서비스 형태의 슈퍼마켓으로 당시로서는 혁신적인 소매업 모델이었다. 부동산 자산과 임대 및 판매 수익을 결합한 새로운 형태의 건설사업 모델이기도 했다.

미국 대공황이 어느 정도 잠잠해질 무렵 그의 아버지 프레드는 다시 건축사업에 뛰어들었고 초기 사업이었던 저소득층을 위한 주택건설 사업으로 다시 선회했다. 이 시기 트럼프 아버지 프레드의 사업은 성공가도를 달리기 시작했다.

1970년대 중반 트럼프는 아버지에게 사업을 물려받은 후, 고향 퀸스를 떠나 맨해튼으로 진출하였다. 1970년대 그의 아버지 사무실에서 일을 할 때, 트럼프의 목표는 서쪽 노동자 계급의 외부 자치구 너머의 맨해튼 스카이라인이었다. 아버지가 뉴욕의 외곽 지역에서 아무리 돈을 많이 벌어도 맨해튼에서 성공하지 않으면 트럼프에겐 의미가 없었던 것이다.

트럼프는 맨해튼 부동산 사업에 혼신을 다했다. 하지만 트럼프에게는 한계가 있었고 멘토가 필요했다. 그 사람이 바로 로이콘 변호사였다. 그는 이후 트럼프에게 엄청난 영향력을 주었다. 로이콘은 인정사정없는 인물이었다. 그는 악명도 이득이라는 조언을 해주었다. 아무리 악명을 떨쳐도 시간이 지나면 사람들의 기억에는 그 사람이 무엇을 잘못했는지 잊어버리고 이름만 남기 때문이라고 조언했다. 로이 콘 변호사는 노먼 빈센트 필 목사와 함께 트럼프에게 상당한 영향을 끼친 인물이다.[13][14][15]

트럼프의 협상 철학

트럼프의 등장은 많은 이들에게 의문점을 주었다. 무엇보다 그가 미국의 대통령이 된 것에 대해 의구심을 가졌다. 그는 정치인도 아니었으며, 정치적 기반도 미흡했다. 또한 파격적 언행으로 많은 이들에

13) Donald J. Trump, 번역 유한준, 『아웃사이더 도널드 트럼프』, 서울: 춤추는 고래, 2016.
14) 도널드 J. 트럼프, 번역 권기대, 『CEO 트럼프 성공을 품다』, 서울: 베가북스, 2007.
15) 매일경제 국제부, 『스트롱맨의 시대』, 서울: 청림출판, 2017.

게 천박하다는 말을 들었다. 그는 현재 엄청난 비난 속에서도 기존의 질서를 파괴하며 질주하고 있다.

　인간은 누구나 자신만의 생애 철학이 있다. 이런 철학은 자신이 가고자 하는 목표를 자극하는 실천의 원동력이다. 하지만 그 실천의 원동력을 한결같이 유지하기가 쉽지 않고 가다가 잊어버리거나 좌절하는 경우도 많다. 트럼프 대통령은 그런 부분에 있어 범(凡)인들보다 자기의 생애 철학을 잊지 않으려는 의지가 강했다. 그것은 그가 축적한 부와 명성으로도 증명해주지만 무엇보다 그가 걸어온 과정들을 즐기고 끊임없이 도전한 것이다. 현재 그는 세계 초강대국인 미국의 대통령이 되었고 국제사회에 가장 큰 영향을 주고 있다. 그의 일거수일투족에 세계는 집중한다. 현재 트럼프는 그의 생애에서 가장 중요한 협상을 진행하고 있다. 그 협상은 바로 한반도와 관련된 협상이고 전 세계는 그 협상을 주목하고 있다. 그 협상을 통하여 한반도와 동북아의 지형 변화는 불가피하다.

　현재의 트럼프가 있기까지는 그만이 가지고 있는 고유의 철학이 있다. 그의 이 생애 철학은 그에게 많은 변화를 주었다. 그는 그가 이룬 꿈을 많은 서적으로 남겨놓았다. 그리고 그의 철학을 일반인과 공유하고 있다. 트럼프의 철학을 알아보고 이해하는 것은 그가 미국 대통령으로써 대국을 이끄는 통치철학의 근간이 될 수 있다.

높은 목표 설정

트럼프가 맨해튼의 부동산을 개발하겠다고 결심했을 때, 그의 아버지 프레드는 도저히 그 이유를 모르겠다고 반대했다. 프레드는 그가 브루클린과 퀸즈 지역에서 성공했기에 트럼프도 거기에서만 일해야 한다고 생각했다.

그러나 트럼프에게 맨해튼 진출은 그의 오랜 목표였다. 트럼프에게 맨해튼은 비즈니스와 문화와 사회의 측면에서 세계의 진원지라고 보았다. 그리고 트럼프는 거기서 그의 이름을 떨치고 싶었다. 그는 트럼프타워를 건설하기로 마음먹고 다른 일반 건물과 구분되는 파격적이며 대담하고 아름다우며 창의적인 유리와 청동의 외관을 그의 아버지에게 보여주었다.

하지만 그의 아버지 프레드는 "너에게 언제나 벽돌이면 충분했는데, 왜 넌 유리며 청동으로 하느냐"며 강한 반대를 했다. 그는 거기에 대해 "전 그저 또 하나의 평범한 마천루를 짓고 싶지는 않아요. 저는 세상에서 가장 장엄하고, 눈부시며, 모두가 칭송하는 명승지를 만들고 싶다고 말했다. 게다가 이 건물에 자기 이름을 붙이고 그 어느 다른 건물보다 각별히 빼어나게 만들고 싶습니다."라고 얘기했다.

마침내 트럼프타워가 떠들썩한 호평 속에 준공되고 뉴욕의 명물로 자리 잡게 되자, 사람들이 그의 기준을 대대적으로 받아들였다는 데는 의심의 여지가 없었다. 그는 결국 그 자신만의 기준을 만들었고 그만큼 목표를 높게 설정했던 것이다.

트럼프는 "내 비즈니스의 가장 큰 즐거움은 내 자신의 비전과 독창성을 실행하는 것, 그리고 나 자신을 표현하는 것이다."라고 했다. 그는 또 어떤 일을 책임지게 되든, 시간을 들여서 철저하게 임해야 한다. 새로운 아이디어와 새로운 영향에 마음을 활짝 열어두라, 기대하는 바에 있어서 스스로를 고정시키지 말고 언제나 융통성이 있어야 한다."라고 했다.[16]

트럼프는 자기의 것이 돋보이기를 원한다. 기존의 것과 다른 것을 추구한다. 또한 기존의 틀에 얽매이지 않는다. 비난을 받더라도 그것을 감수하며 자기가 옳다고 생각하면 지속적으로 밀어붙인다. 그리고 자기가 옳았음을 증명한다. 미·북정상회담이 오기까지 그는 절대로 멈추지 않았다. 무엇보다 그는 기존의 정치인들이 하는 외교적 전통적 방법에 얽매이지 않았다. 그는 정치인이 아닌 이전 정부들이 시도하지 않았던 비전통적 방법을 사용했다. 그것은 많은 비난에 직면했으나 그는 굴하지 않았다. 그것이 바로 현재 그가 바꾸려는 세계이다.

트럼프의 고집

트럼프는 자기 스스로 남보다 좋은 부모와 좋은 환경 그리고 훌륭한 교육의 혜택을 받았다고 인정했다. 하지만 그는 그 자신이 터프하며 단호하며 끈질기다고 했다. 그리고 이런 특성이 없이 성공을 누린다는 것은 도무지 있을 수 없는 일이라고 생각했다. 그는 성격이 터

---

16) 도널드 J. 트럼프, 번역 권기대, 『CEO 트럼프 성공을 품다』, 서울: 도서출판 베가북스, 2007, pp. 32~35.

프하다고 해서 성질이 괴팍스럽거나 어렵다든가 무분별하다는 의미는 아니라고 했다. 그것은 끈기가 있다는 얘기며, 항복하거나 포기할 줄을 모른다는 뜻이라고 했다.

트럼프는, 사람들은 대부분 참을성이 없어서 신속한 결과를 원하지만, 기다리는 것이 현명한 길인 경우도 종종 있다. 느긋하게 참으며 기다리는 데엔 강인함이 필요하다. 특히 원하는 것을 얻기 위해 오랫동안 기다려야 할 때엔 더욱 그렇다고 했다.

또한 참으로 가치 있는 것이 손쉽게 주어지는 경우란 거의 없고, 대개는 엄청난 시간과 피땀 어린 노력을 요구하기 마련이라 했다. 그렇게 기다리는 중에 여러분의 계획이 어긋나게 만든다든지, 여러분의 발목을 잡는다든지, 방해를 하는 사람들 혹은 사건들이 생길지도 모른다고 했다.[17]

이런 트럼프의 철학은 그가 대통령이 된 후에도 그대로 적용되었다. 그는 엄청난 지탄과 비난을 받으면서도 그의 뜻을 굽히지 않았다. 트럼프는 TPP를 탈퇴하고 동맹국들에게 고관세를 부과하고 중국의 불공정한 통상거래에 전쟁을 선포했다. 또한 유치할 정도의 말폭탄으로 김정은을 위협했다.

이런 트럼프의 각종 결정에 기존 정치인들은 트럼프가 외교도 모르고 국제정세도 모르는 정치적 애송이가 국제 질서를 망치고 있다고 비난했다. 또한 동맹국인 한반도에 트럼프의 경솔한 행동으로 전쟁이 일어날 수 있다고 경고했다. 하지만 그의 참을성은 결과를 만들어냈고 그를 비난하던 정치인들은 현재의 결과를 보며 그의 전략

---

17) 도널드 J. 트럼프(2007), pp. 44~48.

을 하나 둘씩 인정하고 있다. 현재 그는 역사를 바꿀 미·북회담을 치루었고 결과를 위해 매진하고 있다. 어떤 결과가 나올지 그 누구도 모른다. 하지만 그의 고집과 끈기는 변화를 만드는 중요한 요인임이 확실하다.

지식과 정보 싸움

트럼프는 그 누구보다 다양한 정보와 지식을 습득하는 것을 즐겨했다. 그것은 중요한 협상이 있을 때 더욱 그랬다. "여러분이 책임지는 프로젝트 하나하나에 대해서 지식을 습득하고 할 수 있는 모든 것을 배워라. 충분한 지식도 없이 어떤 거래를 하게 된다면, 여러분은 시간과 돈을 낭비하는 꼴이 될 것이다. 그것은 마치 규칙도 모르면서 이판사판의 포커 게임을 하는 것과 다를 바 없다고 했다. 그는 무지는 결코 용납될 수 없는 죄다. 그것은 실패로 가는 가장 확실한 길이니까, 상황을 제대로 파악하지 못하는 것에 대해서는 그 어떤 이유도 용납될 수 없다. 갖고 있는 지식을 한데 모으고 최고를 목표로 하는 팀을 만들 때, 비로소 프로젝트는 성공하는 것이다. 나는 이런 식으로 일에 접근하며 그 때문에 나의 프로젝트는 눈길을 끄는 장관이 되는 것이다. 성공한 기업가들이나 저자들, 전문가 그리고 내부사정을 잘 아는 사람들과 접촉하고, 가능하다면 직접 만나서 조언을 구하도록 하자. 여러분이 갖고 있는 유력한 지인들의 네트워크를 이용해서 도움을 얻자. 혹시 이들 전문가들이 수시로 참석하는 회의나, 모임, 혹은 다른 행사 등이 있는지 알아보자."고 했다.

이런 트럼프의 철학은 중요한 협상을 두고 그가 임하는 태도를 명확히 보여주는 좋은 사례이다. 지금 트럼프는 북한의 비핵화를 위한 많은 정보와 지식을 습득하고 있다. 전문가들은 트럼프가 북한을 잘 모른다고 지적하고 있다. 그것은 잘못된 생각이다. 이전 정부에서 북한에 대해서 잘 알았다면 현재의 북한 상황까지 오지 않았을 것이다.

아이러니하게도 북한을 잘 안다는 사람들이 현재의 북한 상황을 만든 것이다. 그 말은 이전 정부가 북한 비핵화에 모두 실패했기 때문에 현재의 상황까지 왔다는 사실을 간과하고 있는 것이다. 트럼프는 북한의 요구에 맞서 치밀한 대책을 강구하고 있는 것이다. 성공하는 사람은 결국 결과를 내는 사람이다.

트럼프의 실행능력

트럼프는 대통령이 된 후 그가 공약했던 내용을 무모하리만큼 강하게 밀고 나가고 있다. 많은 이들은 그가 밀고 나가는 방법과 행동에 깊은 우려를 표하고 있다. 하지만 그는 개의치 않는다. 그가 옳다고 생각하는 것은 거침없이 실행해 나가고 있다. 트럼프는 실행에 대해서 다음과 같은 철학을 갖고 있었다.

"실패 하는 게 두려워서 아예 시도조차 하지 않는 사람들이 많다. 그들은 꿈도 꾸고, 이야기도 하고, 심지어 계획도 세울지 모르나 끝내 그들의 돈과 노력을 내거는 바로 그 중요한 단계를 거치지 못하는 것이다. 사업에 성공하려면 위험을 무릅써야 한다. 설사 실패를 하는 한이 있더라도, 그렇게 해야만 배운다."[18]

지금 트럼프가 실행하는 것은 미국이 기존에 유지하던 국제적 질서와 정책을 벗어나려는 이단적 시도다. 기존의 정치인들은 기존 질서와 정책을 벗어나는 것은 미국의 위상을 깎아내리고 미국이 그동안 만들어 놓았던 세계적 기반을 훼손하는 것이라 생각했다. 하지만 트럼프는 무모해 보이는 실행을 통하여 미국이 새롭게 거듭날 수 있다고 믿고 있다. 트럼프는 옳지 않은 기존 질서는 바꾸어야 한다고 생각하고 있는 것이다.

승리를 위한 협상

트럼프는 협상에 있어서 '이기기 위해서 협상하고 또 이긴다'고 했다. 트럼프는 현재 많은 국내외 문제와 맞닥뜨리고 있다. 그것은 모두 트럼프에게 도전이다. 트럼프는 협상에 이기기 위해서 특별한 비법을 말하고 있지 않다. 트럼프는 협상을 하나의 예술로 간주하고 꼼꼼히 챙기라고 조언 하고 있다.

첫째, 협상의 목적을 뚜렷이 규정하고 그 협상에 대해 철저히 준비하라. 거래를 성사시키기 위해 받아야 할 최소의 것과 지불할 의향이 있는 최고의 가격을 인지하라. 그 틀 속에서 거래를 만들 수 없는 경우엔, 그대로 협상의 자리를 박차고 나올 준비를 하라.

둘째, 상대방이 무엇을 원하는지를 똑바로 알자. 상대의 강점과 약점을 파악하라. 상대편이 어떤 사람인지, 무슨 자원을 보유하고

---

18) 도널드 J. 트럼프(2007), pp. 71~74.

있는지, 누가 그를 지원하고 있는지, 그가 얼마만큼을 원하는지, 왜 그것을 원하는지, 결국 어느 선에서 받아줄 것인지, 그리고 얼마를 지불할 용의가 있고 그 대가로 얼마를 받으려고 주장할 것인지 등을 알아내야 한다.

셋째, 사실에만 의존하자. 추측하거나 일반화하거나 다른 사람들이 믿는 것에 귀를 기울이지 말자, 증거와 서류와 확고한 숫자를 얻으라. 사람이든, 회사든, 사업이든, 제안이든, 꼭 같은 거라곤 있을 수 없다. 따라서 어떤 가정도 하지 말고, 어떤 결론도 섣불리 내리지 말라, 확인하고 체크하고, 무엇보다 여러분이 직접 그렇게 하라.

넷째, 협상을 할 때는 공정하고 합리적이어야 한다. 그래야 모든 사람들이 이길 수 있다. 모든 것을 다 요구함으로써 적을 만들지 말라. 언젠가는 돌아와 여러분을 괴롭힐 수 있으니까.[19] 트럼프의 이 협상 원칙들을 보면 협상에 임할 때 그의 자세를 예상해 볼 수 있다.

사전 준비의 달인

트럼프는 그의 협상 철학에서 협상 전 사전 준비가 얼마나 중요한지를 강조한다. "내가 사업에 처음 뛰어들었을 때, 내가 심사숙고하고 있던 장사에 영향을 끼칠 수 있는 모든 디테일을 샅샅이 조사하느라고 나는 엄청나게 많은 시간을 소모했다. 지금 이 순간도 마찬가지다. 사람들은 날 보고 종종 이렇게 말한다. "어쩜 저렇게 즉석에서

---

19)도널드 J. 트럼프(2007), pp. 98~103.

거침없이 생각을 할 수 있을까?" 그들은 내가 이런 재능을 타고난 걸로 생각한다. 사실은 아니다. 내가 결정을 재빨리 내릴 수 있는 건 항상 사전준비를 하기 때문이다. 나는 어떤 거래에 관련될 수 있는 모든 것을 검토함으로써 대비를 한다. 국외자들은 그런 철저한 조사와, 꼼꼼한 준비와 분석, 그리고 다른 모든 사전 작업을 절대로 보지 않는다. 그들은 오로지 결과만을 보는데, 사실 그건 기껏해야 빙산의 일각에 지나지 않는다. 훈련이 잘 된 운동선수처럼 나는 철저하게 준비를 하고, 그 다음 적절한 때가 오면 대문에서 뛰쳐나갈 만반의 태세가 되어 있는 것이다. 무의식적이고 자동적으로 반응하려면 충분한 준비와 연습이 필요하다."[20]

트럼프는 준비하는 자세로 모든 협상에 대비했다. 미·북회담을 위해 트럼프는 김정은을 설득하고 그의 적극적 동의를 얻어내기 위해 엄청난 준비를 해왔다. 이 준비를 통해 미·북회담에서 분명히 큰 변화가 있을 것이라 확신했다.

트럼프의 협상철학과 그의 생애철학은 범인들이 말하는 것과 다르지 않다. 하지만 다른 것이 있다면 이런 철학들을 끊임없이 실천하고 지속적으로 유지해간다는 것이다. 그것은 그가 가지고 있는 명예나 돈이 아니며 용기와 끈기라는 사실을 알게 된다. 그 부분에서 그는 일반인과 다르다. 또한 그것이 그가 꿈꾸었던 것을 성취하게 한 원동력이 된 것이다.

---

20) 도널드 J. 트럼프(2007), pp. 104~107.

트럼프의 선거공약[21]

"미국은 새로운 시대를 맞았다. 저는 지금 모두가 힘을 합쳐야 할 때라고 생각한다. 이 자리에서 약속드리겠다. 모든 미국인을 위한 대통령이 되겠다. 이것이야말로 가장 중요한 사명이라고 생각한다. 미국에는 엄청난 잠재력이 있고 저는 미국을 누구보다 잘 알고 있다. 이제 힘을 모아 도시의 학교와 공항을 다시 지을 것이다. 미국의 인프라를 재건하겠다."

이 연설은 트럼프가 대통령으로 당선된 후, 2016년 11월 9일 발표한 당선 소감이다. 이 내용에는 다양한 내용을 함의하고 있다. 트럼프는 그 어느 정권보다 미국의 번영과 발전을 위해 집중하는 대통령이다. 그의 모든 대외정책도 모두 미국에 맞추어져 있다. 트럼프의 정책을 몇 단어로 정리하자면 링컨의 게티스버그 명연설처럼 국민(미국)의(of) 국민(미국)에 의한(by) 국민(미국)을 위한(for) 정치를 만들겠다는 것이다.

당선된 지 1년을 넘긴 트럼프 대통령은 미국의 그 어느 역대 대통령보다 국제사회에 가장 많은 화두를 던진 대통령으로 기억될 것이다. 그만큼 트럼프의 대내외 정책은 파격적이었고 국제사회를 놀라게 했다. 그것은 기존 미국의 질서와 전통적 외교의 틀을 깨는 역발상적 정책들이다. 트럼프의 이런 언행들은 현재 진행형이다. 세계는 지속적으로 그의 정책과 행동에 놀라움과 함께 충격에 직면하게 될 것이다.

---

21) Donald J. Trump, 엮은이 유한준(2016)

트럼프의 지지세력 앵그리 화이트(Angry White)

미국 일간지 워싱턴 포스트는 "세계화와 미국의 다문화화 때문에 자신들의 목소리가 줄어들자 분노한 '앵그리 화이트'[22]가 트럼프의 승리를 이끌었다고 보도했다.

특히 백인들의 파워는 플로리다 주에서 나타났다. '미국의 주인은 백인'이라는 인종차별적 생각 아래 결집된 백인들의 공감대가 플로리다 주에서 만연하게 퍼지며 트럼프는 해당 지역서 클린턴에게 10만여 표를 앞서며 승리의 축배를 들었다.

그동안 트럼프는 승리 연설에서도 자신의 핵심 지지 층인 앵그리 화이트를 의식한 발언을 빼놓지 않았다. 그는 이 자리에서 건설을 통한 인프라 재건과 고용 창출을 분명하게 약속했다.

세계인들은 미국의 국제 경찰 역할이 당연한 의무라고 생각하는 경향이 있다. 또한 미국은 국제사회를 위해 봉사해야 하고 재정적 지원을 해야 한다고 규정하고 있다. 미국은 현재까지 그렇게 했고 미국은 엄청난 재정 적자를 초래했다.

트럼프는 이런 미국의 문제를 극복하고자 한다. 이것이 국제사회와 미국이 현재 충돌하는 것이다. 하지만 미국과 국제사회의 관계 변화는 불가피하다. 미국이 이기적으로 보이지만 그것은 각국이 살아가는 방식임을 인식하는 것이 중요하다. 이런 상황에서 냉정하게 트럼프의 대외정책을 이해하고 분석하는 것은 절대적 과제이다. 왜

---

22) 앵그리 화이트는 제조업의 쇠퇴 때문에 자신들의 미래에 대하여 경제적으로 불안한 고졸 이하의 백인 남성 계층을 칭한다.

냐하면 우리가 직면할 문제이기 때문이다.

한국과 일본의 핵 개발 문제

트럼프는 한국과 일본이 자체 핵 개발을 원하게 될 것이라 했다. 한국과 일본이 핵무기를 개발한다면 오히려 튼튼한 방위력을 구축하는 것이므로 협력 관계가 더 좋아질 것이라고 생각했다.

트럼프가 한국과 일본의 안보무임승차론을 들고 나온 것은 2015년 12월 공화당 경선 초기의 일이다. 그의 안보무임승차론은 당시 사우디아라비아와 독일로까지 범위가 넓어졌다.

트럼프는 분담금을 내지 못할 경우엔 미군은 철수하고 두 나라는 스스로를 지켜야 한다고 했다. 이것이 한·일의 핵 무장 논의로 번지게 된 계기였다. 미국의 핵우산이 철거되면 한국과 일본이 자력방위 차원에서 스스로 한 핵 무장을 할 것이라고 보았다.

트럼프가 한국과 일본의 핵무기 발언을 한 의도는 미국의 국가부채가 19조 달러라는 점이었다. 트럼프는 자신의 재선을 전제로 취임 후 8년 안에 이 빚을 다 갚겠다는 공약을 내걸었다. 그 목표를 달성하기 위해 국방비의 대폭적인 감축 외에 뾰족한 수가 없다고 판단했고, 우방과 동맹을 버리고 미국의 영향력이 감소되는 것도 감수할 수밖에 없다는 것이 그의 생각이었다.

한국의 미군 철수 문제

트럼프의 또 다른 공약 중에 하나가 바로 한국의 미군 철수 문제였다. 트럼프는 "우리는 국가부채가 19조 달러(약 2경 2000조 원)이고 곧 21조 달러가 되려는 상황에서 세계의 경찰 노릇을 할 수는 없다."고 했다. 미군 철수공약은 당시 대단히 논란거리였으며 매우 예민한 문제였다.

트럼프의 주장은 미군이 한국의 방위에 헌신하고 있으므로 주한 미군 주둔비를 더 많이 부담해야 옳다는 입장이었다. 2014년 2월 한·미 방위비 분담금 협상타결에 따라 한국정부는 2015년 9,320억 원을 부담했다. 미국은 한국정부의 부담 비율을 약 50%로 보고 있다.

트럼프 방위비분담금의 핵심은 결국 미국의 막대한 재정적자가 원인이다. 이런 트럼프의 공약의 핵심은 결국 미국 우선주의(America First)이다. 즉 무역 통상에서는 보호무역주의로, 그리고 군사, 안보 분야에서는 고립주의로 나가면서 미국에게 손실을 주는 모든 외부적 요인들을 차단하겠다는 것이었다.

NATO 반대 문제

트럼프는 북대서양 조약기구인 NATO[23]가 미국에 바가지를 씌우고 있다는 말과 함께 강력히 반발하고 나섰다. 이는 한 마디로

---

23) North Atlantic Treaty Organization: 북대서양조약기구

NATO가 미국에게 경제적으로 큰 짐이 된다는 말이었다. NATO는 1949년 설립되었고, 유럽 26개국과 함께 미국과 캐나다가 속해 있다. 그러나 유럽 국가들은 국가 전체 GDP의 2%도 안 되는 비율을 NATO를 위해 쓰고 있는 반면, 나머지는 미국이 다 부담하고 있다는 불만이었다. 이런 NATO에 대한 불만은 독일의 메르켈총리와 대립하는 상황이 되었다. 그것은 NATO의 러시아 제재, 시리아 난민 문제, 기후 변화 등을 놓고도 미국과의 긴밀한 협조가 깨질 것이라는 전망이 점쳐졌다.

남쪽 국경에 장벽 건설

트럼프는 미국과 멕시코 국경에 불법적 이민을 막기 위한 장벽 건설을 강력히 주장했다. 그리고 이 장벽을 건설하는 데 멕시코가 직접 돈을 지불할 것을 요구한다. 그는 "멕시코에서 들어온 불법 이민자로 인해 미국인 납세자들이 건강보험료, 집세, 교육비, 복지비 등의 세금을 수천억 달러나 더 내고 있다. 구직자들에게도 이 영향은 커서 당장 미국의 흑인들이 여기에 피해를 받고 있다."고 공약에서 설명한다. 그는 불법 이민자로 인한 범죄가 갈수록 치솟고 있다고 주장하며 "멕시코는 미합중국에 범죄자를 보내고 있다. 멕시코정부는 이 문제에 책임을 지고, 해결할 수 있도록 돈을 내야 한다."고 공약했다.[24]

---

24) http://www.newsdot.co.kr/news/articleView.html?idxno=46

표 1 트럼프의 공약

분야	구체적인 공약 내용
경제, 무역, 세제	-TPP 탈퇴 -NAFTA, FTA 재협상 -상속, 법인세 폐지 및 감세 -부유층 감세 -소득 2만5000달러 이하 면세 -헤지펀드 매니저 고율세금 부과
외교, 안보	-한국 주한미군 방위비분담금 인상 -이란 핵 재협상 -대북 강경책 추진 -중국 압박 강화 -테러리스트 물고문 허용
사회, 복지, 이민	-시리아 난민 수용 중단 -속지주의 국적제도 폐지 -멕시코 국경 장벽 설치 -원정출산 원천 봉쇄 -불법이민자 추방군 창설 -무슬림 미국 입국 금지 -출입국 강화

트럼프의 공약은 선거 전과 후 약간의 변화가 있었다. 특히 한국과 일본의 핵 무장이나 TPP는 탈퇴를 선언했다가 다시 복귀한 상황이다. 또한 대북정책도 공약보다 훨씬 진전된 상황을 보이고 있다. 시리아 파병문제도 변화가 있었다.

위에서 보는 바와 같이 트럼프 대통령은 선거공약의 상당부분을 진행했거나 진행 중에 있다. 그리고 그 어느 역대 대통령보다 구체적이며 강력하게 실천해나가려는 의지를 보이고 있다. 더욱 중요한 것은 그가 지속적으로 강조했던 미국 우선주의 정책(America First Policy)이 이 모든 공약의 핵심이라는 사실이다. 이런 관점에서 본다면 북핵 문제도 결국 미국 우선주의 정책과 깊은 연관성이 있음을 알 수 있다.

2. 트럼프와 김정은의 대결

4월 27일 남·북정상회담이 판문점에서 개최되었다. 이 정상회담에 북한 통치자가 분단 이후 처음으로 남한 땅을 밟았다. 남·북 간 정상회담은 이번까지 세 번째이다. 2000년 김대중 대통령과 김정일 국방위원장, 2007년 노무현 대통령과 김정일 국방위원장에 이은 것이다.

이번 정상회담은 절차와 시간에 있어서 파격의 연속이었다. 또한 전체 행사도 이전과 달랐다. 4월 27일 남·북정상회담에 김정은의 등장이 가능하도록 만들었던 요인들은 다양하다.

김정은의 국제 사회 등장 이유는 크게 세 가지로 볼 수 있다. 첫째, 트럼프정부에서 시작한 강력한 경제제재와 군사적 제재의 영향력으로 보는 것이다. 둘째, 북한의 핵 무장 완성에 따른 미국과의 협상이 불가피한 상황에 놓였기 때문으로 보는 것이다. 셋째, 남한정부의 강력한 대화의지가 만든 결과라고 보는 것이다. 이런 세 가지 이유들 중 어느 하나가 직접적 원인이라고 보기는 쉽지 않다. 왜냐하면 서로 연관성과 구조적 연결 관계를 가지고 있기 때문이다.

니혼게이자이신문은 2017년 10월 노동당 정치국 확대회의에서 위원장이 직접 미국에 대한 대화공세 준비를 지시했다고 전했다. 당시 내용에 따르면 김 위원장은 당시 확대회의에서 '대화국면에 들어가지 않으면 안 된다'고 전했다. 이에 대해 노동당 간부 출신 인사는 닛케이에 '미국과 중국이 북한의 체제를 전환하기로 하고 협공해오는 시나리오에 대한 두려움 때문'이라고 말했다고 전했다.[25] 2017년 11월 13일 뉴 아메리카 파운데이션(New America Foundation)에 소속되어 있는 수잔 디마지오(Suzanne DiMaggio)는 북한 제 트랙 II의 미팅에서 만난 북한 관료의 말을 인용하여 "미국 트럼프 대통령이 오래가지 못할 것인데 왜 우리가 협상을 시작해야 하는가"라는 발언을 했다고 전했다.[26]

이 내용을 분석해보면 2017년 트럼프대통령이 취임한 이후부터 북한은 미국과 대화가 불가피하다는 입장을 가졌다고 볼 수 있다. 그런 전략적 대화 재개가 강력히 제기되던 시기는 미국의 강력한 경제제재와 압박이 북한을 지속적으로 괴롭히던 시기였다. 하지만 미국의 트럼프 대통령이 러시아 스캔들로 인해 미국에서 탄핵 얘기가 나오기 시작하면서 대미 대화 의지는 주춤해졌다. 하지만 트럼프 탄핵이 쉽게 결정될 수 있는 상황이 아님을 인지하고 본격적인 대화 무드로 전환한 것으로 보인다. 이런 대화의지가 기정사실화 된 것이 2018년 신년사이다. 그리고 대화의 내용도 구체화되었다. 2018년 신

---

25) 연합뉴스, "김정은, '미중이 북압살하려 한다'며 작년 10월 대화준비 지시", 2018. 4. 16.

26) Politico magazine, "Suzanne DiMaggio and Joel Wit: The Full Transcript", October 13, 2017. However, on November 13, 2017, in track II meeting, Suzanne DiMaggio who is fellow of New American Foundation cited dialogue of North Korea officer that "and then, finally, they question his erratic behavior, and also his mounting problems here at home, with the investigation being conducted by Robert Mueller, and they, I'm sure, are asking why should we begin negotiations with the Trump administration, when Donald Trump may not be president much longer.

년사에서 김정은은 다음과 같이 밝히고 있다.

 "지난해 미국과 그 추종세력들의 반공화국 고립 압살 책동은 극도에 달하였으며 우리 혁명은 유례없는 엄혹한 도전에 부닥치게 되었습니다. (중략) 지난 해 우리 당과 국가와 인민이 쟁취한 특출한 성과는 국가 핵 무력 완성의 역사적 대업을 성취한 것입니다. 바로 1년 전 나는 이 자리에서 당과 정부를 대표하여 대륙 간 탄도미사일 추진사업이 마감 단계에서 추진 중임을 공표하였으며 지난 한 해 동안 그 이행을 위한 여러 차례의 시험 발사를 안전하고 투명하게 진행하여 확고한 성공을 온 세상에 증명하였습니다."

 이 내용은 2017년 김정은이 미국과의 대화가 불가피하다는 입장을 정확하게 보여주는 대목이다. 또한 스스로 핵 무력 완성과 ICBM의 완성이 있었음을 선포하므로 그 또한 미국과의 협상이 필요한 것임을 시사하고 있다. 이런 핵 무력 완성은 신년사의 다른 부분에서도 나타나고 있다.

 "지난해 우리는 각종 핵 운반 수단과 함께 초강력 열핵무기 시험도 단행함으로써 우리 총적 지향과 전략적 목표를 성과적 성공적으로 달성하였으며, 우리 공화국은 마침내 그 어떤 힘으로도 그 무엇으로도 되돌릴 수 없는 강력하고 믿음직한 전쟁 억제력을 보유하게 되었습니다. 우리 국가의 핵 무력은 미국의 그 어떤 핵 위협도 분쇄하고 대응할 수 있으며 미국이 모험적인 불장난을 할 수 없게 제압하는 강력한 억제력으로 됩니다. 미국은 결코 나와 우리 국가를 상대로 전쟁을 걸어보지 못합니다. 미국 본토 전역이 우리 핵 타격 사정권 안에 있으며 핵 단추가 내 사무실 책상 위에 항상 놓여 있다는 것, 이는 결코 위협이 아닌 현실임을 똑바로 알아야 합니다. (중략) 공화국의 자주권과 생존권 발전권을 말살하려는 미국과 그 추종세력들의 제재봉쇄 책동이 그 어느 때 보다도 악랄하게 감행하는 속에서도 (중략) 공화국 핵 무력 건설에서 이룩한 역사적 승리를 새로운 도약대로 삼고 사회주의 강국 건설의 모든 전선에서 새로운 승리를 쟁취하기 위한 혁명적인 총공세를 벌여 나가야 합니다. (중략) 핵무기 연구 부문과 미사일 공업 부문에서는 이미 그 위력과 신뢰성이 확고히 담보된 핵탄두들과 탄도미사일들을 대량생산하여 실전배치하는 사업에 박차를 가해 나가야 합니다."

앞부분, 미국의 북한 제재와 북한의 핵 무력 완성에 대한 내용을 신년사에 밝힘으로 북한에게 대외적 압박이 그 어느 때보다 강력하다는 것을 알리며 내부적 고통이 상당함을 간접적으로 표현하고 있다. 동시에 그런 압박에 대하여 핵 무력으로 대항하겠다는 내용으로 이어가고 있다. 이 부분과 함께, 신년사에 남한과의 교류협력 희망을 구체적으로 밝히고 있다.

"조성된 정세는 지금이야말로 북과 남이 과거에 얽매이지 말고 북·남관계를 개선하여 자주통일의 돌파구를 열기 위한 결정적인 대책을 세워 나갈 것을 요구하고 있습니다. (중략) 남조선에서는 겨울철 올림픽 경기대회가 열리는 것으로 하려 북과 남에 다 같이 의의 있는 해입니다. (중략) 무엇보다 북·남 사이의 첨예한 군사적 긴장 상태를 완화하고 조선반도의 평화적 환경부터 마련해야 합니다. 지금처럼 전쟁도 아니고 평화도 아닌 불안정한 정세가 지속되는 속에서도 북과 남이 예정된 행사들을 성과적으로 보장할 수 없는 것은 물론 서로 마주앉아 관계 개선 문제를 진지하게 논의할 수도, 통일을 향해 곧바로 나갈 수도 없습니다. 북과 남은 정세를 격화시키는 일을 더 이상 하지 말아야 하며 군사적 긴장을 완화하고 평화적 환경을 마련하기 위하여 공동으로 노력하여야 합니다. 남조선 당국은 온 겨레의 운명과 이 땅의 평화와 안전을 위협하는 미국의 무모한 북침 핵전쟁 책동에 가담해 정세 격화를 부추길 것이 아니라 긴장 완화를 위한 우리의 성의 있는 노력에 화답해 나서야 합니다. 이 땅에 화염을 피우며 신성한 강토를 피로 물들인 외세와의 모든 핵전쟁 연습을 그만둬야 하며 미국의 핵장비들과 침략 무력을 끌어들이는 일체의 행위들을 걷어 치워야 합니다. (중략) 우리는 진정으로 민족적 화해와 단합을 원한다면 남조선의 집권 여당은 물론 각계각층 단체들과 개별적 인사들을 포함하여 그 누구에게도 대화와 접촉 내왕의 길을 열어 놓을 것입니다. (중략) 북·남 관계를 하루빨리 개선하기 위해서는 북과 남의 당국이 그 어느 때보다 민족 자주의 기치를 높이 들고 시대와 민족 앞에 지닌 자기의 책임과 역할을 다해야 합니다. 북·남 관계는 언제까지나 우리 민족 내부의 문제이며 북과 남이 주인이 되어 해결해야 할 문제입니다. 그러므로 북·남 사이에 제기되는 모든 문제는 우리민족끼리 원칙에서 풀어 나가려는 확고한 입장과 관점을 가져야 합니다. (중략) 지금은 서로 등을 돌려대고 자기 입장이나 밝힐 때가 아니며 북과 남이 마주앉아 우리민족끼리 북·남 관계 개선 문제를 진지하게 논의하고 그 출로를 과감하게 열어 나가야 할 때입니다."

앞의 내용은 신년사 중에 남한과의 대화를 강조한 것으로 '우리민
족끼리'를 중심으로 남·북 간 외세를 배격하고 마주 앉아 대화가 필
요하다는 입장을 천명하고 있다. 그 구체적 안을 다음과 같이 발표
하고 있다.

"남조선에서 머지않아 열리는 겨울철 올림픽 경기대회에 대해 말한
다면, 그것은 민족의 위상을 과시하는 좋은 계기로 될 것이며 우리는
대회가 성과적으로 개최되기를 진심으로 바랍니다. 이러한 견지에서
우리는 대표단 파견을 포함하여 필요한 조치를 취할 용의가 있으며
이를 위해 북·남 당국이 시급히 만날 수도 있습니다. 한 핏줄을 나눈
겨레로서 동족의 경사를 같이 기뻐하고 서로 도와주는 것은 응당한
일입니다. 우리는 앞으로도 민족자주의 기치를 높이 들고 우리민족끼
리 해결해 나갈 것이며 민족의 단합된 힘으로 내외 반통일세력이 책
동을 짓부시고 조국통일의 새 역사를 써 나갈 것입니다."

북한은 동계올림픽 참가 의사를 밝히고 대화의 방법론을 명확히
밝히고 있다.

표2 남·북정상회담까지의 북한 일지

미국과 국제사회의 압박
▽
극심한 대내외적 어려움 천명
▽

176

핵 무력완성을 통한 핵 보유국 천명

▽

국내 문제 해결을 위한 돌파구 절실

▽

남한에 대화 강력한 대화 제의(우리민족끼리와 자주적 정신에 입각)

▽

대화 방법 제안(평창동계올림픽)

▽

대화 재개

▽

남·북정상회담을 통한 대화 시작

▽

남·북이 대북한 적대세력에 대하여 공동대응

　　신년사를 통해 알 수 있는 것은 김정은의 대외 진출이 궁극적으로 트럼프의 강력한 경제제재와 압박에 의하여 결과 되어 졌음을 알 수 있다. 트럼프가 탄핵되는 경우 미국의 다음 정권과 협상을 하려는 의도가 있었음도 알 수 있다.

　　트럼프의 탄핵을 기다린 것은 남한 박근혜 대통령의 탄핵이 주효했던 것으로 보인다. 즉 자본주의 국가에서 대통령 탄핵이 일사천리로 진행되는 것을 보고, 트럼프의 탄핵도 멀지 않았다고 판단한 것으로 보인다.

　　하지만 이런 예상들이 빗나가면서 대화의 절실함이 더욱 강력해졌다. 그것은 미국의 경제, 군사적 제재가, 특히 중국의 압박이 실제화되면서 내부적 고통이 심화되었고 전쟁의 두려움이 극도에 달했던 것으로 보인다.

　이런 상황을 극복하기 위해 미국의 동맹국이며 대북한 제재에 수동적 입장을 보이던 문재인정부에게 손을 내밀었다. 그 접촉수단으로 평창동계올림픽을 활용했고 북한이 말하는 '우리민족끼리'와 '자주'의 명분을 활용했다. 그런 발판을 통하여 4월 27일 남·북정상회담에 김정은 위원장이 등장했다.

김정은의 전략

　4월 27일 남·북정상회담의 결과를 두고 갑론을박이 많았다. 그것은 이전 남·북 간 또는 국제사회와 했던 비핵화 문제에 대한 북한의 약속 이행 여부에 대한 의구심이다. 북한은 대내외적으로 어려워지는 시기 그 위기를 모면하기 위해 항상 비핵화 문제를 들고 나왔다. 북한은 이런 협상들을 통하여 시간을 벌었고 제재를 중단하도록 만들었으며 핵 무력을 완성시키기 위한 과정을 착실하게 진행하여 왔다. 이런 북한에 대한 부정적 인식은 지속적으로 제기되어 왔다.

　이번 남·북정상회담이 이전의 협상들과 상당한 차이점이 있는 것은 확실하다. 북한 책임자가 남한 땅을 넘어오는 파격적인 모습을 보였고 베일에 가려진 김정은 위원장이 그 모습을 국제사회에 노출했다. 또한 김정은의 입으로 남·북한 간 합의를 공식화했다.
　하지만 이런 파격성과 실질적 결과의 연계성은 무관하다. 북한의 완전한 비핵화를 위한 실질적 책임이 뒤따르기 때문이다. 비핵화 문제에 있어서 동결과 불능화 단계, 폐기단계까지 가기 위해서는 상당한 시간이 소요되는 검증 가능한 절차들이 지속적으로 요구된다.

북한보다 훨씬 낮은 단계의 핵 프로그램을 가지고 있었던 시리아와 이란도 미국과 협상이 마무리된 상태이지만 여전히 논란의 중심에 있다. 또한 그 논란이 가라앉지 않고 여전히 진행 중이다.

북한은 체제적으로 시리아나 이란과 비교하여 더욱 폐쇄적인 감시, 통제 국가이다. 내부적 체제도 훨씬 비상식적 경향을 보이고 있다. 이런 비정상적 북한 체제는 국제사회와의 관계에서 항상 협상을 통해 체제를 유지해왔다. 이번 남·북정상회담에서 보여주었던 김정은의 협상력처럼 미·북 간에는 여전히 많은 변수가 존재한다.

협상 전문가인 천대윤은 역대 사회주의 국가들과 북한의 협상 전략을 다음과 같이 서술하고 있다. 북한 및 사회주의 국가들의 협상 전략으로 마키아벨리언(Machiavellian) 협상전략을 제시하고 있다. 이 전략은 권모술수를 적극적으로 사용하는 방법으로, 즉 목적만 정당하다면 어떠한 교활한 수단을 사용해도 괜찮다는 사상에 입각한 협상전략이다.[27]

공산주의 국가에서는 마키아벨리언 전략을 구사하는 경우가 많

---

27) 마키아벨리(Niccolo Machiavelli)는 르네상스기의 이탈리아의 정치 및 군사이론가이자 정치가, 역사가이다. 1469년 이탈리아 피렌체에서 출생해서 1527년에 사망했다. 「군주론」에서 목적만 정당하다면 수단은 아무래도 상관이 없다는 수단합리화의 견유주의(Cynicism)을 주장했다. 정치와 종교분리를 주장했고 현실의 권력에 대한 객관적인 분석을 시도했다는 점에서 근대정치의 아버지로 불린다.

다. 예컨대 척 다운스(Chuck Downs)[28])에 의하면 북한과 같은 공산주의 국가는 자신의 목적을 달성하기 위해서 예측불가능의 벼랑 끝 협상전략을 빈번히 구사하고 협상과정을 자신의 입맛대로 조직하여 상대방으로 하여금 기대, 좌절, 환멸의 세계를 혼돈스럽게 배회하게 한다. 자신의 목적만 달성되고 나면 협상을 결렬시키고, 그 책임을 상대방에게 떠넘기는 전략을 반복적으로 구사한다[29])[30])고 설명하고 있다. 허브 코엔(Herb Cohen)[31])에 의하면 과거의 소련도 마키아벨리 방식의 협상전략을 구사했다. 즉 수단과 방법을 가리지 않고, 또 어떠한 희생을 치르더라도 협상의 목적을 반드시 달성하여 상대방을 제압하고 승리한다는 것이다.[32])

북한이 구사하는 협상전략은 ①원칙에 합의하기 ②합의 재해석하기 ③협상결렬의 책임을 상대방에게 전가하기의 세 단계의 형태로 이루어지는 전략이다.[33]) 첫 번째 단계는 원칙에 합의하는 단계이다. 마치 북한은 서방 세계의 요구를 수용할 용의가 있으며, 자신은 근본적인 변화를 수용할 의사가 분명히 있음을 나타내는 태도로 협상에 임한다. 그 다음 단계는 합의의 내용을 재해석하는 단계이다. 이

---

28) 1991년부터 1996년까지 미 국방부에서 아·태 지역 담당 및 의회관계 담당 부국장을 지낸 대표적인 한반도 문제 전문가이다. 그는 북한의 협상전략을 추적 정리한 『Over the Line: North Korea's Negotiating Strategy』라는 연구서적을 펴냈다.

29) 신지효(2001), 척 다운스 저, 송승종 역, 『북한의 협상전략』, 한울, 1999, 『아세아 연구』, 44(1), pp. 259~263.

30) 천대윤, 서울: 선학사, 2011, p. 328.

31) Cohen is a corporate and government negotiator and strategy consultant in areas of commercial dealings and crisis management. He is author of New York times best-seller "You Can Negotiate Anything.

32) Cohen. H(1982), You can Negotiate Anything, New York: Bantam Books.

33) 신지효(2001), 척 다운스 저, 송승종 역, 『북한의 협상전략』, 한울, 1999, 『아세아 연구』, 44(1), pp. 259~263.

단계에선 상대방이 주장하는 내용을 북한이 수용하여 협상에 참여할 용의가 있음을 밝히는 것 그 자체로 이미 큰 의의가 있기 때문에 이득과 양보를 상대방에게 요구하여 북한이 목적하고 있는 바의 이득을 최대한 챙긴다. 마지막 단계는 협상결렬의 책임을 상대방에게 전가하는 단계이다. 북한이 애초에 가지고 있는 욕구와 목적을 충족시키는 이득을 최대한 챙긴 후에는 온갖 이유를 붙여 갑자기 협상결렬을 선언한다. 그리고 그 협상결렬의 책임을 상대방에게 뒤집어씌우는 것이다.

이러한 마키아벨리 방식의 협상전략은 상대방을 낙관적 기대와 좌절과 환멸의 세계를 왔다 갔다 하게 하여 협상에서의 신뢰를 잃게 한다. 이러한 전략은 장기적인 관점에서 볼 때 스스로를 고립무원의 궁지로 빠지게 하는 화를 자초하게 되어, 또다시 벼랑 끝 협상전략을 구사할 수밖에 없는 조건적 환경을 인위적으로 조작하여 만들어가지 않을 수 없게 되는 극한 상황에 직면하게 되는 것을 반복하게 되고, 이는 또다시 앞에서 언급한 바와 같은 협상전략을 반복하여 구사하게 된다. 마키아벨리 방식의 공산주의 국가의 협상전략의 악순환(vicious cycle)이 반복되는 것이다. 따라서 이는 바람직한 협상전략이라고 볼 수 없다. 민주주의 국가에서의 협상은 마키아벨리즘적 협상전략이 아니라 신뢰를 기반으로 대화를 통해 갈등을 해결하는 평화적인 협상전략에 기반을 두어야 할 것이다.[34]

---

34) 천대윤, 서울: 선학사, 2011, pp. 329~329.

중국의 약점을 활용한 방패 전략

2018년 3월 26일부터 28일까지 김정은 위원장은 중국을 깜짝 방문했다. 예상을 뒤엎는 행보였다. 주변 4대 강대국도 김정은의 중국 방문에 어리둥절했다. 외교적으로 보면 김정은의 중국 방문은 타이밍에 있어 성공한 전략이었다. 중국은 6월 미·북정상회담 발표에 충격을 받았다. 또한 모든 통로가 남한이었기에 중국의 체면이 심각하게 손상되었다고 생각했다. 국제사회는 중국이 북한과의 관계에서 그 힘을 잃었다고 지적했다. 중국은 미·북회담 전 중국의 입지를 살려야 한다는 조바심이 강해졌다. 실질적으로 중국과 북한의 관계는 김정은 정권 이후 완전히 소원해졌다. 그 원인은 어쩌면 중국에 있었다. 갑작스러운 김정일의 죽음으로 그의 막내아들 김정은은 준비 안 된 북한의 권력자가 되었다. 무엇보다, 나이가 너무 어려 중국으로서는 김정은을 북한의 권력자로 받아들일 수 없었다. 동시기 핵 개발은 멈추지 않았고 핵무기는 더욱 고도화되어 갔다. 중국은 북한과 거리를 두었고 김정은 위원장을 철없는 아이로 간주했다. 북한은 이런 중국의 태도에 대단히 불쾌해했다.

선대로부터 북한 정권은 중국에 대하여 교육받아 왔다. 겉으로는 혈맹이지만 북한은 중국을 신뢰하지 않았다. 폐쇄국가인 북한을 지속적으로 개혁·개방으로 몰고 가려 했고 고난의 행군 시기, 중국은 북한을 제대로 도와주지 않았으며 미국이 중심이 되는 대북제재에 적극적 동조를 했다. 북한은 중국을 믿을 수 없는 나라로 간주했다. 북한 관료들도 같은 생각을 했다. 이런 북·중 간의 관계는 1950년대

중국을 등에 업은 연안파가 김일성을 비판에 나섰다가 대거 숙청되는 종파사건으로부터 시작되었다. 이후 북·중 관계는 명목상 혈맹관계였지만 실질적 관계에 있어서는 서로를 이용하는 전략적 관계였을 뿐이다. 양국의 관계 유지는 모든 사회주의 국가들의 붕괴에도 유일하게 남아 있는 이념적 동질감 정도였다. 하지만 80년대 중국의 개혁·개방은 북한에게 대단히 충격을 주었고 북한은 "중국이 사회주의를 버리고 수정주의를 한다."고 비난했다.[35]

북·중관계가 지속될 수 있었던 이유는 정치지리학적 또는 전략적 활용성이 높았기 때문이다. 그 문제의 이면에는 미국을 공동의 적으로 간주하고 서로의 활용도를 지속적으로 증가시켜 온 덕분이다. 하지만 북·중에 있어 미국은 이중적 파트너였다. 중국에게 미국은 대단히 중요한 경제 파트너이다. 북한은 자신들의 체제보장을 위해 미국이 절대적으로 필요했다. 이런 북·중의 미국에 대한 인식은 북한, 중국 각각에게 혼란을 주었다. 그것은 미국을 선호하는 경향으로 나타났다. 북한은 미국을 철천지원수라고 하면서도 미국에 기대는 것만이 자기들이 생존할 수 있는 유일한 길이라 생각했다. 미국과 북한은 애증관계다. 끊임없이 미국을 욕하고 비난해도 결국 자기들의 생명줄을 미국에 구걸하는 것을 당연하게 여겼다.

북한의 미·북회담제의는 남한을 통하여 미국으로 전달되었다. 중국은 북한이 자기들을 통하여 미국과 연결을 타진할 것으로 기대했다. 하지만 그것은 철저히 빗나간 판단이었다. 4월 남·북정상회담은

---

35) 중앙일보, "중국은 북한에 어떤 국가로 인식되나… '불신'과 '미개', 2018. 8. 7. 24면.

나름 성공적으로 마무리되었고, 중국은 남·북·미 관계에 심각한 위기의식을 갖기 시작했다. 중국은 남·북정상회담을 통하여 남·북한이 같은 민족이라는 동질성을 확대해가는 것에 대하여 역시 경계했다. 6월 12일 미·북정상회담 이후 중국의 불안감은 더욱 증폭되었다. 중국은 한반도문제에 있어 절대로 배제될 수 없는 국력과 위치를 가졌다고 믿고 있다. 무엇보다 정전협정의 서명 당사자로 중국의 역할은 당연하다고 믿는 것이다.

지난 몇 년간 북·중 관계는 최악이었다. 중국이 선호했던 장성택을 죽이고 중국에 머물며 중국의 보호를 받던 김정남이 말레이시아에서 암살되었다. 북한은 강력히 부인했지만, 북한 권력의 지시가 없었다면 불가능한 사건이었다. 2018년 들어 김정은 위원장의 국제무대 데뷔는 중국을 당혹스럽게 만들었다. 더군다나 중국을 배제한 남·북한과 미·북 대화의 진전은 중국을 불안하게 만들었다. 이런 관계 속에서 시진핑의 초청으로 김정은이 중국을 전격적으로 방문했다. 김정은의 방중으로 양측은 나름 원-원(win-win) 하는 그런 모양새를 취했다. 하지만 북·중 간에 속마음은 달랐다. 중국은 자기들의 체면을 세울 수 있었고 북한은 배후에 중국이라는 든든한 후견인을 둘 수 있었다. 무엇보다 북한 김정은은 훨씬 많은 것을 얻었다. 절묘한 타이밍에 국제사회에 데뷔한 김정은은 정상국가의 국가 원수로 대접받았다. 더군다나 이런 연출을 통해 남한과 미국 중국을 비롯한 국제사회가 북한 권력을 인정하는 분위기로 돌아섰다. 중국은 미·북회담에 촉각을 세웠다. 그것은 북한이 미국에 경도되지 않고 북·중 혈맹관계가 침해 받지 말아야 한다는 노파심이었다. 중국은 북한의 대외 개혁·개방을 강력히 요구하고 있다.

지금 국제무대 속의 주인공은 예상치 못하게 북한 김정은이 되었다. 이런 내심은 중국에게 불편한 진실이다. 더욱이 남·북 정상회담이 시작되기 전부터 북한의 대외 전략이 치밀하게 작동되고 있는 것에 대하여 놀라워했다. 중국은 오래 전부터 남·북한에 대한 중국의 영향력이 지대하다고 믿어 왔다. 하지만 북한이 남·북회담과 미·북회담을 통하여 중국의 영향력에서 상당히 벗어나 있다는 사실에 불안감을 느꼈다. 미·북 정상회담과 함께 중국의 우려는 증폭되고 있다. 중국은 김정은의 갑작스런 국제무대 등장에 혼란을 느끼고 있다. 김정은이 2018년 미·북 정상회담 전후 3월, 5월, 6월 중국을 전격 방문하므로 기본적인 체면치레는 했지만 그 결과에 대한 의문은 여전히 있다. 결과적으로 김정은의 중국 방문은 중국의 체면 살리기와 북한 위상 정립이라는 결과를 만들어냈다. 하지만 너무 전략적으로 만났기 때문에 그 관계의 지속성은 지켜보아야 한다.

김정은의 생명보험, 중국

김정은이 방중을 한 이유에 대하여 의견이 분분하다. 결론은 체제보장의 불안함 때문이다. 6월 미·북회담을 앞두었던 김정은은 대단히 불안했다. 미국이 북한의 목줄을 잡고 있기 때문이다. 6월 미·북회담 후, 트럼프 대통령은 유화적인 메시지를 보내고 있지만 강력한 제재도 여전히 진행형이다. 미·북회담은 어린 김정은 위원장에게 대단히 큰 부담이었다. 또한 북한의 완전한 핵 폐기를 지속적으로 부르짖는 트럼프의 요구는 피할 수 없는 엄청난 압박이었다. 이 상황에서 중국이라는 출구가 있었다. 중국은 최근 남·북·미 관계에서 배제되어 있었고 북한과의 관계회복이 절실한 입장이었다. 북한은 남한이 북한의 입장을 많이 동조하고 있지만 북한을 지켜 줄만한 후견인으로는 충분하지 않다고 판단했다. 또한 미국에 동조할 수밖에 없는 한·미 간의 관계를 잘 알고 있는 북한은 결국 배제되어 있던 중국카드를 활용했다. 북·중관계를 통하여 북한의 속내를 미국에 전달하겠다는 의중이 담겨 있었다.

그것은 네 가지의 문제였다. 첫째는 미국의 체제보장에 대한 담보와 그 범위가 애매모호한 입장에서 중국을 끌어들여 확실히 담보 받고 싶은 것이다. 둘째는 핵 폐기의 수순과 보상문제에 대해서 중국의 지원을 받고 싶은 것이다. 북한은 미국의 체제보장과 종전선언이 없는 경우 핵 폐기 수순을 밟지 않을 것이다. 그것은 트럼프가 미·북회담에서 제기한 완전한 핵 폐기 요구를 당장 수용할 수 없기 때문이다. 북한에게 미국의 완벽한 보상과 경제적 지원, 동시에 철저한 체제보장이 없으면 비핵화는 받아들일 수 없는 요건이다. 셋째는 미·북회담 이후 서로의 약속이 지켜지지 않아 양측의 협상이 결렬되었을 때의 여파이다. 북한으로서는 만약에 있을 미국의 전쟁 가능성에 대한 불안감도 대단히 높다. 이런 상황에서 북한은 보험이 필요하다. 중국에게 북한에 대한 철저한 보호막 역할을 담보 받는 것이다. 마지막으로는 경제제재로 힘든 북한 내부에 긴급 경제적 수혈을 요구하는 것이다. 하지만 북·중 간의 소원했던 관계가 김정은의 방중으로 모든 것이 해결되었다고 볼 수 없다. 김정은의 방중은 현재 처해 있는 북한과 중국의 현 상황을 극복하기 위한 단기적 관계 회복일 뿐이다. 또한 차후 미·북 관계의 변화로 북·중 간의 관계도 다시 변화할 수 있기 때문이다.

김정은의 단기간 업적 쌓기와 북한의 변화

김정은 위원장이 북한 권력자로 내정된 것은 김정일 국방위원장의 갑작스러운 죽음 때문이었다. 김정일이 사망하기 전 장기적인 은둔 생활과 그의 허약한 모습을 통하여 병세가 악화되고 있음을 국제사회는 이미 알고 있었다. 김정은의 북한 권력 등극이 갑작스럽게 진행된 것은 사실이나 북한 내부에서는 만약의 상황을 대비한 권력 승계 작업을 준비해왔다. 어쨌든 김정은은 28살이라는 어린 나이로 북한 최고 권력자가 되었다.

이후 그는 파격정치를 선보였다. 그것은 김정은이 어린 시절 서양 교육을 받았다고 하는 것 이상의 모습을 북한 사회에 보여주었다. 김정은은 권력을 잡자마자 평양의 모습을 화려한 모습으로 변모시키고자 했고 파격적인 자본주의 영상을 보여주므로 북한 인민들을 놀라게 만들었다.

또한 마식령 같은 종합 스키레저타운을 만들어 대외적으로 북한의 변화를 알리려 했다. 하지만 정치, 군사적으로는 미사일실험과 핵 실험을 통하여 국제사회를 긴장시키고 미국에 대항하여 전쟁 직전까지 가는 모순적 행동을 보여주었다. 이런 김정은의 정치스타일은 자본주의 동경과 미국과의 대치라는 극과 극의 행동으로 표출되었다.

김정은의 정치 스타일은 그의 아버지 김정일과 확연한 차이를 보여주었다. 공개적인 출현을 극히 꺼리며 은둔 정치에 몰두했던 김정일과 달리, 김정은은 과감하고 자신감 있는 자기의 모습을 전 세계에 보이는 쇼맨십이 강한 지도자의 모습을 보여주었다. 김정은의 모습은 철저한 계산에서 이루어지고 있었다.

김정은 위원장은 권력 등극 이후 먼저 국내 변화에 몰두했다. 동시에 장거리 미사일과 핵 개발을 수행해 갔다. 김정은의 권력 기반은 초라했다. 어린 나이에 권력을 잡은 것과 정치 경험이 전무했기 때문이다. 이런 열악한 권력 기반을 보강한 것이 아버지 김정일의 측근들이었다. 하지만 김정은의 정치 스타일은 그의 아버지보다 대담했고 도전적이었다. 이런 변화들의 시도는 상당한 정치적 기반이 없으면 위험한 시도가 될 수 있었다.

어려운 경제상황에서도 그의 대담한 도전은 멈추지 않았다. 특히 폐쇄국가인 북한 내에서 다양한 시도는 파격 그 자체였다. 미국 팝송을 연주하고 자본주의 상징인 디즈니 만화와 영화를 보여주고 화려한 자본주의식 방송 프로그램을 북한 주민들에게 공개했다. 또한 회색빛 평양의 모습을 화려한 자본주의 색깔로 변모시켰다. 백화점을 건설하고 명품 자본주의 물건들을 전시하여 북한 주민들을 끌어 들였다. 북한의 실질적 경제상황은 최악이었고 최빈국인 북한 인민들에게 자본주의식 모습을 적극적으로 공개하는 것을 주저하지 않았다.

자기의 모습을 공개하는 데 어린 권력자 김정은은 대담했다. 대외적인 압박과 강력한 경제제재 속에서 기존 북한 모습이라면 상상하기 힘든 내용이다. 동시에 김정은의 행동반경도 훨씬 넓어졌다. 그의 아버지 김정일은 국제사회에 그의 모습을 노출시키지 않았지만 김정은은 마치 연예인처럼 그의 모습을 시시각각으로 노출시켰다.

국내에서 지방 순회와 격려는 그의 아버지 김정일보다 훨씬 광폭적으로 진행되었다. 또한 미사일과 핵 실험 시에도 자기가 주도하고 있음을 보여주려 했다. 이런 김정은의 행동은 내부 통치의 자신감을 그대로 보여주고 북한 내부를 완전히 장악했다는 상징성을 보여주려는 의도였다.

북한의 잘 짜인 시나리오

2017년 북한의 핵 실험에 대하여 미국을 중심한 국제사회는 강력한 북한 응징론을 대두시켰다. 그것은 그 어느 때보다 강력한 북한 경제 제재의 명분을 만들었다. 트럼프는 북한 제재에 대하여 고민하던 중국과 러시아도 동참시키는 강력한 제재의 틀을 만들었다.

새롭게 당선된 미국의 대통령 트럼프는 기존 역대 정권들에게 책임을 물으면서 지난 27년 동안 역대 정부들은 북한에 속아왔다며 북한에 대한 그 어떤 해결도 하지 못했다고 비판했다. 그러면서 북한의 미사일과 핵 실험에 대하여 강력한 군사적 옵션을 사용할 수 있다고 경고했다.

트럼프는 한반도에 미국의 강력한 전력자산을 동원시켜 북한에게 실질적 위협을 가하기 시작했다. 이런 강력한 경제, 군사적 제재를 견디지 못하던 김정은은 북한에게 호의적 입장을 보이던 남한정부에 급하게 SOS를 쳤다. 그리고 대화를 강조하던 문재인정부에게 미국과 협상 의사가 있음을 전달했다.

북한의 2018년 평창올림픽 참가의사와 북한 공연팀 방남을 통하여 한반도는 급격한 변화를 맞았다. 이런 연장선상에서 4월 남·북정상회담과 5월 미·북정상회담이 결정되었다.

3월 26일부터 28일까지 비밀리에 김정은의 중국 방문이 이루어졌다. 김정은이 권력을 잡은 이후 첫 번째 국외 방문이었다. 이런 김정은의 행보는 예상을 뒤엎는 파격적 행동으로 이어졌다. 중국과 그간 소원했던 관계에 비해 엄청난 환대를 제공받았다. 인구 13억의 황제와 같은 시주석이 김정은 위원장을 깍듯하게 맞이했다. 지난 몇 달간 김정은의 행보가 증명해주는 중요한 변화였다.

대국 중국이 소국인 북한 지도자에게 이렇게 대접한 이유는 간단했다. 그것은 가난한 북한의 지도자가 미국 트럼프 대통령과 정상회담을 앞두고 있다는 사실이 무엇보다 중국을 자극했다. 또한 북한의 결심에 따라 요동 칠 동북아의 지형과도 깊은 연관성이 있었다.

4월 27일, 남한의 판문점에서 남·북정상회담을 치렀다. 합의서상에는 분명히 문제가 있었지만 분단 70년 만에 벌어진 획기적인 사건이라 할 수 있다. 당시 합의서 상에는 비핵화에 대하여 합의했다고 했지만 김정은의 입으로 완전한 비핵화를 발표하지 않았다. 또한 북한의 비핵화가 아닌 한반도의 비핵화를 명문화 했다. 예상했던 시나리오였다.

이후 교착상태에 놓인 미·북 간의 문제를 해소하기 위해 9월 19일 제3차 남·북정상회담이 평양에서 개최되었다. 이 자리에서 처음으로 김정은은 비핵화 의지를 자기 입으로 발표했다. 하지만 북한이 실질적으로 비핵화 의지가 있는지 아직까지 확실히 판단하기는 힘들다.

4월 27일 북한 지도자로 남한 땅을 처음 밟은 김정은의 행동은 파격적이었다. 한국 국민들은 혼란을 느꼈다. 그것은 2000년 김대중·김정일 정상회담과 2007년 노무현·김정일의 정상회담에서 보여준 김정일의 행동과는 또 다른 방식이었다. 이런 광폭 행보에는 세 가지 중요한 전략 목표가 있었다.

보통 국가, 보통 지도자

북한 김정은 광폭행보의 첫 번째 전략목표는 보통 국가, 보통 지도자의 이미지이다. 북한은 세계에서 가장 폐쇄적이며 은둔적 국가로 알려져 있다. 또한 일반국가와 다른 3대 권력 승계를 통해 통치되고 있는 나라이다. 이런 이미지와 함께 북한은 호전적이며 공격적이고 인권문제 국가로 알려져 있다. 또한 심각한 식량난으로 북한 인민 수백만이 굶주림에 죽었다고 알려져 있다. 무엇보다 종교적 성향을 가지고 있는 이상한 국가로 비쳐져 왔다. 이런 이미지는 지금도 여전하며 그렇게 국제사회에 각인되어 있다. 김정은의 광폭행보 중에 제일 초점을 두는 것은 일반 국가 지도자의 이미지를 갖는 것이다.

김정은은 북한에서 미사일이나 핵 실험을 할 때 고집스럽고 분노하며 강한 카리스마를 보여주는 이미지로 비추어졌다. 이미지는 완벽한 포장과 연출에 의해 180도 달라질 수 있다. 남한에 온 김정은은 부드럽고 관대하며 연장자에게 공손한 이미지로 부각되었다.

김정은의 이런 이미지에 남한 국민들은 충격을 받았다. 북한 TV에서 보았던 독재자의 이미지와 달랐기에 한국 국민들은 혼란에 빠졌다. 누구나 다가가서 만날 수 있는 그런 일반 지도자의 이미지를 준 것이다.

남·북정상회담에는 전 세계 3,000개의 언론사가 취재를 했다. 김정은의 등장과 함께 그의 일거수일투족이 국제사회에 동시에 각인되었다. 다른 국가에서도 북한이라는 이미지와 김정은의 이미지에 충격을 받았을 것이 확실하다.

이런 이미지 변신은 일반국가의 지도자로 대화가 통할 수 있는 지도자상을 국제사회에 심어주려는 전략이었다. 김정은 위원장이 서울에 답방한다면 훨씬 온화한 지도자상을 보여줄 것이 확실하다. 이런 김정은의 이미지에 남한 국민들은 더욱 혼란을 느끼게 될 것이다. 어쩌면 김정은이 통일대통령이 되어도 괜찮다는 환상을 갖게 될지도 모르는 일이다.

우리민족끼리와 남한

다음은 남한 국민에게 주는 이미지 관리다. 북한은 어려운 시기마다 '우리민족끼리'라는 그들의 민족 담론을 내세웠다. '우리민족끼리'라는 용어 실행은 평창동계올림픽의 북한 참가팀과 응원단, 북한 공연단, 김여정의 남한 방문, 남한 공연단의 북한 방문 그리고 김정은의 남·북정상회담 이미지 변신을 통하여 이루어졌다. 남한 국민들에게 북한과 북한 지도자의 이미지를 일거에 바꾸기 위한 북한 고도 전략전술의 한 행태였다.

우리민족끼리는 자주와 연결되어 있다. 자주는 외세를 배격하고 남·북한이 하나되어 민족의 통일을 이루자는 부분과 연결되어 있다. 우리민족끼리는 더욱 확장해서 주한미군의 철수와도 연결되어 있다. '우리민족끼리'는 외세에 대한 배격, 그리고 '자주', 또는 미군 철수와 같은 용어보다도 훨씬 부드럽게 다가온다. 남·북한 합의서에는 어김없이 '자주'가 등장한다. 이것은 북한 대남 전략의 중요한 도구이다.

9월 19일 제3차 평양 남·북정상회담은 남·북한 간 관계의 실질적 변화를 그 목표로 하고 있다. 동시에 북한의 '자주'가 더욱 실질적으로 남한에 침윤되었다. 2018년, 북한이 남한에 보여준 친근한 모습은 우리민족끼리 담론의 실천적 과정이며 대남혁명의 실질적 실행이었다.

협상력을 키우기 위한 전략

김정은과 북한의 이미지 개선은 일반적 국가와 지도자로 보이기 위한 시도였다. 이런 시도의 궁극적인 목표는 미·북회담에서 협상력을 높이기 위한 목적으로도 시도되었다. 그것은 국제사회에 일반 국가의 이미지를 부각시키므로 북한에 대한 동정론을 끌어내고 변화의 의지가 있다는 것을 보여주기 위한 것이다.

북한은 미·북회담을 시작으로 다양한 국가와 접촉을 시도했다.

그것은 국제사회에 진입하기 위한 본격적 시동이었다. 동시에 기존 북한의 이미지를 쇄신하여 북한에 경제적 지원과 협력을 확대하는 것이다. 2017년 미국 갤럽이 조사한 미국인의 각 국가 선호도 조사를 보면 북한은 미국인이 가장 싫어하는 국가로 기록되어 있다.

남·북정상회담과 미·북정상회담으로 김정은과 북한 이미지는 어느 정도 개선될 것으로 보인다. 하지만 문제는 궁극적 합의 내용이다. 합의 결과가 안 좋은 상황에서 이미지 개선은 의미가 없다. 좋은 결과만이 국제사회에서 북한이 인정받을 수 있는 유일한 길인 것이다.

북한의 여성 전면 배치

북한이 평창올림픽에 참가하기 시작한 시점부터 현재까지 북한의 이미지 변신의 상당 부분, 여성들을 활용하는 특징을 보여주었다. 특히 김정은의 부인 리설주, 김정은의 여동생 김여정, 삼지연악단의 책임자인 현송월 모두 여성이다. 또한 북한의 공연단과 응원단이 젊은 미인으로 구성되었다.

여성들을 전면적으로 앞세운 것은 북한 이미지 변신에 있어서 유화적이며 친화적이며 부드러운 이미지를 연출하기 위한 것이다. 이전 사회주의 국가들도 각 국가의 스파이로 여성들을 많이 활용했다. 여성이 갖는 부드러움을 이용해 접근하기 어려운 영역을 파고들었다. 또한 미인계는 남성들이 중심이 되는 정치세계에서 그 분위기를 반전시킬 수 있다.

김정은 정권에서 여성들의 활동은 더욱 광범위해졌다. 여성 전면

배치는 여성들을 활용한 국가 이미지 개선이며 남성들이 지배하는 정치세계에서 윤활유 역할을 해주고 있다. 특히 호전적이고 공격적 군사국가인 북한의 이미지를 상쇄하는 중요한 역할을 한다.

북한 뉴스가 전 세계로 내보내는 대부분의 이미지는 군사행렬이나 전쟁 그리고 과격한 구호와 핵 실험, 미사일 실험과 같은 호전적 이미지였다. 국제사회에서 북한은 공포의 국가로 낙인 찍혔고 인식되어졌다. 그런 북한의 국가이미지는 타 국가와의 협력 관계에서 상당히 부정적 영향을 주었다. 이런 공격적이며 집단적인 북한의 이미지를 극복하기 위해 북한은 여성을 앞세우는 이미지 전략을 지속적으로 활용해왔다.

여성을 앞세우는 전략은 인권적 측면도 고려한 것이다. 북한은 인권적 측면에서도 국제사회로부터 상당한 제재를 받고 있다. 또한 굶주림과 정치수용소 같은 부정적 이미지를 여성들을 통해 쇄신할 수 있다는 생각을 가지고 있는 것이다.

북한 지도자의 전략적 행보

과연 김정은의 계산은 무엇인가? 이 부분에 대한 논란은 여전하다. 북한이 갑자기 변화를 추구하게 된 동기는 여전히 미지수다. 현재 김정은의 행보는 생각보다 훨씬 광폭이 넓다. 그것은 내부의 합의 없이는 불가능하다.

북한에게는 두 가지의 아킬레스건이 있다. 하나는 3대 세습 정권으로 이어지는 비정상적 권력 구조의 틀이다. 다른 하나는 체제 내구력이다. 미·북정상회담의 핵심은 비핵화와 체제보장의 맞교환이 핵심이다. 문제는 김정은의 광폭 행보가 체제보존을 위한 발버둥이기도 하지만 역설적으로는 체제보존을 허무는 행보일 수도 있다.

북한 내부는 강력한 감시와 통제로 유지되는 사회이다. 또한 체제보전을 위한 내구성이 극히 비정상적 과정을 통해서 유지되어왔다. 김정은이 외부 활동의 폭을 넓힌다고 해서 북한 내부 체제 유지의 내구력이 강해지는 것은 아니다. 즉 김정은의 국제사회 광폭행보가 북한 체제 내구력의 강화와 직접적으로 연결된다고도 볼 수 없는 것이다. 그것은 혈통적으로 이어지는 3대 세습의 문제점과 그 과정에서 발생한 다양한 내부적 굴곡들이 있었기 때문이다.

이런 관점에서 본다면 이번 김정은의 행보는 두 가지의 다른 관점에서 이해될 수 있다. 첫째는 고도의 계산을 가지고 움직이고 있는 것이다. 고도의 계산이란 북한이 자주 사용했던 벼랑 끝 전술의 범위를 훨씬 넘는 좀 더 광범위한 범위에서 핵 무장의 권위를 활용하는 것이다. 이런 관점이라면 이 결과는 긍정적이라기보다 부정적 결과로 나올 확률이 높다.

반대로 핵을 완전히 폐기하고 인민들을 살리기 위한 경제개혁으로 나간다는 진정성 있는 자세를 보여준다면 그것은 북한 변화의 긍정적 요인이 될 수 있다.

하지만 북한 권력의 비상식적 구조와 통치방법은 개혁·개방을 제약할 것이 확실하다. 그것은 북한의 개혁·개방과 권력유지라는 상반된 구조와 충돌이 불가피하기 때문이다. 다음은 김정은의 국제사회 등장 이후부터 시간 일지를 정리해본 것이다.

표 3 2017~18년 남·북한 일지

시기 및 출처	북한 실행 내용
2017년 10월 니혼게이자이신문	−노동당 정치국 확대회의에서 미국에 대한 대화 공세 준비 지시(김정은 지시) −내용: 대화 국면에 들어가지 않으면 안 된다. 미국과 중국이 북한의 체제를 전환하기로 하고 협공해오는 시나리오에 대한 두려움 때문 (노동당 간부 출신)[36]
2017년 11월 13일 New America Foundation 소속 Suzanne DiMaggio	−내용: 북한 제 트랙 II의 미팅에서 북한 관료의 말을 인용하여 '미국 트럼프 대통령이 오래 가지 못할 것인데 왜 우리가 협상을 시작해야 하는가'라는 발언을 했다고 전했다.[37] −2017년 3월 10일 헌법재판소 박근혜 대통령 파면 결정 −2017년 12월 6일 트럼프 탄핵 하원에서 압도적 표차로 부결
2018년 1월 1일 김정은 신년사 −국제 정세 심각 −핵 무력 완성 −먼저 남·북한관계 개선 −평창동계올림픽 참가 의사 피력	−김정은 북한 신년사: "지난해 미국과 그 추종 세력들의 반공화국 고립 압살 책동은 극도에 달하였으며 우리 혁명은 유례없는 엄혹한 도전에 부닥치게 되었습니다."

---

36) 연합뉴스, "김정은, '미중이 북압살하려 한다'며 작년 10월 대화준비 지시", 2018. 4. 16.

37) Politico magazine, "Suzanne DiMaggio and Joel Wit: The Full Transcript", October 13, 2017. However, on November 13, 2017, in track II meeting, Suzanne DiMaggio who is fellow of New American Foundation cited dialogue of North Korea officer that "and then, finally, they question his erratic behavior, and also his mounting problems here at home, with the investigation being conducted by Robert Mueller, and they, I'm sure, are asking why should we begin negotiations with the Trump administration, when Donald Trump may not be president much longer"

	–"조성된 정세는 지금이야말로 북과 남이 과거에 얽매이지 말고 북·남관계를 개선하여 자주통일의 돌파구를 열기 위한 결정적인 대책을 세워 나갈 것을 요구하고 있습니다. (중략) 남조선에서는 겨울철 올림픽 경기대회가 열리는 것으로 하려 북과 남에 다 같이 의의 있는 해입니다. (중략) 무엇보다 북·남사이의 첨예한 군사적 긴장 상태를 완화하고 조선반도의 평화적 환경부터 마련해야 합니다." –"외세와의 모든 핵전쟁 연습을 그만둬야 하며 미국의 핵 장비들과 침략 무력을 끌어들이는 일체의 행위들을 걷어 치워야 합니다." –"남조선에서 머지않아 열리는 겨울철 올림픽 경기대회에 대해 말한다면, 그것은 민족의 위상을 과시하는 좋은 계기로 될 것이며 우리는 대회가 성과적으로 개최되기를 진심으로 바랍니다. 이러한 견지에서 우리는 대표단 파견을 포함하여 필요한 조치를 취할 용의가 있으며 이를 위해 북·남 당국이 시급히 만날 수도 있습니다."
2018년 2월 8일 북한선수단 입촌 및 공연단 방남	북한선수단과 공연단 평창동계올림픽 참가
2018년 3월 26일 ~28일 2018년 4월 27일 2018년 5월 7일~8일 2018년 5월 9일 2018년 5월 26일 2018년 6월 19일	–시진핑·김정은 1차 북·중정상회담 개최 –문재인·김정은 남·북정상회담 개최 –시진핑·김정은 2차 북·중정상회담 개최 –한국계 미국인 억류자 3명 석방 –문재인·김정은 2차 남·북정상회담 개최 –시진핑·김정은 3차 북·중정상회담 개최

2018년 6월 12일	미·북정상회담
2018년 7월 27일	정전협정 체결 65주년에 미군 유해 50구 미
2018년 9월 9일	국에 송환
2018년 9월 18일	북한창건일
~20일	3차 남·북정상회담(평양)
2018년 말	2차 미·북정상회담 예정

위의 내용을 보면 북한이 핵 무력 완성을 선포하고 현재까지 치밀한 전략을 세워 움직이고 있음을 알 수 있다. 동시에 핵 무력 완성과 맞추어 미국의 강력한 압박정책에 의해 등장한 것임을 알 수 있다. 전략적으로 시간을 정해놓고 행보를 진행하고 있다.

김정은의 행보 중에 특히 주목할 부분이 중국 시진핑과의 만남이다. 김정은은 미·북회담을 앞두고 시진핑을 두 번이나 접촉했고 미·북회담 이후도 접촉했다. 정상 간의 회담이 이렇게 급박하게 이루어지는 것은 보기 드문 예이다. 그것은 김정은의 완전한 비핵화 약속을 의심케 하는 부분이다.

또 하나 눈 여겨 볼 부분은 미국에 대한 적개심이 그대로 신년사에 표현되어 있다는 사실이고 신년사 내용으로 보면 김정은이 핵을 완전히 포기할 의사가 없음이 잘 나타나고 있다.

비핵화에 대한 진정성 여부

김정은의 대화 공세에서 하나 주목해 볼 점은 문재인 대통령과 트럼프 대통령의 임기 초에 접근한 것이다. 김대중 대통령은 임기 2년을 남겨놓고 김정일 국방위원장과 회담했고, 노무현 대통령은 임기 1년을 남겨놓고 정상회담을 하므로 실질적 합의 이행이 어려웠다. 당시 6·15와 10·4선언으로 남·북한 간 다양한 합의에 이르렀지만 결국 그 실천은 미비했다.

김정은의 문재인, 트럼프의 만남은 두 가지의 의미로 해석이 가능하다. 하나는 합의 내용에 대한 적극적 실행 의지를 보여주는 것이다. 다른 하나는 충분한 시간을 가지고 북한이 의도한 전략대로 끌고 가겠다는 것이다.

북한의 미·북회담 의도는 몇 가지 내용으로 압축하여 예상해 볼 수 있다. 첫째, 핵을 폐기하고 진정한 변화로 나가려는 의도이다. 둘째, 국제사회의 강력한 제재 속에서 미국과 협상을 통해 단기적으로 이 위기를 벗어나, 이후 다시 체제를 정비하여 원래의 상황으로 돌아가려는 의도이다. 셋째, 핵 보유를 선언하고 본격적 핵 보유 국가로 나가기 위한 시작이다.

결국 현재의 힘든 기간을 탈출하기 위한 임시적이고 전략적인 차원의 움직임인가, 아니면 현 체제의 한계로 자발적이고 지속적 변화를 추구하고자 하는 목적인가이다. 이 부분은 북한의 장·단기적 의도를 파악하는 중요한 가늠자가 될 수 있다.

남·북정상회담과 미·북회담을 통해 김정은에 대해 진정성이 있다고 보는 관점과 변화가 없을 것이라는 의견이 팽팽히 맞서고 있다. 공화당 소속 로이 블런트 의원은 NBC방송 프로그램 '밋 더 프레스'와 인터뷰에서 미·북 정상회담과 관련된 질문에 "그동안 많은 대통령이 이러한 독재자들과 협상을 했지만 그다지 성공적인 결과물을 얻지 못했다."며 "우리는 매우 경계심을 갖고 대응해야 할 필요가 있다."고 말했다. "그들이 진실하고 싶다고 해서 진실하다고 인정받는 것은 아니다."며 "그들이 무슨 말을 하든 신뢰를 얻기 위해서는 비핵화와 관련한 검증이 절대적으로 필요하다."고 강조했다. 그는 그러면서 "중국을 포함한 국제사회가 경제적 압박을 지속해야 한다."고 주장했다.[38]

2018년 1월 북한 신년사를 포함하여 미·북정상회담 이후에도 북한 중앙매체의 대미 관점은 강력한 저항의식이 여전히 내재되어 있다. 남한에 대한 접근도 어려운 시기를 넘기기 위한 전략적 의도가 있음을 알 수 있다.

결론적으로 보면, 미국의 강력한 압박 결과로 나온 김정은이 비핵화 실천이 가능한가의 의문이다. 즉 떠밀려서 나온 대화에는 진정성이 없다는 것이다. 미국 조야 및 많은 전문가들은 북한의 완전한 비핵화는 상당히 어려운 과정이며 신뢰성 측면에서 북한을 의심한다. 그것은 과거 북한의 전략 전술과 다르지 않다고 보고 있다.

최근 2차 미·북정상회담 일정이 거론되고 있는 시기에도 러시아 상원의장은 방북 후, "북한이 일방적인 비핵화 행보를 취할 계획이

38) 세계일보, "미의원들 '트럼프 북미회담 신중 접근을' 섣부른 낙관경계", 2018. 4. 30.

없다."고 전하고 있다. 그와 동시에 북한이 여전히 핵무기를 제조하고 은폐한다는 내용을 미 방송이 보도했다. 현재까지 북한의 의도는 핵 폐기를 할 의도가 없음을 직간접적으로 시사하고 있는 것이다.

3. 트럼프의 전략 전술

앞에서 본 바와 같이 김정은의 국제무대 등장은 여러 가지 요인에 기인하지만 결국 미국 트럼프정부의 강력한 대북압박이 주효했다고 볼 수 있다. 트럼프 대통령은 대북한 압박에 있어 최대 압박(maximum pressure)이라는 용어를 사용해왔다. 미국은 지난 수십 년간 대북한 전략에 있어 다양한 압박과 제재를 적용해왔다. 하지만 그 압박 전략은 실패했고 현재 북한은 핵 무력을 완성했다고 선포했다. 트럼프 대통령은 협상술에 능하며 비즈니스를 하며 다양한 전략 전술을 사용해왔다.

표 4 안보리 새 대북제재 결의 2397호 주요 내용

분야	분야별 내용
북한의 외화수입 차단 조치 강화	북한 수출 금지 품목을 식용품 및 농산품, 기계류, 전기기기, 광물 및 토석류, 목재류, 선박 등으로 확대 종전 결의에 규정된 수산물 수출 금지에 조업권 거래 금지 포함 명문화

유엔 회원국의 대북 수출금지품목 확대	산업용 기계류, 운송수단, 철강 및 여타 금속류로 확대
대북 유류 공급 제한 강화	대북 정유제품 공급 한도 종전 연간 200만 배럴→50만 배럴 연간 대북 원유 공급량 400만 배럴로 제한 회원국별 대북 원유 공급량 제재위에 보고 의무화 북한의 추가 핵 실험 또는 ICBM급 미사일 발사 시 대북 유류수출 제한 추가 조치 취할 것 명문화
북한의 노동자 해외 파견 관련 제재	유엔 회원국 내 소득이 있는 북한 노동자 전원을 24개월 내 북한으로 송환토록 의무화
대북 해상차단 강화	회원국 항구에 입항한 금지행위 연루 의심 선박을 나포, 검색, 동결(억류)토록 의무화 자국 영해 상에서도 금지행위 연루 의심선박을 나포, 검색, 동결(억류) 할 수 있도록 권한 부여 회원국들 간 의심선박에 대한 신속한 정보교류 의무화
제재대상 개인·단체 추가 지정	노동당 군수공업부 리병철 제1부부장·김정식 부부장 등 북한 핵·미사일 프로그램 개발 및 자금조달에 관여한 개인 16명과 인민무력성

자료: 외교부 (서울=연합뉴스)[39]

트럼프가 취임하고 난 이후부터 미국 조야에서는 그의 대내외 정책이 천박하다는 이유로 지속적으로 제동을 걸어왔다. 그것은 역대

39) http://www.yonhapnews.co.kr/bulletin/2017/12/23/0200000000A
KR20171223024300014.HTML (2017. 12. 23.)

미국 대통령들의 대내외 정책과는 너무나 많은 차이가 있었기 때문이다.

그는 기존 중심 언론들을 거침없이 맹비난했고 신뢰하지 않았다. 또한 기존 미국이 추구하던 공통의 가치를 부정하는 듯한 행동과 언사를 서슴지 않았다. 동맹국들과도 정치와 경제에 있어서 명확하게 선을 그었다. 그 사례를 보면 멕시코와 미국 국경에 장벽을 건설하려는 것과 미국에게 무역적자를 제공하는 국가들에게도 가차없이 관세를 부과하고 통상제재를 가하는 것이다. 이런 성향은 기존 미국의 대외 정책과 다른 방식이다.

또한 군사적 행동에 있어서도 거침없이 실행하는 모습을 보여주었다. 취임 후 트럼프 대통령은 중국의 시진핑 주석을 불러 놓고 방금 시리아를 공격했다고 말했다. 북한에 대해서는 말폭탄 뿐만 아니라 실질적으로 항공모함을 태평양과 한반도에 집결시키므로 군사적 대응이 임박했다는 사실을 실지로 증명하려 했다.

이런 트럼프의 언행은 세계 초강대국의 대통령으로 스스로 기존의 국제 질서를 무너뜨리는 이상한 사람으로 비쳐질 수 있다. 하지만 이런 비전통적 트럼프의 대외정책은 적중하고 있다.

트럼프의 협상술과 무모해 보이는 전략 전술들이 작동되고 있는 것은 그가 사업 협상에서 얻은 노하우의 결과라고 볼 수 있다. 미국의 대외전략과 전술은 오랜 기간 동안 바뀌지 않고 정치인들은 전통적 외교술에 의존하여 대외전략을 수립해왔다. 트럼프는 비정치인 출신으로 이런 전통적 외교술을 변칙적으로 운영하기 시작했다. 기존 정치인들은 정치와 사업은 많은 차이가 있다고 트럼프의 대내외정책을 비난했다. 하지만 트럼프는 사업과 정치에서 사용되는 협상술이나 외교술이 크게 다르지 않다고 보았다. 다 사람이 하는 것이기 때문이다.

2017년 1월 20일 트럼프의 취임 이후 1년 10개월이 되어가고 있다. 그는 미국이 가장 골치 아파하는 북한의 은둔적 지도자를 끌어내는 데 성공했다. 6월 12일 미·북정상회담으로 극적으로 김정은을 국제사회로 끌어냈다. 이런 과정 속에서 트럼프 대통령은 다양한 협상 능력을 선보였다. 또한 그의 정치적 전략 전술도 보여주었다. 물론 다양한 암초들이 국내외적으로 트럼프 대통령의 발목을 잡고 있다. 하지만 역시 그가 풀어내야 할 숙제들이다.

특히 북한 문제의 해결에 있어서 그 어느 역대 대통령보다 적극적이고 열정적이다. 이런 적극성은 결국 한반도와 남·북한 그리고 동북아에 엄청난 변화를 가져올 것이 확실하다.

트럼프의 강압전략(Forcing Strategy)

트럼프정부 들어 최대 압박정책(Maximum pressure)이라는 말이 자주 등장하고 있다. 최대 압박정책은 정치, 외교, 경제, 군사적으로 미국이 행할 수 있는 모든 역량을 집중하여 압박하는 전략이다.

미국은 트럼프 대통령 취임 이후, 외교, 경제, 군사적으로 북한에게 최대의 압박을 진행해왔다. 이 최대 압박전략은 북한이 견딜 수 없을 정도로 압박하여 북한 스스로 투항하도록 만드는 전략이다.

트럼프의 최대 압박전략은 강압전략(Forcing Strategy)의 한 형태로 볼 수 있다. 강압전략은 공격적 전략이며 경쟁전략(competitive strategy)이다. 자신이 상대방보다 힘에 있어서 우위를 점유하고 있을 때 자신의 이익 극대화를 위한 공격적 전략이다. 상대방의 주장을 무시하고 자신의 힘으로 일방적으로 밀어붙여 상대방에게 자신의 입장을 강요하는 전략이다.

강압전략은 'Win-Lose' 전략이다. 즉 내가 승리하기 위해서 당신은 희생되어야 한다는 전략인 'I win, You lose' 전략이다. 이로 인해 영합(zero-sum)적인 결과가 산출될 수 있다. 명시적 또는 묵시적으로 강압적 위협이나 강압적 설득, 처벌 등의 무력시위 또는 카드 등을 사용하여 상대방을 굴복시키거나 순응시킨다. 자신의 주장을 확실하게 상대방에게 제시하고 상대방에게 이를 수용하지 않으면 보복이 있을 것이며 협상이 결렬될 것이라는 등의 위협을 가하는 경우가 발생할 수 있다. 따라서 강압전략은 일방적인 의사소통으로 일방적인 양보를 받아낸다.

이 강압전략은 인간관계를 중요하게 여기지 않고 어떠한 수단방법을 동원해서라도 자신의 입장과 이익극대화를 관철시키는 것에만 관심이 있다. 합의도출이 용이한 협력전략과 반대로 강압전략은 합의도출이 어렵다. 상대방에 비해 자신의 힘이 강하고, 상대방과의 인간관계가 나쁘고, 상대방에 대한 신뢰가 전혀 없을 때, 자신의 실질적 결과를 극대화하기 위해서 강압전략이 매우 강렬하게 사용될 수 있다.

강압전략이 사용할 수 있는 협상전술로는 위압적인 입장천명, 협박과 위협, 협박적 설득, 확고한 입장에 논쟁, 협박적 회유와 설득, 상대방의 입장에 대한 강압적 설명요청 등이 있다. '내 입장은 이러이러한 것인데 여기서 한 치의 변경도 없음을 천명한다'와 같이 강경하게 입장을 천명하고 그 입장을 완고하게 고수하는 전술, '내 입장을 들어주지 않으면 당신에게 큰 화근이 되어 당신뿐만 아니라 당신 집단이 큰 불이익을 받을 것이다'와 같이 상대방을 위협하는 전술을 사용할 수 있다. 또한 자신의 확고한 입장에 대한 논쟁을 유발할 수 있고, 상대방은 협박조로 회유하거나 설득하는 것, 상대방이 표현한 입장에 대해서 설명을 강압적으로 요청하는 행위 등의 전술로 사용할 수 있다. [40][41]

트럼프의 최대 압박전략(maximum pressure)은 이 강압전략(forcing strategy)과 그 궤를 같이 한다. 트럼프는 취임 이후, 북한에게 이 최대 압박전략을 유지해왔다.

미·북 간의 문제는 수십 년 간 체적 된 문제이다. 역대 미국 대통령들도 대북한 압박에 있어 다양한 전략 전술을 적용해 왔다. 하지만 그런 다양한 전략들이 다 실패했고 북한은 현 상태에서 핵 무력을 완성하는 단계까지 도달했다.

북한이 핵 무력을 완성했다는 것은 미국과의 협상에서도 유리한 고지를 점령했다는 것을 의미한다. 유리한 고지란 북한이 핵 제조과정이 아닌 실용화 단계에 와 있다는 사실이며 미국에게 요구할 것이

---

40) Pruitt, D. G. (1991), "Strategy in Negotiation", Victor A. Kremenyuk(ed), International Negotiation: Analysis, Approaches, Issues, San Francisco; Jossey-Base Publishers. 홍양호, 1999, 북한의 대미협상행태와 분석, 『군사』 39, pp. 199~243에서 각색.

41) 천대윤, 『갈등 관리와 협상 전략론』, 서울: 선학사, 2011, pp. 319~320.

더욱 많아졌다는 것을 의미한다.

오바마정부의 '전략적 인내(strategic patience)' 전략에 대해 트럼프 정부는 강하게 비판해왔다. 일종의 무시전략인 이 '전략적 인내'는 북한의 핵무기 완성을 되레 조장하는 입장에 있었기 때문에 현재의 북한 핵 무력 완성을 지원한 결과로 간주되었던 것이다.

현 트럼프정부가 전 정부들에게 발끈하는 것은 북핵 문제에 대해 너무 방관적 입장을 취했다는 것이다. 즉 초기에 제대로 관리하지 못하여 현재의 단계까지 왔다고 보는 것이다. 이 부분은 실질적으로 미국의 지난 정부가 북한 문제를 과소평가하고 북한을 제대로 판단하지 못한 정책에 기인한다. 그것은 트럼프정부에게 결국 상당한 부담을 넘겨주었고 근본적 해결이 불가피하게 되었다. 비상식적으로 보이는 이 최대 압박전략이 북한에게 제대로 적용되고 있다. 이 최대 압박전략에는 상당한 디테일(Detail)이 숨겨져 있다. 그런 디테일에는 강압전략을 더욱 강하게 만드는 다양한 전략 전술이 내재되어 있다.

중국 북한 동시 압박

이번 트럼프 대북한 전략 전술에는 대중국 전략전술이 같이 묶여 있다. 트럼프의 대북한 전략 전술에서 눈여겨 볼 것이 미국의 대중국 정책이다. 트럼프정부가 중국과 북한을 양면으로 포위하는 전략은 북한에게 상당한 고통이다. 그리고 실질적 결실이 나타나기 시작했다.

흔히 중국과 북한의 관계는 잇몸과 이의 관계로 표현한다. 즉 하나의 동체(同體)개념이다. 중국과 북한은 몇 천 킬로미터의 국경을 공유하고 있다. 대게 국경을 공유하는 국가끼리는 수많은 분쟁이 발생된다. 하지만 중국과 북한은 혈맹의 관계로 남·북한 분단 이후 서로의 입장을 고려하며 또는 서로를 전략적으로 활용하며 그 영역을 인정해 왔다.

또한 대외적으로는 서로를 보호하거나 각자의 이익에 부합하여 전략적 공생의 관계를 유지해왔다. 결국 이런 북·중 관계를 깨고 양측 사이를 끼어드는 것은 그리 쉬운 일이 아니다. 즉 중국만을 압박하거나 북한만을 압박하는 것은 효과 면에서 그리 생산적인 결과를 얻어내기 힘들다는 것을 의미한다. 트럼프정부는 최대 압박(maximum pressure)전략을 통해 중국과 북한의 관계를 분리하지 않고 동시 공격하는 압박전략을 적용했다.

이 전략에서 트럼프는 기존의 정부들과 전혀 다른 방식을 선택했다. 그것은 양측의 가장 약한 부분을 공략하여 미국의 정책 방향에 동참시키거나 순응하게 만드는 것이다. 먼저 중국에게는 강력한 경제 압박으로 무역과 통상에 관한 불공정 내역을 중국에 공개하고 이것에 대한 강력한 제재 가능성을 지속적으로 경고했다. 또한 실질적으로 불공정 무역에 대한 보복을 실행하는 전략이다.

중국은 13억의 인구를 자랑하는 세계 제2의 강대국으로 성장했다. 하지만 13억의 인구를 통치하기 위해 그만큼 엄청난 경제력을 구축해야 한다. 그것은 정치, 군사적 강국과 함께 먹고 사는 문제의 근본적 해결이 없다면 중국이라는 대국을 유지할 수 없게 된다. 중국의 대미 무역은 세계 최고 수준이며 엄청난 무역 흑자를 미국으로부터 얻어내고 있다. 이런 상황에서 미·중 간의 무역과 통상문제는 대단히 깊은 이해관계로 물려 있다. 트럼프는 이 점을 명확하게 간파하고 있다. 즉 중국을 당장 압박하는 것은 정치, 군사적 문제보다 경제적 문제인 무역과 통상을 통하여 압박하는 것이 훨씬 효율적이라 판단했다. 중국은 미국의 부탁을 거절할 명분이 없다. 결국 이런 미국의 경제적 통상 압박에 굴복하여 중국은 북한 제재를 공식화하고 실행하는 단계에 접어들게 되었다.

그렇다면 북한이 미국의 요구를 받아들일 수밖에 없었던 이유는 무엇일까. 바로 체제문제이다. 북한이 유지하는 특수한 정치적 구도는 혈통으로 잇는 세습 작업 및 순혈주의에 입각한 영도론이다. 이것이 북한을 존재케 한 내구성이다. 이 내구성은 강력한 폐쇄사회를 유지하며 자신들만의 지상낙원으로 포장되어왔다.

이런 북한의 통치술은 무난히 지난 70년간을 버티게 한 원동력이었다. 그것은 통치자의 각종 문제점을 종교적 숭배심과 복종심으로 합리화시키고 북한 인민들의 자발적 행동들을 제약했다.

이런 통치 방식은 북한에 잘 침윤되었고 북한 인민들의 전 생활을 관장하는 중요한 도구가 되었다. 또한 대외적으로는 철저한 철권통치와 선전선동을 통하여 외부사회와의 비교를 근본적으로 차단해왔다. 북한인민들은 자기들만의 동굴 속 삶에 완전히 적응되었다.

이런 폐쇄적이고 선전·선동적 대중 통치 방식은 궁극적으로 북한 인민들에게 두 가지의 틀을 고정화 시켰다. 하나는 절대 수령주의이다. 두 번째는 인민의 수령에 대한 절대 복종주의를 만들어 냈다. 이런 체제는 절대 복종을 원하지 않는 인민들은 자연스럽게 배제되었고 그들의 생명력은 단절되었다.

이 통치 방식의 핵심은 체제보장이다. 체제보장은 북한에 가장 치명적 약점이다. 체제보장은 내부적 복종과 외부세계와의 단절로 가능하다. 만약 내부적 복종이 무너지거나 외부세계와의 소통이 강화된다면 체제보장은 근본적으로 위협받을 수 있다.

트럼프의 대외정책은 중국과 북한을 동시에 압박하는 전략이다. 그것은 중국과 북한을 분리하는 동시에 자국의 내부적 이익을 보호하기 위해 미국의 요구를 받아들이게 하는 전략이다. 이제까지 미국과 국제사회가 북한에게 강력한 경제제재를 가했을 때, 북한은 중국이나 러시아를 통해 그 압박의 도피처를 마련했다. 그것은 국제사회의 제재가 제대로 작동되지 못했던 중요한 이유 중에 하나였다.

이미 북한은 한국전쟁 이후 지속적으로 미국과 국제사회로부터 국제제재를 받아왔고, 이런 제재를 견뎌내는 내구성을 구축했다. 그것이 북한식 자력갱생이다. 자력갱생은 국제사회의 북한 고립전략을 북한 스스로 분쇄하는 전략이다. 즉 내부적으로 허리띠를 졸라매고 내부의 자원으로만 견뎌내는 지독한 인내전략이다. 이런 극한 어려움 속에도 북한의 내구력은 국제사회의 제재를 피하여 중국이 지원해주는 물자들을 통하여 그 내구성을 유지해왔다.

정치지리학적 관점에서 보아도 북한이라는 존재는 중국에 있어 대단히 긴요한 존재이다. 하지만 중국은 북한을 강력한 경제 부국으로 만들지 않았다. 그것은 북한의 경제발전이 자본주의로 선회하거나 중국에 대한 배신행위로 나타나는 것을 미리 차단하고자 한 것이다.

중국은 현 상태를 유지하며 태평양지역에서 중국의 안보를 위해 또는 현 체제의 현상적 유지(status guo)를 위해 북한의 역할을 제약하는 것이다.

이렇게 중국과 북한은 전략적으로 서로를 이용하고 활용해왔다. 그것은 사회주의라고 하는 공통점과 정치지리학적 공생의식, 대외적 관계에서 공동의 적을 설정 해놓고 협력해왔다. 이런 관점에서 중국과 북한의 전략적 친밀성을 깨는 것이 어려웠던 것이다.

중국과 북한의 관계를 분리시키고 북한을 고립시키는 것은 결코 쉬운 일이 아니다. 트럼프는 지난 시간 소원했던 양측의 관계를 교묘히 활용하면서 그들의 약점을 조이는 전략을 사용해 왔다.

2018년 3월 26일 김정은은 북한의 지도자가 된 후 처음으로 중국을 방문했고 국제사회에 데뷔했다. 최근까지 북·중 간의 관계는 냉랭하고 답답한 관계를 유지해왔다. 그것은 20대 후반의 새파란 젊은이가 아버지의 갑작스런 사망으로 북한의 통치자가 되었다는 사실에 중국은 당황했고, 실질적 북한의 지도자로 인정하는 것을 머뭇거렸다.

또한 북한 김정은은 북한 지도자가 된 후 그의 권력기반 강화를 위해 4번의 핵 실험과 90번의 미사일 실험을 통하여 중국의 위신을 근본적으로 훼손했다. 특히 김정은의 이복형인 김정남을 말레이시아에서 독극물로 살해하고 중국과 깊은 관계를 유지하고 있었던 온건적 성향의 장성택을 총살한 것은 북·중 관계를 훼손하는 또 다른 원인이 되었다. 실질적으로 이런 김정은의 행동은 양측의 관계를 극히 불편하게 만들고 악화시켰다.

북한이 미국과의 접촉에 있어 중국을 거치지 않고 남한의 문재인 대통령을 활용한 것은 김정은의 전략이었다. 중국은 이로 인해 심각한 차이나 패싱(China passing)을 경험했다. 그것은 김정은의 중국에 대한 섭섭함을 의도적으로도 표출한 것이다. 이런 양측의 불편한 관계 속에서 3월 26일 김정은의 중국 방문은 양측의 사이를 어느 정도 좁히는 기회가 되었다. 상황적으로 보면 양측이 전략적으로 서로의 강력한 필요에 의해 만들어진 급조된 만남이었다. 북·중의 만남으로 김정은은 중국의 체면을 살려주었고 중국은 김정은의 미·북회담 전 지원군의 역할을 담보했다. 이 만남을 통해 중국은 북한의 후견인 역할과 미·북회담의 조언자 역할을 약속했다.

미국 트럼프 대통령은 북·중 간 양측이 다시 관계를 회복하기 전, 그 틈새를 교묘히 활용했고 양측의 불편한 관계를 적절히 자극하는 역할을 시도했다. 중국은 무역, 통상측면에서 미국의 압박을 견뎌내기 쉽지 않았다. 북한은 체제보장측면에서 미국의 군사 옵션 선택을 두려워했다.

트럼프 대통령은 중국을 통상 무역으로 강하게 압박하면서 역할 정도에 따라 그 강도를 조정하는 치밀함을 보였다. 북한에게는 과장된 말폭탄 위협으로 시작하여 가상적 군사옵션까지 연출하며 실질적 북폭 가능성을 제3국의 실질적 폭격을 보여주며 북한이 고민하게 만들었다.

이런 압박전략은 중국을 미국의 요구에 동참하도록 만들었다. 동시에 중국 스스로 경제적 제재를 북한에 가하도록 압박했다. 북한은 이런 중국에 대하여 대단히 섭섭한 감정을 가졌으며 중국과의 관계를 근본적으로 의심했다.

결국 이런 압박의 결과로 북한 김정은은 미국과 소통이 가능한 중국을 선택하지 않고 한국을 선택하여 자기의 뜻을 전달했다. 이런 트럼프정부의 중국 북한에 대한 강력한 공동 압박은 김정은의 강력한 대화 요구로 이어졌고, 일단 성공적 전략이었다.

트럼프 최대 압박의 전략 전술

트럼프정부 들어 북한에 대한 전략 중 가장 많이 사용되는 언어가 이 최대 압박(maximum pressure)전략이다. 트럼프 대통령은 북한과 중국에 대하여 일관성 있는 최대 압박을 유지하도록 지속적으로 강조하고 있다.

이전의 경우, 북한이 대화에 임한다고 발표하는 순간부터 기존의 제재와 압박은 느슨해지거나 중단되었다. 동시에 북한에게 상당한 시간 벌기의 기회를 주었다. 이런 경우 북한은 협상에 임할 충분한 시간 벌기를 통하여 협상에 있어 유리한 고지를 점할 수 있었다.

앞에서 논했던 것처럼 북한은 3단계의 협상방법을 지속적으로 운영해왔다. 그 협상전략은 ①원칙에 합의하기 ②합의 재해석하기 ③협상결렬의 책임을 상대방에게 전가하기의 세 단계의 형태로 이루어지는 전략으로 북한은 불리해지면 먼저 원칙에 합의한 후, 합의를 깨기 위한 합의에 대한 재해석 준비를 하고 마지막으로는 협상결렬의 책임을 상대방에게 전가하는 방식으로 협상을 주도해 왔다. 지난 미·북회담에서도 북한은 원칙에 합의하는 경향을 보여 왔다. 하지만 이후 미국은 협상에 끌려 다니며 협상에 실패했다.

Top-Down Approach

이전의 경우 북한의 핵 실험에 대처하기 위해 미·북 간에는 수많은 물밑대화가 있었다. 물밑대화는 북한의 의중을 파악하는 의미에서 비밀리에 또는 실무자급에서 북한의 협상 담당자와 만나 북한의 요구를 파악하는 과정이다. 이런 경우 실무자인 협상 담당자는 오랜 시간 북한 실무자와 만나야 북한 수뇌부의 입장이나 요구를 파악할 수 있었다.

이 과정에는 상당한 시간과 비용이 소요되며 그 효과에 있어서 북한의 실질적 변화를 이끌어내는 데 많은 한계가 있었다. 그리고 최고 결정자인 통수권자에게 보고되는 과정에서 온건그룹과 강경그룹의 의견이 충돌되면서 실질적 결과 도출에도 실패하는 경우가 많았다. 그것은 Down인 실무자가 Top인 최고 통수권자에게 보고하는 과정에서 북한이 제의한 내용에 대한 검토가 이루어지는 중간 의견 조율이 이루어지는 과정을 거쳐야 했다.

또한 Top인 최고통수권자는 효과적인 결정을 하기 위해 실무자와 토의하는 가운데 실질적 문제 해결에 있어 어려움에 봉착했다. 즉 미국의 전 정권에서는 Bottom-up으로 가는 협상방안으로 주도해 왔다. 결국 이 Bottom-up 방식은 협상 과정을 통해 결과를 얻기까지 상당한 시간이 소요되고 그 결론의 도출도 쉽지 않으므로 협상의 내용에 문제가 생기는 과정을 겪었던 것이다.

하지만 트럼프정부는 전혀 다른 방식으로 접근했다. 실무자를 거치지 않고 Top-down으로 가는 방법을 선택하고 있다. Top-Down 방식은 최고책임자가 그 목표를 명확히 결정 해 놓고 그 목표를 향해 직접적으로 상대방 국가의 원수를 만나 담판 짓는 것이다. 즉 협상의 실질적 주체가 대통령으로 실무자급인 Down에서 오는 다양한 정보를 수렴하여 대통령은 좀 더 유리한 방향에서 협상을 하도록 하는 것이다.

이런 Top-Down 방식은 대통령에게 확실한 철학이 있어야 하며 그 의지도 확실해야 한다. 그 이유는 대통령이 어떤 협상 목표를 정해 놓았다고 하더라도 의회에서 강력한 반대가 있는 경우나 실무자급에서 제공되는 각종 정보에 의하여 그 목표가 제약될 수 있기 때문이다.

트럼프 대통령은 먼저 북한에 대한 완전한 비핵화라는 목표를 이미 북한 통수권자에게 통보했고 일관성 있게 최대 압박을 유지하고 있다. 그리고 그의 보좌진들도 대통령의 목표 실현을 위한 인물들로 대거 교체했다. 이런 보좌진들의 대거 교체는 청문회를 거쳐 임명되기까지 상당한 시간이 걸릴 수 있고 낙마할 수도 있는 문제점이 있다. 하지만 트럼프는 자기와 성향이 맞는 사람들로 채워 놓는 의지를 보였다. 이런 새로운 보좌진들은 대통령의 강력한 의지에 동참하는 사람을 우선으로 했다. 그것은 상대방 협상자에게 두려움과 강력한 위협을 준다. 현재 트럼프 주변에는 초강경론자들이 포진하고 있다. 대통령과 뜻을 같이하고 대북한 또는 대외정책에 있어 동일한 의지를 실현하고자 하는 인물들이다.

현재 트럼프정부의 Top-Down 방식은 북한과의 접촉에서도 극히 단순한 구조를 구축하므로 실무자들의 비효율적 의견을 실질적으로 배제하고 가장 슬림한 조직 구조를 구성했다. 지난 4월 초 폼페이오 국무장관은 인준 전에 북한을 직접 방문하여 김정은을 만났다. 기존 정부의 다양한 물밑접촉이나 실무자 미팅을 배제하고 가장 신임하는 실무자를 북한 지도자와 직접 만나게 하므로 그 의중을 직접 파악하도록 만든 것이다. 이 과정을 통해서 트럼프 대통령은 북한 지도자의 실질적 요구와 행동을 바로 파악하는 경로를 확보했다.

이런 방식은 트럼프의 협상방식과 그의 성격에서 기인한다고 볼 수 있다. 그는 저서에서 자기의 협상에 대한 의견을 다음과 같이 피력했다. "협상이라는 말을 들으면 대부분의 사람들은 협상 테이블을 사이에 두고 서로를 노려보면서 사소한 문제까지 하나하나 논쟁하는 준엄한 얼굴의 적수를 상상하는 것이 보통이다. 나는 그런 식으로 협상하지 않는다."고 하면서 다음의 사례를 들었다.

"나는 여러 해를 두고 월스트리 40번 건물의 구입에 흥미를 느꼈었다. (중략) 그 건물의 소유주가 여러 번 바뀌고 마침내 히너베르크 가문에 의해서 인수되어 독일에서부터 원격 관리되는 것도 지켜보았다. (중략) 나는 그들의 대리인이 이 건물에 관한 모든 업무를 대행하고 있다는 것도 알고 있었다. 따라서 모든 사람들이 이 대리인과 거래를 했지만 나는 히너베르크 사람들을 직접 만나 얼굴을 맞대고 그들이 원하는 바를 듣고 나의 비전을 설명하고 싶었다. 여러분이 진실을 알고 싶다면, 대리인이나 중개인 따위는 건너뛰고 소유주를 찾아가야 할 일이다. 그래서 난 독일로 날아가 히너베르크 사람들을 만났다. 내가 그렇게 시간과 노력을 바쳐 자신들을 만나러 왔다는 점이 그들을 감동시켰다. 내가 지닌 결단의 깊이를 보여주었던 것이다. 그들은 호의적인 반응을 보였고, 나는 끝내 그 약속을 지켰다. 우리는 탁자를 둘러싸고 앉아 언쟁을 벌인 게 아니었다. 오히려 우리는 책상 위해 우리의 카드를 까발리고는 대화를 나누었다. 오래지 않아 우리는 합의에 이르렀다. 내가 했던 모든 준비는 가장 보람이 있었고, 우리는 양측 모두가 이기는 윈-윈의 거래를 일구어 낸 것이다." [42]

위의 내용은 현재 트럼프가 Top-down 방식으로 하는 이유를 명확히 설명해주는 대목이다. 트럼프는 미·북 미팅을 위하여 엄청난 공부를 하고 정보를 수집한다. 그리고 자기가 충분히 준비되었을 때 대리인을 시키지 않고 자기가 직접 나서 협상을 한다. 하지만 그것이 공격적이거나 강압적이지 않다.

물론 미·북 간에 협상이 결렬되면 다른 옵션이 기다릴 것이다. 하지만 협상장에서는 최대의 매너로 상대방을 치켜세우며 설득하고 설명하는 방식이다. 그의 강경한 태도나 행동은 협상전이나 후에 문제이다. 협상장에서 절대로 무례한 방식을 선택하지 않을 것이다. 어떤 것이 이기는 게임인지 그는 잘 알기 때문이다.

하지만 이런 대통령의 강력한 의지로 실행하는 Top-Down 방식이 어떤 경우는 큰 성공으로, 어떤 경우는 큰 실책으로 남아지기도

---

42) 도널드 J. 트럼프, 번역 권기태, 『CEO 트럼프 성공을 품다』, 서울: 베가북스, 2007, pp. 98~99.

한다. 미국의 제40대 대통령인 로널드 레이건 대통령은 당시 SDI(전략방위구상)[43]을 통해 소련의 과도한 국방비 지출 유도를 통해 공산주의 종주국인 소련을 붕괴시키는 데 공을 세웠다. 하지만 반대로 미국의 제41대 대통령 조지 부시는 이라크 전쟁을 강행함으로써 엄청난 시간과 국력을 소비하는 비생산적 결정이 이루어진 사례도 있다. 이렇듯 Top-Down 방식이 큰 성공으로 이어지는 경우도 있지만 엄청난 국력 소비와 피해를 주는 사례도 있음을 알 수 있다.

Escalation(단계적 확대) and De-escalation(단계적 감소) 전략

이 단계적 확대 전략과 감소전략은 트럼프에게 있어 아주 긴요한 전략이다. 이 전략은 최대 압박(maximum pressure) 전략을 기본으로 한다. 트럼프는 최대 압박을 가할 대상자를 정하고 그 대상자의 모든 정보를 수집하고 그의 가장 약한 부분을 선택한다.

트럼프는 다양한 선택을 염두 해 둔다. 최대 압박 전략에서도 그 방법론은 다양하며 압박의 정도도 다양하다. 최대 압박은 대상자마다 다를 수 있다. 현재 트럼프는 미국 대통령으로 그가 대상하는 것은 국가를 대표하는 그 나라의 책임자이다. 그 나라의 통수권자는 국가를 대신하기 때문에 엄정하게 얘기하면 그 나라 통수권자에게 압박을 가하는 것이다.

트럼프 대통령의 압박대상은 단순히 사회주의 국가만이 아니다.

---

43) 전략방위구상(戰略防衛構想, Strategic Defense Initiative; SDI)은 적국의 핵 미사일을 요격하고자 하는 구상이다. 미국의 레이건 대통령에 의해 1983년에 계획이 수립되었다. 스타워즈 계획(Starwars)이라고도 불린다.

문제가 있는 국가, 미국에 경제적, 군사적, 외교적 손해를 입히는 모든 국가가 대상이다. 심지어 동맹이 굳건한 한국과 일본도 예외일 수 없다. 한국과 일본은 무역과 통상 측면에서 미국에 많은 손해를 입혔다고 생각한다. 그리고 국경을 맞대고 있는 멕시코와 캐나다에게도 불법이민과 통상문제를 거론하고 있다. 또한 사회주의 국가인 중국과 북한은 미국에 가장 큰 손실을 주는 국가로 간주하고 있다.

미·북회담의 결과로 한반도는 엄청난 변화의 기로에 놓여 있다. 미·북회담의 시작부터 현재까지 미국은 한국과 긴밀한 관계를 유지해왔고 지금도 진행 중이다. 하지만 통상측면에서 미국은 한국에 엄청난 압박을 가하고 있다. 알루미늄과 철강에 엄청난 관세를 부과하거나 한국산 세탁기에 대해서도 관세를 부과했다. 북한문제를 위해서 그 어느 때보다 긴밀한 관계를 맺고 있는 미국이 통상문제에 있어서는 확실한 계산을 하고 있다.

미국 트럼프 대통령은 그 어느 역대 대통령보다 냉정하다. 핵심은 이런 통상 압력을 한국 문재인정부의 대북정책과 대미 정책에 따라 그 강도를 증대(escalation) 또는 감소(de-escalation) 시키는 것이다. 예를 들어 한·미FTA의 합의를 마친 후에도 최종 합의를 미·북회담 후로 연기하는 것이다. 이 문제는 문재인정부의 대북정책을 의심하는 측면에서 나온 대안이다. 즉 미국이 가하고 있는 최대 압박(maximum pressure)에 한국이 흔들리지 말고 미국과 동일한 행동을 취해줄 것을 간접적으로 경고하는 것이다.

이 부분은 대북한 전략에 있어서 더욱 확실하다. 북한의 김정은 위원장이 국제무대에 데뷔하고 남·북한 정상회담을 진행하고 미·북 회담을 참석한 것은 바로 트럼프 대통령의 강력한 최대 압박전략에 기초하고 있다. 그것은 트럼프 대통령의 압박 정도의 단계적 확대나 감소를 통해서 진전되었다.

최근 미국은 CVID에서 PVID로 완전한(completed)에서 영구적(permanent)이라는 단어로 비핵화의 내용을 전환했다. 이 PVID는 다시 FFVD[44]로 전환되었다. 비핵화에 대한 강력압박을 미·북회담 전과 이후 다시 융통성 있게 조절한 것이다.

이런 절차는 북한과 미국이 첨예한 대립상황에서도 지속적으로 적용되었다. 처음에는 말폭탄(rhetoric)으로 시작하여 그것이 발전하여 가상적 실행(hypothetical)으로 또는 실질적 행동(substantive blow)으로 진전되었다.

하지만 무조건 압박 정도를 증가시키는 것만은 아니다. 그것은 상대방의 실천 여하에 따라 그 강도를 조정하므로 그 영향력도 조절된다. 트럼프는 판세를 읽는 능력이 탁월하다. 그것은 다양한 협상을 통해 얻은 노하우이며 본능적인 감각에서 비롯된다. 그러면 왜 그는 이 압박의 강도를 조정하며 협상을 주도하는 것일까?

그것은 다음의 협상 전략에 근거한다. 첫째, 상대방에게 혼란을 주는 것이다. 협상 대상은 강한 압박을 받을 때 두려워하거나 심하게 반발한다. 동시에 그런 강한 압박을 해결하기 위해 협상을 제시하거나 거기에 준하는 압박을 선택한다. 이런 과정에서 서로가 만나

---

44) '최종적이고 완전히 검증된 비핵화(final, fully verified denuclearization)'라는 뜻으로, 미국 국무부가 마이크 폼페이오 국무장관의 3차 방북(2018년 7월)에 앞서 제시한 개념이다.

협상하는 가운데 협상 상대자의 실천 여하에 따라 강한 압박을 감소시켜주므로 상대방이 안도하도록 만들고 그 사이 관계개선을 증진시키는 것이다. 이런 관계 증진을 통해 트럼프가 목표로 하는 내용을 관철시킨다.

하지만 상대방의 실천력이 떨어지면 다시 압박하는 방식으로 그 정도를 조절하는 것이다. 북한의 대외 협력 실무자들은 수십 년간 자기의 전문 분야를 맡아왔다.

하지만 미국을 비롯하여 자유민주주의 국가들은 투표라는 제도를 통해 새로운 지도자를 선출하고 각료들을 교체한다. 북한은 수십 년간 같은 협상을 해 온 사람이 대미 협상에 임한다. 그럼으로 미국의 대북정책과 핵 문제에 대하여 잘 이해하고 있으며 협상에 탁월하다. 이 부분에 대하여 트럼프는 우려했고 북한 협상에 혼란을 주기 시작했다. 즉 비전통적 외교술과 변칙적 협상술을 통하여 북한을 혼란에 빠뜨리는 것이다.

두 번째는 상대방을 테이블에 나오게 만드는 것이다. 압박의 증가와 감소 조절은 상대방을 협상장에 끌고 나오기 위한 전략이다. 북한이 미·북회담을 앞두고 있는 상황에서 북한은 미국과의 만남을 상당한 부담으로 여겨왔다.

이런 상황에서 트럼프 대통령은 수시로 북한의 입장을 보아가며 강한 압박을 유지하거나 분위기를 조절하는 그런 전략을 사용하여 왔다. 동시에 미·북회담이 결렬되는 경우 또는 합의되는 경우를 다 상정하여 그 다음에 올 옵션, 즉 더욱 강력한 압박을 줄 것인지 아니면 보상을 줄 것인지를 언론에 노출시키며 상대방의 심리를 자극하는 그런 전략을 사용하고 있다.

세 번째는 상대방에게 옳은 선택을 하도록 만드는 것이다. 최대 압박의 증가와 감소는 상대방의 옳은 선택을 유도하는 것이다. 미·북회담에서 김정은이 내놓아야 할 대답은 북한 비핵화에 대한 실천이나 거부 중에 하나가 될 것이다. 트럼프는 시간의 중요성을 강조하고 있다. 김정은의 선택에 따라 최대 압박의 경중은 달라진다.

　네 번째는 최소한의 이익을 얻어내기 위한 전략이다. 강한 압박의 증가와 감소는 트럼프가 최소한의 획득물을 얻기 위한 전략이다. 미·북회담에서 협상을 통해 명확한 결론이 나오면 다행이지만 협상 자체 과정에서 다양한 걸림돌이 있기 때문에 많은 난관이 예상된다.

　이런 가운데 핵 폐기로 종결되지 않고 다양한 변수들이 나올 가능성도 점쳐진다. 그것은 핵 폐기의 과정과 방법론에서 다양한 저항이 예상되기 때문이다. 트럼프 대통령은 어렵게 성사된 미·북회담의 기회를 놓치지 않기 위해 최소한의 이익을 얻어내야 한다는 부담감도 있다. 즉 최대 압박의 배수진을 쳐 놓고 협상이 결렬되는 경우 최소한의 이익을 획득하려는 전략도 숨겨져 있는 것이다.

　다섯 번째는 미·북회담의 완전한 결렬 시 후속 압박에 대한 명분을 만들기 위해서이다. 최대 압박의 증감은 협상 결렬 시 그 후를 대비하는 전략도 숨어 있다.

　현재 미국이 북한에게 제시하는 방향은 완전한 비핵화이다. 이 방식은 기본적으로 리비아식을 기본으로 한다. 하지만 리비아와 북한의 경우는 핵 완성도에 있어 상당히 차이가 난다. 리비아는 핵 제조 초기단계였으므로 핵물질을 제3국에 옮기고 핵시설의 완전한 폐쇄와 폐기를 했다. 이 방법은 완전한 핵의 폐기 후 후 보상으로 가는 방법이다.

하지만 북한이 선호하는 방안은 중국식이 될 가능성이 높다. 그것은 전 세계의 비난을 받으면서 핵 무력을 완성한 북한으로서 쉽게 핵을 폐기한다는 것은 불가능하다. 이런 양측의 입장에서 트럼프 대통령은 회담 결렬 시 최소한의 미국 이익에 부합하는 내용이라도 획득해야 한다는 전략 속에 최대 압박정책의 증감은 필수불가결하다.[45]

수사학(Rhetoric)을 통한 암시 전략

영어 rhetoric의 의미는 '미사여구', 또는 '수사학'으로 번역된다. 레토릭은 '말에 대한 말'이며 '말 그 이상의 말'이다. 수사학자 로더릭 하트(Roderick Hart)는 "어떤 메시지가 그 메시지 자체보다 더 큰 이야기를 전할 때 그 메시지는 분석할 가치가 있다"고 했다. 여기서 더 큰 이야기를 전한다는 뜻은 말이 가져오는 설득적 효과의 깊고 먼 파장과 인간 욕망의 끝없는 추구하고 할 수 있을 것이다.[46]

취임 후 트럼프는 대외 정책에 있어 지속적인 레토릭을 사용해왔다. 레토릭(Rhetoric: 수사학)은 오늘날 그저 '내용 없는 허례적인 말장난, 궤변' 정도로 취급되며 별로 좋은 의미로 쓰이지 않는 듯하다. 레토릭에 불과하다, 레토릭적 대응만 하다, 레토릭으로 전락하다 등을 보면 그렇다.

원래 레토릭이란 그리스, 로마시대에 정치연설이나 변론에서의 효

---

45) Quartz, 『China's nuclear path may offer a lesson to Trump on how to deal with North Korea』

46) 박성희, 『커뮤니케이션 이해총서 레토릭』, 서울: 커뮤니케이션북스

과를 극대화하기 위해 화법을 연구하면서 탄생한 것으로 한동안 문법(Grammar), 논리(Logic)와 함께 3대 학문으로 자리 잡았다. 예로부터 사람의 이성에 의존하는 '논리학'과 감성에 의존하는 '수사학'은 시대의 흐름에 따라 지속적인 다툼을 벌이며 공존해 온 것이다.[47]

인류의 역사를 바꾼 설득의 고수들(링컨, 처칠, 히틀러, 루터킹, 오바마 등)이 남긴 유명한 말과 글을 분석하여 레토릭이 대중을 이해시키고 희망을 줄 뿐 아니라 국가적 목표를 같이 지향하도록 마음을 휘어잡는 힘의 도구임을 보여주고 있다. 간디가 검을 들지 않고도, 마르크스가 총을 쏘지 않고도 세상을 움직일 수 있었던 비밀이 레토릭에 있었다고 말하고 있다.[48]

트럼프가 레토릭을 사용하는 방법은 언론 인터뷰 상에서 또는 그의 트위터를 활용하여 사용한다. 트럼프의 레토릭을 보는 관점에서 의견이 분분하다. 미국 대통령으로 너무 가벼워 보인다는 관점과, 트럼프의 말 속에 분명한 의미가 있다는 쪽의 의견이다. 확실한 것은 트럼프의 레토릭에는 그의 전략 전술이 숨어있다.

트럼프의 레토릭에는 반드시 그의 행동과 연결되는 특징을 가지고 있다. 그의 레토릭(rhetoric)은 가상의 적용(hypothetical)과 실질적 상황(substantive blow)으로 연결되는 특징을 가지고 있다. 대표적인 것이 시리아에 대한 미사일 공격과 한반도에 미국 전략자산의 집중 시도이다. 다시 말하면 트럼프의 레토릭에는 그의 실질적 행동 의지가 숨겨져 있다.

---

47) 매일경제, "레토릭의 부활", 2015. 5. 22.
48) 샘 리스, 정미나 옮김, 『레토릭: 세상을 움직인 설득의 비밀』, 서울: 청어람미디어, 2014.

그의 레토릭을 잘 분석해보면 그의 차후 행동을 이해할 수 있다. 트럼프는 지속적인 레토릭을 통해서 목표물에 집중한다. 레토릭을 통해 대중에게 그의 목표를 상기시키고, 자기 자신도 끊임없이 목표물에 대한 전략을 구상한다. 무엇보다 협상 당사자를 강하게 압박한다.

트럼프 대통령은 취임 이후 북한 김정은 위원장에게 다양한 레토릭을 쏟아냈다. 트럼프 대통령은 '북한을 완전히 파괴'할 수도 있다고 위협했다. 북한 정권이 '화염과 분노에 직면할 것'이라고 경고하기도 했고, '나는 (김정은의) 그것보다 더 강하고 큰 핵 버튼이 있다'며 북한을 압박했다.

그런가 하면 그는 '대화는 더 이상 답이 아니다!'라거나 '리틀 로켓맨과 협상을 시도하는 것은 시간 낭비'라고 말했고, 군사 옵션을 비롯한 '그 어떤 것에도 준비가 되어있다'고 했다. '타락한' 북한 정권을 겨냥한 '최대압박'을 거듭 강조하기도 했다.[49]

북한의 행동여하에 따라 말의 경중을 고려했다. 레토릭을 통해 상대방의 반응을 검토했다. 선거 전 트럼프의 레토릭은 불만세력들을 규합시키고 불만세력들을 대신하여 전 정권을 비판하는 시원한 청량제와 같이 사용되었다.

선거 후, 그의 레토릭은 경고의 의미가 있다. 이 경고는 다음 단계로 넘어가기 위한 실천의 전 단계이다. 레토릭을 실천으로 옮기기는 쉽지 않다. 그것은 충분한 자신감과 전략자산이 충분해야 가능하다. 트럼프의 자신감은 초강대국 미국에 대한 자신감이다. 이 부분에 있어서

---

49) Huffpost, "트럼프의 '미치광이' 전략이 통한 걸까? 전문가들의 의견은 이렇다", 2018. 3. 8.

트럼프의 대북한 레토릭은 실천으로 옮겨질 가능성이 높아 보인다.

See-Feel-Change 전략[50]

〈See 전략: 시각화하라〉

협상전략관점에서 볼 때, See 전략은 시각화하여 이해시키는 전략이다. 추상적인 내용을 가지고 설득하려고 시도하는 것이 아니라, 문제의 사건이나 상황을 협상당사자들로 하여금 직접 또는 간접적으로 보게 하여 이해시키는 전략이다.

〈Feel 전략: 느끼게 하라〉

협상전략관점에서 볼 때, Feel 전략은 느끼게 하는 것이다. 자신들의 눈으로 보고 자신들이 스스로 느끼게 하고 평가하게 하는 것이다.

〈Change 전략: 변화시켜라〉

협상전략관점에서 볼 때, Change 전략은 변화시켜 설득에 성공하는 전략이다. 직접 보고 이해하며 느끼고 감동 받으면, 마음과 행동의 변화가 일어나게 되고, 마음과 행동의 변화가 일어나게 되면 설득이 성공적으로 이루어질 수 있고 협상이 성공적으로 이루어진다.

트럼프정부는 협상전략으로 John Kotter의 'See(보고), Feel(느끼

---

50) 천대윤(2011), pp. 332~334.

고), Change(변화)' 전략을 사용하고 있다. 즉, 설득전략을 사용하여 갈등을 순조롭게 하고, 설득전략을 통해서 협상의 목적을 성공적으로 달성하기 위해서 See-Feel-Change 전략을 사용할 수 있다. 협상전략관점에서 볼 때, See는 시각화하고 직접 보게 하여 이해시키는 전략이다. Feel은 스스로가 느끼게 하는 것이다. Change는 전략을 변화시켜 설득에 성공한다는 전략이다.

트럼프는 이 see-feel-change의 전략을 대단히 실무적으로 적용해 왔다. 트럼프는 취임 직후, 2017년 4월 6일 중국의 시진핑을 만났다. 그 자리에서 트럼프는 미국이 방금 시리아에 미사일 53발을 발사했다고 귀띔했다. 또 2018년 4월 14일 미국, 영국, 프랑스는 공동으로 시리아에 105발을 발사했다. 당시 러시아의 강력한 거부에도 불구하고 미국은 시리아의 화학무기 사용을 강력히 규탄하며 직접 공격을 실행에 옮겼다. 이 미사일 발사는 트럼프가 시도한 첫 번째, See-Feel-Change 전략의 시도였다.

트럼프는 시리아의 미국 폭격 모습을 그대로 보여주었다. 동시에 북한에 실질적 영향력을 주고 있는 중국 시진핑에게도 시리아 폭격 모습을 보여주며 미국의 의지를 보여주었다. 그전까지 트럼프는 북한을 향하여 지속적으로 군사적 옵션이 있음을 경고했다.

워싱턴포스트(WP)는 최근 칼럼에서 '트럼프 대통령의 시리아에 대한 타격을 가장 유심히 지켜보는 곳은 북한일 것'이라고 했다. 조성렬 국가안보전략연구원 수석연구위원도 "미·북 정상회담에서 비핵화 협상이 잘 이뤄진다고 해도 약속을 위반할 경우 모든 옵션이 테

이블 위에 있다는 것을 보여줬다."고 했다.[51]

이렇게 제3국에 폭격한 내용을 간접적으로 보여준 사례와 북한을 직접적으로 위협하면서 실행한 See-Feel-Change 전략의 사례도 있다. 2018년 1월경, 월간조선은 미해군 소식통을 통해 "한반도를 향해 2개의 항공모함, 존 스태니스와 칼 빈슨이 오고 있다고 확인해 주었다. 나머지 하나는 로널드 레이건으로 현재 일본에 입항해 있다고 밝혔다. 이 두 항모가 한반도에 모이면 3개의 항모전단이 한반도에 구성된다. 여기에 준항모급인 WASP 클래스의 본옴므 리처드함 (LHD-6)도 일본 사세보항에서 대기하고 있다고 전했다. 본옴므 리처드함은 핵항모급에 비할 바는 아니지만 헬리콥터 항공모함으로 약 40여 대의 시나이트 헬리콥터(치누크 계열)와 약 5대의 수직이착륙 F-35B 전투기를 탑재하고 있으며, 이를 종합하면 한반도에 4대의 항공모함이 모이는 셈이라고 했다. 작년 11월 모였던 항공모함 3대의 기록을 경신하는 전례없는 미국의 해군력이다. 한반도에 모이는 항모의 전력 중 공군력만 대략적으로 추산해도 전투기, 전자전기, 헬리콥터 등을 포함하여 약 350여 대이며, 미국이 이렇게 막강한 전력을 보내는 데는 분명한 이유가 있다."고 밝혔다.[52]

이렇게 한반도 지역에 항모를 집결시킨 것은 트럼프의 직접적인 See-Feel-Change 전략이다. 이런 트럼프정부의 전략은 북한의 핵과 미사일 실험에 대한 군사적 옵션을 보여주고(See) 느끼게끔(Feel)하는 전략이다.

이런 전략의 결과로 나온 북한의 첫 번째 변화(Change)가 김정은

---

51) Chosun.com, "트럼프, 시리아에 미사일 105발, 김정은에도 경고장", 2018. 4. 16.

52) 월간조선, "미국 항모전단 3~4개 한반도 집결 중: 북(北), 올림픽 뒤 SLBM 공격 준비하나?", 2018. 1. 22.

의 대화제의이다. 김정은은 트럼프의 최대 압박(maximum pressure)과 보고-느끼고-변화(See-Feel-Change) 전략으로 1차적으로 트럼프 전략에 백기를 든 셈이다.

트럼프는 미·북회담 전에도 지속적으로 활용해왔다. 이런 전략들을 통해 김정은의 변화를 기다렸다. 현재도 트럼프는 경제적 제재와 레토릭(Rhetoric)을 사용하여 최대 압박(maximum pressure)을 유지하고 있다.

11월 중간선거 전후에 제2차 미·북회담이 예정되어 있다. 이 과정에서도 여전히 그의 레토릭은 유지될 것이다. 트럼프는 일본 아베 총리를 만난 자리에서 "정상회담이 성공하지 않을 것으로 생각하면 회담을 갖지 않을 것"이라며 "결실이 없다면 회담장을 떠날 것"이라는 경고 메시지도 발표했다. 그는 "나는 탄력적인 상태로 있는 것을 좋아한다."며 언제든지 입장이 바뀔 수 있다는 뜻도 보였다. 이는 비핵화 시기와 방법 등에 대한 사전 협상이 진행되는 상태에서 북한의 선택을 더욱 압박하기 위한 것이었다. 북한이 정상회담에 앞서 실질적이고 구체적인 비핵화 조치를 내놓으라는 의미였다.[53]

좀 더 흥미로운 것은 이런 압박이 부정적 또는 긍정적 레토릭을 통해 조절되는 것이다. 최근 트럼프는 김정은을 치켜세우는 레토릭을 했다. 켈리엔 콘웨이 백악관 선임 고문은 24일(현지시간) 폭스뉴스와의 인터뷰에서 "대통령은 과정에 관해 이야기하는 것"이라며 "대통령은 그가 정말 개방적이고 매우 훌륭하다고 말하고 있고, 그(김

---

53) 한국일보, "트럼프 세계적 성공 만들 것… 결실 없다면 회담장 떠나겠다", 2018. 4. 19.

트럼프의 세계 질서에 대한 도전_231

위원장)는 이 과정을 통해 그렇게 행동하고 있다."고 말했다.[54] 2차 미·북정상회담을 앞두고 유엔연설에서는 "우리는 김 위원장과 북한, 세계를 위해 좋은 일을 할 것"이라 했다.[55] 이런 트럼프의 김정은에 대한 칭찬은 김정은의 실질적 실천에 근거한 내용을 가지고 칭찬형 레토릭을 주고 있다. 이 전략은 되갚음 전략(tit-for-tat strategy)의 일종이 될 수 있다. 되갚음 전략은 부정적 측면과 긍정적 측면을 다 의미하는 것으로 부정적 언행에 대해서는 부정적으로 되갚음을 하고 긍정적 언행에 대해서는 긍정적 보상을 하는 전략이다. 즉 상대방이 취하는 행동과 똑같은 또는 동일한 행동으로 맞대응함으로써 상대방 스스로 행동변화를 야기하도록 하는 전략이다.

되갚음 전략은 상대방이 편견에 사로잡혀 대립관계의 긴장을 강화하려 하거나 긴장완화를 확대하려고 할 때 그 편견을 스스로 시정하도록 유도하는 전략이다. 예컨대 상대방이 적대적으로 나오면 이쪽도 적대적으로 나가고, 상대방이 우호적으로 나오면 이쪽도 우호적으로 대응하여 상대방 자신이 선택한 전략에 대한 결과를 예측할 수 있게 하여 상대방 스스로 편견을 버리고 적절한 행동 변화를 초래하도록 유도한다.[56][57] 이렇듯 트럼프의 압박전략은 최대한의 결과를 얻어내기 위하여 다양하고 집요하게 적용되고 있다.

---

54) 한국일보, 백악관, 김정은 칭찬한 트럼프 비판론 진화 나서… "김정은 대화 과정서 보여준 모습 언급한 것", 2018. 4. 26.

55) 연합뉴스, '북 완전파괴' 외쳤던 트럼프 '대담한 평화' 패러다임 대전환 선언, 2018. 9. 26.

56) Axalrod, R. (1984), The Evolution of Cooperation, New York: Basic Books.

57) 홍양호, (1999), 북한의 대미협상행태와 분석, 『군사』, 39, pp. 199~243.

가상의(Hypothetical) 전략

가상의(hypothetical) 전략은 레토릭(rhetoric)→가상의 전략(hypo-thetical)→See-Feel-Change 전략→실질적 타격(substantive blow)와 연결되는 전략이다. 가상의 전략은 레토릭(rhethoric)과 See-Feel-Change 전략의 중간 정도 단계로 볼 수 있다. 이미 앞에서 논했듯이 트럼프의 최대 압박 전략은 증가(escalation)와 감소(de-es-calation)로 상대방의 행동 여하에 따라 압박의 강도를 조절하고 있다. 이 가상의 전략은 레토릭을 한 단계 발전시켜 나가는 과정으로 볼 수 있다.

트럼프의 대북한 전략 가운데 이 가상의 전략(hypothetical)이 필요한 이유는 북한에게 레토릭(수사학) 이상을 보여주기 위한 실질적 가상 실험이며 협상 대상자에 대한 실질적 실행에 대한 거울이다.

미국의 전 정부에서 북한에 군사적 옵션을 실질적으로 가할 수 없었던 이유는 남한에 대한 전쟁 확대론이 그 주된 이유였다. 이런 부분에서 미국의 대북 압박은 자주 한계에 봉착되었고 북한의 실질적 변화를 만드는 데 실패했다.

이런 상황에 대하여 트럼프는 대북한 타격이 가능하다는 것을 레토릭으로 하고 그것을 더욱 발전시켜 가상적 상황으로 발전시켜 보여주는 대담함을 유지했다. 이미 앞에서 거론했던 내용처럼 시리아 공격과 한반도 지역의 항공모함과 미국의 전력자산 집합은 레토릭(rhetoric)에 대한 실행으로 가상적(hypothetical) 전략을 실질적으로 북한에게 보여주는 일종의 거울효과(mirror effect)전략이다. 이것이 발전하며 궁극적으로 실질적 타격(substantive blow)으로 가는 최종 단계로 옮겨가게 되는 것이다.

이런 트럼프의 전략전술 시도는 미·북회담 결렬 시 전쟁상태로 가겠다고 하는 실질적 두려움을 김정은에게 암시하게 되고 그 전략적 과정들이 증가(escalation)될 때마다 김정은은 더욱 공포를 느끼게 된다.

실질적 타격(Substantive Blow) 전략

트럼프는 지속적으로 북한에 대한 군사적 옵션을 거론하였다. 이 부분이 레토릭에 불과한지 실질적 행동의 전초적 의미가 있는지 확실하지 않다. 하지만 트럼프의 다양한 정책 실행의지로 보아 북한에 대한 실질적 타격은 살아있는 옵션임에 틀림없어 보인다.

이번 4·27 남·북 정상 간의 합의로 남·북한이 전쟁 없는 한반도의 구축을 약속했지만 이 부분은 남·북한의 몫이라기보다 북한의 책임과 행동에 달려 있다고 미국은 강조한다. 김정은을 만나고 돌아온 폼페이오 국무장관도 취임하자마자 북한에 경고의 목소리를 높였다. 존 볼튼 안보보좌관도 북한에 시리아식 해법을 제시하며 선폐기 후보상이라는 방법론을 고려하고 있다고 말했다. 이 말은 북한과의 교섭이 결렬되거나 핵 폐기에 실패한다면 더욱 강력한 조치가 뒤따를 것이라는 예고로 볼 수 있다.

미국의 북한에 대한 실질적 타격에 대한 논의는 지속적으로 미국 조야에서 오르내리고 있다. 남한을 고려하여 전 정권에서는 번번이 무산되었던 북한에 대한 실질적 타격론은 현재 트럼프정부에서는 대단히 유효한 방안으로 거론되고 있는 것은 바로 북한의 핵 무력 완성이 주는 부담이다.

북한의 핵 무력 완성은 단순히 북한 핵 보유의 의미를 넘어 동북아의 근본적 지각 변동을 의미한다. 실제로 미국의 태평양주도권은 큰 타격을 받게 된다.

어느 국가이던 핵 보유를 하는 경우, 강대국의 의도를 무시할 수 있다. 그것은 핵 보유 자체만으로도 자국의 자위권을 극대화 시킬 수 있기 때문이다. 자국의 자위권이란 각종 재래식 무기를 통한 무장을 넘어 핵 보유를 통하여 다른 국가가 넘볼 수 없는 위협적 요소를 갖추기 때문이다. 이런 상황이 한반도에서 발생되지 않기를 미국은 강력히 원하는 것이다.

하지만 미·북회담 후 북한의 결정이 어떻게 될지 여전히 진행형이다. 그것은 지난 몇 십 년 동안 국제사회의 강력한 경제제재와 압박 속에서 완성한 핵 무력을 북한이 쉽게 포기할 수 없기 때문이다. 또한 핵 폐기에 대한 합의를 했다고 하더라도 폐기 과정에 상당한 난관이 도사리고 있기 때문이다.

이번 김정은의 국제사회 등장은 미국의 강력한 제재 효과였다. 특히 트럼프 대통령의 전쟁을 포함한 모든 옵션이 실질적으로 작동되었다고 평가될 수 있다. 미국은 이번에 김정은의 실질적 아킬레스건을 발견했다. 그것은 강력한 경제제재와 군사적 옵션의 실질적 실행 가능성이 북한을 고통스럽게 옥죄고 압박을 준 것이다.

트럼프의 최대 압박은 지속될 것이라고 했다. 즉 미·북회담의 핵 협상 결렬은 트럼프가 미국 대통령으로 건재 하는 한 북한에 대한 실질적 타격의 가능성은 여전히 유효하다는 것을 의미한다.

미·북회담 후: 타협전략, 점차적 호혜전략

〈타협전략(compromising strategy)〉

앞에서 본 것처럼 미·북회담으로 오기까지 미국의 전략은 다양하게 적용되었고 이행되었다. 앞으로의 숙제는 미·북회담 후 북한의 실천이며 그 다음은 미국의 행동이다. 그것은 핵 협상에 있어 미·북 간의 합의나 결렬이다.

핵합의가 결렬되는 경우, 미국은 더욱 강력한 제제와 압박으로 북한을 완전한 붕괴로 몰고 갈 것이 확실하다. 하지만 반대로 핵 협상이 합의되는 경우, 미국과 북한 간, 의외의 관계로 진전될 가능성도 높다.

여기서 미·북 간에 두 가지의 협상 가능성이 존재한다. 하나는 타협전략(compromising strategy)이다. 타협전략은 협상 당사자들 서로가 서로에게 이익이 되는 양보와 협상 참여자 간의 거래(bargaining)를 가정하고 있다. 타협전략은 강압전략이나 문제해결전략 등의 전략들을 사용할 수 없을 때 하나의 대안으로 사용할 수 있다.

타협전략은 상호 획득 가능한 이득에 초점을 맞춘다. 협상 참여자가 자신의 초기 입장에서 서로 조금씩 양보하여 서로의 이익을 보장할 수 있는 가능성을 높이기 위한 절충안(middle ground alternatives)을 개발하는 전략이다. 협상전략이 문제해결을 위해서 협상자의 목적이나 우선순위에 대한 정보가 교환되나, 타협전략에서는 문제 해결과는 무관하게 진행되기 때문에 협상자의 목적이나 우선순위에 대한 정보를 교환할 필요는 없으며 단지 협상쟁점에 대한 절충안을 마련하기 위한 전략이다. 타협전략의 전술로는 양보, 거래, 절충 등이 있다.[58]

타협전략은 미국과 북한 간에 다음의 몇 가지 상황에서 나올 수 있는 전략이다. 첫째, 트럼프 대통령의 급박한 업적을 위해서 고려해 볼 수 있다. 현재 트럼프 대통령은 다양한 국내문제에 봉착하고 있다. 이 문제는 트럼프 대통령의 잔여 임기에 대한 영향력을 줄 수 있는 사안이다. 또한 2018년 11월에는 중간선거가 있으며 당장의 실질적 업적이 필요한 상황이다. 트럼프 대통령은 미·북회담과 후속 진행이 미국 내에서 자신의 입지와 상황을 변화시킬 중요한 모멘텀(momentum)이 될 수 있다고 판단하고 있다.

둘째는 완전한 핵 폐기가 당장 어렵겠다는 판단아래 미·북 양측이 명분을 가질 수 있는 상황에서 합의하고 어느 정도의 타협을 통하여 시간적 배수진을 치는 방향에서 타협전략으로 나가는 것이다. 즉 트럼프가 김정은을 만난 후 추후 시간을 갖고 해결할 수 있겠다고 판단되는 경우 양측이 타협점을 찾는 방법인 것이다. 그것은 양측이 가장 극한 상황은 막아야겠다는 일치된 접점에서 나올 수 있는 전략이다.

셋째는 현재 미·북회담은 국제사회 전체가 관심을 갖고 지켜보는 현안으로 양측이 대결로 가는 극단적 상황을 접고 긍정적 신호를 주기 위하여 사용할 수 있는 협상전략이다. 그것은 미·북회담에 대한

---

58) 천대윤, 서울: 선학사, 2011, pp. 320~321.

기대심리가 그 어느 때보다 높은 상황에서 국제사회에 실망을 주기보다 희망적 메시지를 주기 위한 하나의 방안으로 타협전략이 거론될 수 있다. 이 부분은 트럼프가 주장하는 완전한 핵 폐기가 시간적 한계가 갖는 물리적 상황을 고려한 제약성을 벗어나기 위한 타협점이 될 수 있다.

점차적 호혜전략(gradual reciprocation)

이 타협전략(compromising strategy)과 함께 고려해볼 수 있는 내용이 바로 점차적 호혜전략(gradual reciprocation)이다. 이 전략은 타협전략을 전제로 가능하다고 볼 수 있다. 이 호혜전략은 다음과 같이 정의할 수 있다.

점차적 호혜전략은 참여당사자 간의 긴장완화를 위한 점차적 호혜전략(GRIT: gradual reciprocation in tension-reduction)을 말한다. 협상당사자간의 점차적인 호혜작용을 통해 긴장의 감소를 유도하는 전략이다.

적대적 관계에서 상대방이 착취가 불가능할 정도의 아주 적은 수준의 양보를 협상당사자 간에 서로 교환하는 과정에서 상대방도 이에 호혜적으로 보답함으로써 극한 상황으로 갈등이 확대되는 것을 막음과 동시에 점차적으로 갈등을 해결하려는 전략이다.[59][60]

이 전략은 미국 요구에 대한 북한의 완전한 수용에 의하여 가능

---

59) Axelrod R. (1984)

60) 홍양호(1999), pp. 199~243.

하다. 북한이 줄 수 있는 것은 완전한 핵 폐기이나 이것이 시간이라는 물리적 한계에 봉착하여 장기적 과정을 거쳐야 하는 상황에서 성의 있는 북한의 행동을 지속적으로 미국에 보여주는 것으로 점차적 호혜전략으로 나갈 수 있는 가능성을 만들 수 있다.

이 과정을 가기 위해서는 타협전략에서 양측이 서로 명분을 가질 수 있는 접점을 먼저 찾는 것이 중요하고 상호 이해 가운데 양측이 지속적으로 신뢰를 바탕으로 상호 호혜전략으로 갈 수 있는 기반을 만드는 것이다.

그리고 이 호혜전략을 기반으로 좀 더 세밀하고 구체적인 부분으로의 이행을 진행하는 방식을 마련할 수 있다. 대신 양측이 중간 과정에서 서로의 이행 여부에 균열이 생기는 경우 압박정책이 재가동됨을 명시할 필요가 있다.

표5 트럼프의 전략과 전술 분석

수사학(Rhetoric strategy)–(Economic sanction & Military Option)

▽ – Escalate & De-escalate of maximum pressure

가상적전략(Hypothetical strategy)
–(Economic sanction & Military Option)

▽ – Escalate & De-escalate

보고–느끼고–변화전략(See–Feel–Change strategy)
–(Economic sanction & Military Option)

▽ – Escalate & De-escalate

실질적 타격전략(Substantive Blow strategy)
-(Military Option)-미·북회담 후

or

타협전략(compromising strategy)
or 점차적 호혜전략(Gradual reciprocation)-미·북회담 후

트럼프의 벼랑 끝 전술

2018년 5월은 미·북 간에 매일 총성 없는 전쟁을 치렀다. 6월 12
일 계획되었던 미·북회담이 미국의 요구와 북한의 요구가 충돌하면
서 양측은 다시 극한 상황에 돌입했다. 양측은 서로 물고 물리는 싸
움을 5월 내내 진행해왔다. 미·북회담의 가능성은 청와대 국가안보
실장의 북한 방문과 4월 27일 남·북정상회담을 통하여 남·북한 간
에 합의했다는 "남과 북은 완전한 비핵화를 통해 핵 없는 한반도를
실현한다는 공동의 목표를 확인하였다."에서 '완전한 비핵화'에 그 방
점이 있다. 트럼프 대통령이 북한의 미·북 대화제의를 바로 수용한
것도 바로 그 이유였다. 하지만 조야에서 남·북한의 '완전한 비핵화'
합의에 대한 신뢰도는 극히 낮았다. 실질적으로 김정은의 입으로 완
전한 비핵화에 대한 발언은 일체 없었다.

트럼프 대통령도 북한의 '완전한 비핵화' 발언에 대해 의심을 했다. 하지만 북한의 의도와는 관계없이 '완전한 비핵화'에 협상여지의 매력을 느꼈다. 그는 역대 어느 미국 대통령도 해내지 못한 북한의 완전한 비핵화를 위한 주인공이 되어야겠다는 확신을 가졌다. 무엇보다 북한 스스로 미·북회담을 제의한 것이 최대 압박(maximum pressure)의 결과라는 믿음을 가지고 있었다.

트럼프 대통령은 자신감을 가지고 있었다. 첫 기싸움에서 완전히 기선을 제압했다고 생각했다. 트럼프는 "완전한 핵 폐기 또는 전쟁"이라는 아주 간단한 논법으로 북한을 압박했다. 그것은 정확하게 먹혀 들어갔다. 이후에는 "완전한 핵 폐기와 북한의 경제적 번영"이라는 화두를 제시했다. 트럼프의 용어는 군더더기 없이 단순명료했다. 이런 트럼프의 수사적(rhetoric) 전략은 북한을 구석까지 몰고 갔으며 더 이상 빠져나갈 수 없도록 압박했다.

표6 2018년 5월 미·북 간 일지

①2018년 5월 8일, 시진핑-김정은 2차 만남

②2018년 5월 17일, 리선권 조평통 위원장, "북·남 고위급 회담을 중지시킨 엄중한 사태가 해결되지 않는 한 남조선의 현 정권과 마주앉는 일은 쉽게 이뤄지지 않을 것", 남·북고위급회담 무기한 연기 방북기자단 명단 접수 불응

③트럼프, "시진핑이 김정은에게 영향을 미쳤을 수 있다" 발언

④2018년 5월 16일, 볼턴 보좌관, '리비아식 북핵 폐기' 주장

⑤2018년 5월 16일, 김계관 부상, "미·북수뇌회담 재고려할 수밖에 없을 것"

⑥2018년 5월 21일, 미국 부대통령 펜스 발언, "대통령이 분명히 밝힌 것처럼 만약 김정은이 합의를 하지 않는다면 이번 사안은 리비아 모델이 끝난 것처럼 끝나고 말 것"이라고 경고

⑦2018년 5월 24일, 최선희 부상(평양 담화), "미국이 우리를 회담장에서 만나겠는지 아니면 핵 대 핵의 대결장에서 만나겠는지는 전적으로 미국의 결심과 처신 여하에 달려 있다. 미국이 우리의 선의를 모독하고 계속 불법무도하게 나오는 경우 나는 조미수뇌회담(미·북정상회담)을 재고려하는 데 대한 문제를 최고지도부에 제기할 것이다."

⑧2018년 5월 24일, 도널드 트럼프 미국 대통령이 24일 오후 10시 46분경 백악관 트위터를 통해 김정은에게 보내는 공개편지로 미·북정상회담 취소

⑨2018년 5월 25일, 25일 오전 7시 26분경 김계관 외무성 제1부상 명의의 담화를 통해 회담 개최를 바라는 입장을 적극적으로 드러냈다. "(현 사태는) 관계 개선을 위한 수뇌상봉(정상회담)이 얼마나 절실히 필요한가를 그대로 보여준다"고 단언했다. 이어 "트럼프 대통령이 그 어느 대통령도 내리지 못한 용단을 내리고 수뇌상봉이라는 중대사변을 만들기 위해 노력한 데 대해 의연 내심 높이 평가해왔다" 김계관은 25일 '(김정은의) 위임에 따라' 담화를 발표하면서 "(김정은) 위원장께서도 '트럼프 대통령과 만나면 좋은 시작을 뗄 수 있을 것'이라고 했다."

⑩2018년 5월 25일, 트럼프 발언, "북한과 지금 대화하고 있다"고 말했다. 그는 "우리는 무슨 일이 일어날지 지켜봐야 하지만 (정상회담이) 6월 12일에 열릴 가능성도 있다"면서 "북한이 정상회담 개최를 매우 원하고 있고, 우리도 회담 개최를 원한다", "사람들은 게임을 즐기곤 한다"

북한의 속내를 읽고 있는 트럼프

트럼프 대통령은 국가안보보좌관 존 볼턴을 심는 데 공을 많이 들였다. 그를 국가안보보좌관으로 둔다는 것에 대해 상당한 반발이 있었다. 하지만 트럼프는 그를 기용했다. 또한 그가 초강경파(super hawk)임에도 불구하고 그를 가장 측근에 둔 것은 대북협상의 완전한 팀(team) 구성을 위한 것이었다. 존 볼턴은 기용되자마자 북한에 연일 강력한 발언들을 쏟아냈다. 이런 발언들은 북한을 자극했고 북한 정권의 속내를 복잡하게 만들었다.

북한은 트럼프에 대한 연구를 지속적으로 해왔다. 트럼프가 미국에 대통령이 될 것이라고는 전혀 생각지 못했다. 하지만 트럼프는 미국 주요언론사들의 예상을 뒤엎고 미국 대통령이 되었다.

트럼프가 쓴 많은 책들을 참고하면 그는 역대의 미국 대통령들과는 분명히 다르다. 트럼프의 발언은 종잡을 수없이 왔다갔다 했지만 그의 말에는 맥락이 있었고 목표가 명확했다. 그 무엇보다 한반도에 관심이 많았으며 특히 북한에 대한 관심은 유난히 특별했다. 그의 저서에서 거론했던 것처럼 '예측 불허의 럭비공 전략'을 펼쳤으며 대통령에 어울리지 않는 저속한 용어를 사용하여 막말을 뱉어 냈다. 하지만 그는 상대방에 대한 치밀한 탐색전을 주도하고 싸움에 대비하는 특성을 보였다.

트럼프는 볼턴의 발언을 통하여 북한에서 나오는 반응들을 면밀히 체크했다. 볼턴의 발언은 결국 트럼프의 속내로 볼 수 있다. 트럼프는 본 경기 전 치밀한 탐색전을 통하여 본 싸움에 대비한다. 또한 상대방이 가장 받아들이기 힘든 것을 제시하거나 자극하여 최상의 것을 얻어 온다. 동시에 수용하기 가장 힘든 내용을 협상 전에 미리 제시하고 상대방이 가장 근접한 내용을 제시할 수 있도록 조절한다.

트럼프가 전문가가 아니기 때문에 핵 폐기 과정을 모를 것이라 생각하는 것은 오산이다. 그는 누구보다 많은 사전 조사를 하고 다양한 정보를 얻었다고 볼 수 있다. 핵 폐기 과정이 얼마나 많은 시간이 걸릴 줄도 잘 알고 있다. 하지만 가능한 한 가장 짧은 시간 안에 북핵 폐기를 권고하며 완전한 핵 폐기를 종용하고 있었다. 북한이 실질적으로 거기에 근접하도록 압박하는 방법이었던 것이다. 트럼프는 북한 내부의 상황과 김정은의 위급성에 대해서 충분히 파악했다. 이런 부분에 있어 트럼프는 자신감 있는 대처를 하였다.

트럼프의 미·북회담 취소 편지

트럼프 대통령은 5월 24일 오후 10시 46분경 백악관 트위터를 통해 김정은에게 보내는 편지를 공개했다. 미·북정상회담에 대한 전격 취소 내용이었다. 이 편지는 지극히 공손하면서도 위협적이었다.

친애하는 위원장에게

우리는 싱가포르에서 6월 12일 열릴 예정이었던, 양측 모두가 오랜 기간 추구해왔던 정상회담에 관련한 우리의 최근의 협상과 협의와 관련한 당신의 시간과 끈기, 그리고 노력을 대단히 감사하게 여기고 있습니다. 우리는 그 회담이 북한의 요청에 의한 것이라는 정보를 접했으나 그 점은 상관없습니다. 나는 그곳에서 당신과 함께 하기를 대단히 고대했습니다. 슬프게도, 당신이 낸 최근 성명에 담긴 극도의 분노와 공개적인 적대감에 근거해, 나는 지금 이 시점에, 오랜 기간 계획해온 당신과 만나는 것은 부적절하다고 느낍니다. 따라서 싱가포르 회담이 양측 모두를 위해서, 그러나 세계를 위해서는 해로운 일이지만, 일어나지 않을 것을 이 편지로 대신 전달하도록 해주십시오. 당신은 핵 능력을 언급하지만, 우리의 것은 너무나도 크고 강력해서, 나는 그것들이 사용되어야 할 일이 없기를 신께 기도합니다. 나는 우리 둘 사이에서 훌륭한 대화가 이뤄지고 있다고 느꼈고, 결국엔 중요한 것은 그 대화뿐입니다. 언젠가, 당신을 만날 수 있기를 매우 고대합니다. 그 사이, 당신이 세 명의 억류자들을 풀어주어 그들이 현재 가족과 함께 집에 있을 수 있는 것에 대해 감사함을 표하고 싶습니다. 그것은 아름다운 행동이었고 매우 감사한 일이었습니다.

트럼프가 미·북회담의 의지가 없었다면 그는 편지를 공식적으로 공개하지 않았을 것이다. 트럼프의 의도는 다음과 같다. 첫째, 이 편지를 통해 미·북회담 요구가 미국 측이 아니라는 사실을 명확히 밝했다. 둘째, 미·북회담의 취소 사유는 북한 측의 대미 적대적 담화에 그 이유가 있음을 밝혔다. 셋째, 미국은 미·북회담을 위해 상당히 노력 해왔다고 밝혔다. 이 부분은 미·북회담의 취소 사유가 모두 북한 측 사유라는 것을 국제사회에 공개적으로 알렸다. 즉 미국은 미·북 대화를 강력히 요구하고 있으나 북한의 문제로 인해 회담이 취소될 수밖에 없다고 공개하므로 북한이 더 이상 거절할 수 없도록 구석으로 몰고 갔다.

이 편지는 격식을 갖추면서도 위협적인 내용을 포함하고 있다. 최선희 부상의 담화에 대한 트럼프의 답변은 "우리의 것은 너무나도 크고 강력해서, 나는 그것들이 사용되어야 할 일이 없기를 신께 기도합니다."라는 내용으로 대응했다. 미·북회담이 결렬되거나 만약 북한이 다른 일탈행위를 할 경우 강력하게 대응하겠다는 의사이다. 이후는 언제든지 다시 만날 수 있다는 내용을 첨언하므로 북한의 대화의지를 열어주고 북한이 긍정적으로 응해 올 수 있는 여건을 만들어주었다.

트럼프는 이 편지 작성부터 북한이 대화를 놓지 않을 것이라는 사실을 간파하고 있었다. 트럼프 자신도 역사적인 미·북회담이 간절했다. 하지만 회담을 진행하기 위해 강한 충격요법이 필요한 상황이었다. 김계관이나 최선희 담화는 실질적 미·북회담의 취소 사유가 될 수 없다. 미·북 간에는 이보다 훨씬 큰 막말과 상호 비방이 오래 전부터 오갔다. 하지만 김계관과 최선희의 담화는 트럼프 대통령의 협상 기질을 자극했고 북한을 더욱 확실히 길들일 수 있는 기회로 생각했다.

트럼프는 이 편지를 통해 북한 김정은의 내부적 조급성을 바로 파악할 수 있었다. 북한이 현 상황까지 와서 더 이상 되돌아갈 수 없다는 사실을 직시했다. 그것은 김정은이 이미 국제무대에 데뷔했고 자기의 의지를 자기 의사에 관계없이 국제사회에 공개했으며 더 이상 써먹을 다른 방안이 없다는 것을 간파했다.

트럼프의 미·북회담 취소 편지는 외교사에 드문 형태의 외교행위였다. 국가 정상들의 일거수일투족은 본인이 원하지 않더라도 세계 언론이 주목하고 대중의 관심사가 된다. 특히 트럼프와 같이 트위터를 매일 사용하고 자기의 일정을 일일이 올리는 사람이 정식 편지를 작성하여 이렇게 외부로 공개하는 것은 극히 드문 일이다. 더군다나 세계 초강대국의 미국 대통령이 개인적인 의견을 담아 가장 패쇄적 국가의 원수에게 편지를 작성했다는 사실 자체가 아이러니 한 부분이다.

트럼프는 이 한 장의 편지를 통하여 다양한 포석을 깔았고 많은 것을 얻어냈다. 첫째, 가장 폐쇄적이고 초라한 국가 지도자인 김정은을 올려 줌으로 김정은 위원장을 대우해주고 있다는 것을 보여주었다. 둘째, 미국이 미·북회담에 관심이 지대하다는 것을 보여주었다. 셋째, 북한의 이후 행동을 결정할 수 있는 통로를 제공해주었다. 마지막으로는 지지부진하던 북한의 결단을 확실하게 결정짓도록 했다.

이 트럼프의 편지가 나오기 전까지 양측은 미·북회담의 날짜만 대략 정한 상황에서 본질적 문제에 대해서는 전혀 진행도 못한 상황이었다. 미국과 북한은 가장 핵심적 문제를 두고 기싸움으로 중요한 과정을 넘어가지 못했던 것이다. 종이 한 장이었지만 북한의 과감한 결단을 촉구하는 내용이었다.

4. 트럼프정부의 대외정책과 동북아의 변화

북한 핵 보유는 한반도뿐만 아니라 4대 강대국의 관계에서도 복잡한 정치지형을 가중시킨다. 그것은 북한 핵 보유가 갖는 미묘한 정치, 군사적 역학 관계와도 긴밀한 연관성이 있다. 한반도를 중심 삼고 미국, 일본, 러시아, 중국 같은 초강대국들의 위상 정립은 항상 문제가 되어 왔다. 그것은 정치, 경제, 군사, 문화 등 전 분야에서 경쟁적으로 나타난다. 그 양상 또한 훨씬 복잡한 경향을 보이고 있다. 이전처럼 정치, 군사적 측면만으로 대결해왔던 시대와는 전혀 다른 차원이다.

한반도를 중심 삼고 4대 강대국의 정치, 경제, 군사적 부문의 경쟁구도는 북한의 핵 보유로 더욱 복잡해지고 있다. 실질적으로 북한의 핵 보유는 동북아뿐만 아니라 세계 핵 지형의 근본적 변화를 요구한다.

예를 들어 북한이 핵을 보유하는 것만으로도 미국이 갖는 세계의 핵 지휘권은 큰 타격을 받을 수 있다. 문제점들은 다음과 같다. 첫째, 미국의 세계 핵무기 정책이 그 기능을 상실할 수 있다. 실제적으로 미국은 북한 핵 보유를 통해 미국 본토 공격 가능성에 무게를 두기보다 미국이 가지고 있는 세계 핵 정책의 기득권 상실을 더욱 염려한다.

북한은 이런 미국의 입장을 잘 알고 있다. 북한 핵기술이 실질적으로 발전했다 하더라도 미 본토 공격은 불가능하다. 북한이 원했던 것은 미국의 전 세계 핵 지위 권한을 흔드는 것이다.

둘째, 북한 핵 보유는 미국의 세계 경찰 기능을 제약하며 미국의 세계적 패권 주도에 큰 타격을 줄 수 있다. 가장 좋은 사례로, 북한 핵 보유 가능성에 한국과 일본이 전략핵의 보유를 강력히 주장했던 것과 무관치 않다. 결국 북한 핵 보유가 동아시아 핵도미노 현상으로 확대되는 것에 대해 미국은 민감하게 반응하지 않을 수 없다. 만약 미·북 대화로 간다고 해도 미국은 기존 북한 핵의 동결이 아닌 완전 폐기를 전제로 협상을 하게 되므로 이 과정은 어려운 과정이 될 수 있다.

트럼프 대통령은 북한 김정은과의 정상회담을 받아들였다. 정의용 남한 측 안보실장과의 미팅 45분 만에 파격적인 답을 주었다. 미·북 간의 과거 협상 내용을 잘 안다면 미국의 대통령이 북한 책임자와의 미팅을 한 번에 받아들이기는 쉽지 않다. 그것은 이미 미·북 간 핵 협상에서 좋지 않은 선례들이 있었기 때문이다.

중국과 북한은 진정한 혈맹인가

미·북정상회담은 중국의 속내를 복잡하게 만든다. 출발부터 중국은 배제되었다. 중국의 북한에 대한 위상이 처음부터 영향을 주지 못했다. 미·북정상회담까지 절차는 모두 남한을 통하여 이루어졌다. 물론 3월 26일 김정은의 방중으로 중국은 어느 정도 체면치레를 했다. 그것은 서로의 필요에 의한 급조된 만남이었다.

　중국의 심경은 불편하다. 중국은 미·북회담이 순조롭지 않기를 내심 바랐을 가능성이 높다. 중국의 불편한 심경은 몇 가지 이유에 기인한다. 첫째, 중국이 북한에 대한 영향력을 잃었다. 둘째, 중국 역할 제약에 대한 불안감이 증폭되었다. 셋째, 미·북회담 이후 미·북 간 새로운 관계설정에 대한 불안감이 있다. 중국은 오랫동안 북한에 실질적 영향력을 행사했다. 하지만 최근 북·중 간의 관계를 보면 북한은 중국의 간섭을 벗어나 더욱 독자적 노선을 지향하는 듯하다.

　역사적으로 중국과 북한은 사회주의체제를 고수하며 혈맹으로서 돈독한 관계를 유지해왔다. 또한 소련을 중심으로 한 전 세계 공산주의 확산은 북한에게 큰 자부심을 주었다. 이 당시 북한은 남한보다 경제적으로 앞서 있었고 사회주의의 지속적인 번영이 담보되었다고 믿었다.

　하지만 몇 십 년 후, 공산주의 종주국인 소련 붕괴를 위시로 동유럽 사회주의 국가들도 힘없이 무너졌다. 그 현상은 북한에게 엄청난 충격을 주었다. 더하여 끝까지 북한을 지지해줄 것으로 믿었던 중국마저 실용적 사회주의를 주창하며 개혁·개방을 본격화했고 경제적 가치를 우선했다. 동시에 한국과 수교를 맺었다. 결과적으로 이런 행위를 목도한 북한은 중국에 심각한 배신감을 느꼈다. 특히 중국의 갑작스런 대외 개혁·개방은 북한의 체제마저 위협하는 상황이 되었다.

현재까지 중국은 일당 독재체제를 고수하고 있지만 경제나 사회는 이미 자본주의로 탈바꿈했다. 사회주의를 고수하는 것만으로는 중국의 미래가 없다고 판단했다. 중국의 개혁·개방은 북한에게 충격이었고 근본적으로 신뢰할 수 없는 국가로 인식되었다. 북한의 중국에 대한 불신은 고난의 행군 시기 더욱 심화되었다. 고난의 행군시기 북한은 100만 명 이상의 아사자를 만들었다. 북한은 이 상황에서 중국에게 끊임없이 도움을 요청했다. 하지만 중국은 북한에게 근본적 해결점을 제시하지 못했다.

북한에 대한 지원도 미비했다. 중국은 북한이 어려울 때 충분한 지원 의사가 없었다. 중국은 북한에 대하여 진정한 혈맹 관계가 아닌 단지 전략적 관계로 인식했다. 북한은 중국이 개혁·개방 후 남한과 북한에게 동일한 지위로 대우하고 있다고 평가했다.

중국은 북한이 너무 잘 사는 것도 아주 궁핍하게 사는 것도 원하지 않았다. 중국은 북한의 중국 대외 정책 동참 정도에 따라 경제적 지원을 조정했다. 중국은 이후 지속적으로 북한의 대외 개혁·개방을 강요했고 중국처럼 될 것을 종용했다.

이런 중국의 행동은 북한에게 항상 불안감과 불만을 갖도록 만들었다. 중국에 대해 북한은 비난을 자제했지만 내부적으로는 중국에 대한 불만이 항상 내재되어 있었다. 그것은 중국에 대한 불완전한 신뢰였다.

중국에 대한 반항

중국이 북한을 전략적으로 이용했다면 북한도 중국을 전략적으로 활용해왔다. 남·북한 분단 이후 북한은 분단을 유지하고 권력을 유지하며 자기들의 안정된 체제를 만든 후에도 북한의 전략적 중국 활용은 지속적이었다. 어쩌면 북한의 핵 무력 완성이 단순히 미국과의 협상을 위한 것뿐만 아니라 넓게는 중국에 대한 구속을 탈피하기 위한 또 다른 방안이었을 가능성이 높다. 이런 속내가 북한에 있었다면 중국의 속내는 훨씬 복잡해진다.

중국은 이제까지 미국이 가하는 경제제재를 탐탁지 않게 여기면서도 국제사회의 눈과 G2의 위상 때문에 북한 압박에 동참했다. 하지만 그런 노력과는 달리 북한 핵 문제의 매듭을 푼 것은 한국이 되었고 그 결과에 대한 열매는 미국으로 돌아갔다. 중국으로서는 받아들이기 힘든 내용이다. 중국은 북한이 남한의 특사 만남 전에 사전 귀띔이라도 받았어야 한다는 입장이었지만 중국은 배제되었다. 이 문제는 북한의 중국에 대한 속내를 단적으로 보여주는 대목이다.

중요한 것은 미·북회담 이후이다. 1차 미·북회담은 종료되었고 미국이 바라는 것은 완전한 핵 폐기이다. 북한에 있어서는 체제보장과 강력한 경제 지원이다. 물론 이 주고받기식 회담이 쉽게 합의될 것이라고 보는 이는 그리 많지 않다. 그것은 상당히 복잡한 과정을 남겨두고 있기 때문이다.

하지만 이번 미·북정상회담 성사는 대단히 파격적 사건이다. 실무자 회담이 전혀 없는 상황에서 남·북한 동시에 미·북정상 회담으로 그 공이 넘어갔기 때문이다.

미·북 간 회담에서 북한과 미국이 통 큰 결정을 했을 때, 중국의 속내는 더욱 복잡해진다. 그것은 중국이 관여할 수 있는 틈을 더욱 좁히기 때문이다. 현재까지 중국은 북한 핵 문제를 대화로 풀고 북한이 국제사회의 일원이 되기를 바란다는 입장에서 미국을 지속적으로 설득해 왔다. 하지만 그것이 진정한 중국의 속내인지는 알 수 없다. 미·북 간의 관계가 급속도로 가까워질 경우 중국의 폭이 얼마나 좁아질지 잘 알고 있기 때문이다.

미국과 중국은 정치지리학적으로 군사적으로 완전히 다른 위치에 있다. 미국은 동아시아를 원거리로 관리하지만 중국은 같은 영역 내에 있으므로 북한이 핵을 보유하는 것은 중국에게 대단히 부담스러운 것이다. 만약 북한 핵 보유가 정당화되면 역시 체제를 달리하고 있는 한국과 일본 그 외 아시아 국가들의 핵 보유 정당성에 불을 지피게 됨으로 중국은 어려운 상황에 직면할 수 있다. 실질적으로 북한이 핵을 보유하게 되면 중국의 북한 조정 능력은 급격히 떨어질 것이다.

많은 학자들은 중국과 북한의 관계가 미국과 비교하여 상당히 가까운 사이라고 인식하는 경향이 있다. 하지만 이전부터 북한과 중국의 관계는 전략적 혈맹관계일 뿐, 건국 이후부터 중국에 대한 신뢰가 깊지 않았다. 한·미동맹과는 차원이 다르다.

미국은 한국의 정치, 경제 발전을 위해 상당한 실질적 기여를 했다. 한국의 자유 민주주의 발전에 엄청난 영향력을 준 것도 사실이다. 하지만 북한과 중국 관계는 소극적이며 제한적 교류로 정립되었다. 그것은 서로의 내정간섭에 대한 불편함 때문이었다.

중국은 북한에 파격적인 지원을 용납하지 않았다. 북한을 조정할 능력을 상실할 수 있다는 우려 때문이었다. 북한도 다른 국가와는 달리 혈통적 권력 승계로 이어진 왕조 국가의 형태로 중국의 지원을 선별해서 받을 수밖에 없었다. 그것은 같은 사회주의 국가라 하더라도 서로의 체제 침범을 용납할 수 없었기 때문이다.

남한 특사의 북한 지도자와의 만남은 중국에 있어 큰 충격이었다. 전혀 예상할 수 없었던 큰 진전에 중국의 권위는 실추되었다. 이제까지 미국을 비롯하여 모든 국가들은 중국이 북한에게 상당한 영향력을 주는 것으로 간주했다. 남한 특사 방북으로 이전의 예상들이 빗나가기 시작했다.

중국이 북한에 영향력을 준 것은 사실이다. 하지만 그것은 경제적 측면이 강했다. 정치, 군사적으로는 중국도 북한과의 관계에서 편치 못했다. 4월 27일 남·북정상회담을 보는 중국의 시선은 불편했다. 북한 김정은이 중국에서 벗어나 남한에 의지하고 있다는 인상을 지울 수 없었기 때문이다. 중국에 대한 북한의 입장은 분명히 그 한계선이 존재한다. 그 선은 선대의 중국에 대한 불편한 진실이 그 원인일 수 있다.

북한이 대외정책에 있어 '자주'를 강조하는 것은 단순히 미국과 같은 국가만의 간섭을 전제로 하지 않는다. 북한 건국과 함께 김일성은 공산주의 종주국인 소련과 중공의 간섭에서도 과감하게 벗어나는 것이 무엇보다 중요한 선제 조건이었다. 현재 진행 중인 미·북 간의 회담에서 미·북 대화가 긍정적으로 결과 되어 진다면 북한은 중국에서 완전히 벗어나려 할 것이다. 중국의 간섭에서 자주적으로 벗어나 좀 더 미국에 경도되는 경향을 보일 가능성이 확실해 보인다.

러시아와 북한

북한 변화에 대해 러시아는 어떻게 대응할 것인가? 중국이 세계 G2 국가로 성장했지만 중국에 있어 러시아는 항상 껄끄럽다. 사회주의 종주국인 소련이 붕괴하여 자본주의화 된 러시아는 국력적으로 많이 허약해졌지만 러시아의 자존심과 자부심은 여전히 중국을 능가한다.

북한에 있어 러시아는 중국보다 덜 부담스러운 우방이다. 하지만 러시아는 북한이 어려울 때 북한을 지지할 수 있는 국가이다. 미국과 중국이 현재는 경제적으로 G2로 자리매김하고 있지만 러시아는 군사적으로 여전히 미국과 함께 세계 최강을 자랑한다. 미국의 군축회담이 러시아와 여전히 진행되는 이유는 옛 소련의 명성과 무관치 않다.

현재 푸틴의 장기집권과 함께 러시아는 그들의 옛 명성을 되찾으려 한다. 푸틴의 마초적 성격처럼 강력한 러시아를 선호한다. 무엇보다 러시아는 중국과 함께 UN 안전보장이사회의 5개 상임이사국 중 하나이다. 러시아의 국제적인 발언권은 대단히 큰 비중을 가지고 있다.

러시아는 중국보다 더욱 자본주의적 정치 형태를 가지고 있다. 하지만 푸틴의 장기집권은 이전 사회주의 국가들의 독재자들을 능가한다. 러시아는 국제사회에서 적절한 힘의 균형을 맞추는 역할을 한다.

러시아의 위치는 미국에게도 중요하고 중국에게도 중요하다. 러시아의 한반도 관점은 옛 소련의 시기와 직접적인 연결점을 가지고 있다. 남·북한의 분단도 러시아와 무관치 않다. 하지만 러시아는 북한에 대한 간섭을 자제한다. 일종의 중립적 관점에서 북한을 보려는 시도를 한다. 그렇다고 해서 러시아의 지위가 격하된다고 생각하지 않는다. 그것은 러시아가 이익이 된다고 생각하는 쪽으로 그 방향을 언제든지 조정할 능력이 있기 때문이다.

미·북회담으로 북한의 상황이 변할 경우 러시아와 중국의 입장은 다를 수 있다. 중국은 미국과 친밀해지는 북한이 더 없이 불안한 파트너가 될 수 있다. 하지만 러시아에게는 중국만큼 그런 불안감은 존재하지 않는다. 중국과는 지리적으로 또는 정치적으로 다른 입장이기 때문이다. 그것은 북한의 개혁·개방이 러시아에 위협이 되지 않으며 되레 북한의 변화가 러시아에 더 없는 좋은 기회를 제공할 수 있다고 믿는다. 북한이 자국 영토를 개방한다면 러시아는 더욱 다양한 이익을 취득할 수 있기 때문이다.

하지만 미·북 관계 개선에 있어서는 러시아도 여전히 자기의 발언권을 갖고자 할 것이다. 그 발언권은 북한 개방과 남·북한 통일에 있어 적잖은 영향력을 주었다고 주장하는 것이다. 러시아는 북한의 핵 개발에 있어 미국이나 중국처럼 지나친 우려를 가지고 있지 않는 것처럼 보인다. 그것은 북한과 영토를 접하고 있는 중국이나 핵을 전 세계적으로 관리하는 미국보다 좀 더 제3자적 입장에서 관망하고 있기 때문이다.

현재의 북한 핵 문제를 두고 중국, 러시아는 6자회담의 형태를 취하려 할 것이다. 그것은 일본의 입장도 다르지 않다. 이런 6자회담의 틀을 갖는 것은 북한 핵의 전면적 포기를 전제로 북한이 가지고 올 개혁·개방이 자국의 이익과 직결되어 있기 때문이다.

어쨌든 북한의 변화는 러시아와 중국에게 있어서 충격이 될 수 있다. 그것은 한반도의 전체 변화를 의미하는 것이기 때문이다. 어쩌면 북한의 변화가 중국보다 러시아에게 더 큰 기회를 줄 가능성이 높아 보인다. 그것은 북한의 개혁·개방이 정치보다 경제에 더 큰 무게감이 있기 때문이다.

일본과 북한

평창동계올림픽에 북한 선수단과 응원단이 참가하고 남한의 특사가 북한을 방문하여 김정은을 만났을 때 가장 복잡한 속내를 가졌던 것은 일본이다. 일본의 아베 총리는 북한의 핵 개발이 불편하긴 하지만 긴장 국면이 지속되길 원하는 인물이었다. 그것은 아베의 정치적 이상을 실현시킬 수 있는 가장 호기였기 때문이다.

일본은 북한 핵 문제를 통해 미국과 가장 가까운 동맹을 유지할 수 있었다. 어쩌면 일본 아베 입장에서 본다면 현재의 남·북정상회담 그리고 미·북회담이 너무 빠른 결론으로 가고 있다고 느꼈을 것이다. 북한의 핵 개발과 미사일 실험은 일본에게 가장 좋은 호기가 될 수 있었다. 그것은 일본 평화헌법 개정을 통하여 군대를 소유하는 일반 국가로 나갈 가장 좋은 기회였기 때문이다. 일본은 북한 핵 실험과 미사일 실험을 통해 보통 국가로 갈 수 있는 환경을 만들어

놓았다. 이 부분은 아베 총리의 숙원이었고 목표였다.

일본도 4월 남·북회담과 6월 미·북회담의 과정에서 일본이 제외된 것을 극히 우려했다. 현재 미국을 제외하고 일본은 한국, 북한, 중국과 정치적으로 좋은 관계가 아니다. 장기적으로는 남·북한의 관계 개선으로 통일로 향해 가는 경우 일본과의 역사적 대립이 불가피하다. 일본, 러시아, 중국 모두 6자회담의 틀을 유지해 주길 원한다. 그것은 남·북한 관계 개선에 일조했다는 역할론 때문이다. 일본은 현재 그 어느 국가보다 분주하다. 남·북한이 일본이 끼어들 틈을 전혀 제공하지 않기 때문이다.

일본은 이런 상황에서 고이즈미 총리 시절 김정일 국방위원장과 매듭짓지 못한 전쟁보상금협상을 통하여 북한을 끌어내려 하고 있다. 이 보상금협상은 북·일 간 상당 부분 진전된 내용이기에 이 문제를 강력하게 대두시킬 것이 확실하다. 이 보상금 협상을 통하여 북·일 간 관계를 정상화하려는 일본의 뜻은 강력하다.

일본은 미·북 간의 성공적 협상 뒤에 북한의 경제적 잠재성을 확보하려는 강력한 바람이 있다. 일본이 한국전쟁 직후 미국의 도움으로 남한으로부터 엄청난 경제적 부를 획득했듯이 북한 변화는 일본 경제에 엄청난 도움이 될 것은 너무나 자명한 사실이다.

일본은 북한과의 협상을 통해 고이즈미와 김정일이 합의했던 전쟁보상금을 매개로 북·일 수교로 가는 직단거리를 구상할 것이다. 일본 측에서 보면 북한에게 약속했던 100억 불의 전쟁보상금이 어쩌면 소비적인 금액이 아닌 북·일 간 관계에 있어 급진적 관계 설정을 해줄 마중물이라는 인식을 충분히 가질 수 있다.

일본 아베 총리는 정치적 위기를 극복하는 방안으로 북한 핵 문제를 적극적으로 활용해 왔다. 북한 핵 실험과 미사일 실험은 일본의 안보 불안을 자극하기에 충분했다. 그것은 남한의 반공 국시와 다르지 않았다. 북한의 핵 실험과 미사일 실험은 일본 국민들에게 북한에 대한 강한 거부감을 이끌어내며 아베정권의 강한 지도자상을 확실하게 부각시켰다. 현재 일본은 미국 트럼프정부에 엄청난 공을 들이고 있다. 그것은 미·북회담의 과정과 결과에 중국과 러시아처럼 일본도 깊이 관여되고 있다는 것을 어필하는 것이다.

눈 여겨 볼 것은 북·일 간 회담도 머지않아 진행될 것이 확실하다. 북한은 미국과 협상을 마무리 짓고 일본과의 회담도 서두를 것이다. 왜냐하면 일본으로부터 당장의 경제적 지원 확보가 가능하기 때문이다. 물론 관건은 미국과의 회담 결과이다.

일본의 북한 접근은 적극적이다. 양측이 북·일 수교를 이루는 경우 중국의 속내는 더욱 복잡해진다. 북한이 미·북 수교나 북·일 수교로 가는 경우 중국의 입지는 훨씬 좁아질 수밖에 없다. 중국은 미국으로부터 또는 미국의 전략에 의하여 중국이 포위되는 것을 항상 경계해왔다. 더군다나 북한이 미국이나 일본으로 편향되는 경우 중국은 더욱 고립화될 것이다.

일본의 경우 미·북 간 종전선언을 통하여 평화협정이 체결되고 미군 철수 건이 나올 경우 이 부분을 깊이 주시할 것이다. 한반도에서 미군 철수는 양면성을 갖는다. 하나는 주일미군을 통한 중국경계와 남·북한 관여성을 일본에 더욱 위임할 수 있다. 그것은 미일 간 공조를 더욱 확대하는 전략이다. 두 번째는 미군의 한반도 공백을 활용하여 일본의 일반 국가화 전환이다. 실질적으로 북·일 수교가 이루어지는 경우, 일본의 영향력은 더욱 넓게 확대될 수 있다. 다만 남·북·일 관계에 있어 역사적 문제 해결은 선결조건이다. 역사적 문제는 남·북한과 일본 간에 큰 장애물로 인식되기 때문이다.

미국의 최종 타깃은 중국

미국의 최종 목표물은 북한이 아니라 중국이다. 북한 비핵화는 최종 목적지인 중국을 무력화시키기 위한 과정에 불과하다. 중국에서 북한을 완전히 분리시키는 것이다. 미국이 북한을 중국으로부터 분리하여 미국과 함께 공조하게 하는 것은 중국을 무력화시키는 가장 좋은 방법이다. 이런 미국의 대중국 전략은 오래 전부터 논의되어졌다.

제임스 페트라스 미국 뉴욕주립대학 교수가 작성한 내용은 미국 역대 정권으로부터 진행되고 있는 대중국 정책을 잘 보여주는 대목이다. "2011년 11월은 역사적으로 매우 중요한 시기였다. 오바마는 강대국들의 경쟁에 심각한 영향을 주는, 전략적 의미를 내포한 두 가지 정책을 선언했다. 하나는 중국 연안의 영해 영공을 감시하는 함대를 배치하여 중국을 군사적으로 포위하는 정책을 선언한 것이다. 이는 아시아 각 국의 원자재, 상업, 금융에 대한 중국의 접근을 약화시키고 방해하기 위한 것이다. 아시아는 미국의 군사 팽창, 기지 건설, 경제 동맹을 위한 우선 지역이라는 오바마의 이 선언은, 명백히 미국의 안마당에 도전하는 중국을 겨냥하고 있다. 호주 의회의 연설을 통해 발표된 오바마의 이 선언이야말로 미국의 제국주의적 목표를 노골적으로 보여주는 증거다. '아시아·태평양 지역에 대한 우리의 지속적인 관심은, 이 지역에서의 우리의 지속적인 주둔을 요구한다. 미국은 태평양의 힘이며, 그래서 우리는 여기에 머문다. 오늘의 전쟁(이라크, 아프가니스탄의 패배와 후퇴)을 끝내고 나의 국가안보팀이 아시아·태평양의 주둔과 임무를 수행하는데 최우선 순위를 두도록 지시했다. 그래서 미국 국방비 축소가 곧 아시아·태평양 지역 지원 삭감이 아니다.'(CNN 2011. 11. 16.) 오바마의 이른바 '주둔과 임무'의 실체는, 중국을 겨냥하는, 호주 북부 대부분의 지역(다윈)에 군함, 전투기, 2,500명의 해병대를 배치하는 새로운 군사협정으로 드러났다. 클린턴 국무장관은 2011년 내내 중국과 국경(영토)분쟁을 겪고 있는 아시아 나라들을 적극적으로 지원해왔다. 남중국해에 있는 베트남, 필리핀, 브루나이의 요구를 고무, 격려하면서 이들 분쟁에 개입해왔다. 더욱 심각한 것은, 미국이 중국 영해를 따라 군함과 핵잠수함 배치, 전투기 비행을 증가시켰을 뿐만 아니라, 일본, 대만, 싱가포르, 한국과의 군사적 관계, 무기판매를 강화시키고 있다는 사실이다."[61] 이 내용을 보면 미국의 대태평양 전략의 핵심을 읽을 수 있다.

미국이 대북한 전략을 그 어느 때보다 강하게 밀어붙이는 것은 그 타이밍이 정확하게 맞아떨어졌기 때문이다. 그 타이밍이란 미국이 북한을 가장 강하게 압박하고 중국도 이를 수용하여 북한 압박에

---

61) 통일뉴스, "미국의 대중국—러시아 봉쇄 전략", 2011. 11. 15, 이 글은 제임스 페트라스 미국 뉴욕주립대학 교수가 The 4th Media, www.4thmedia.org.에 기고한 글을 번역한 내용이다.

동참하게 하는 것이다. 미국은 중국의 확대전략에 큰 위기감을 느끼고 있다. 이전의 열강들이 식민지를 확대하여 자국의 권위를 과시했던 것처럼 중국의 의도에 깊은 우려를 표하고 있다. 중국은 미국으로부터 벌어들인 돈을 중국의 세계화 전략에 쏟아 붇고 있다. 그것은 정치, 경제, 군사, 문화 모든 분야에서이다.

중국이 말하는 일대일로(One Belt One Way) 전략에 미국은 중국의 저의를 의심한다. 중국이 전 세계적으로 진행하는 차관 제공이나 무상원조에 대하여 순수하지 못하다고 미국은 판단하고 있다. 이런 중국의 행동은 이전 모습과 많이 다르다.

근대 이전 중국은 영토 확대 전략에 큰 힘을 쏟지 않았다. 자국 영토를 침범하는 외세에 강한 반발은 했으나 외세와 중국은 구분된 세계였다. 하지만 중국이 근대화되면서 중국은 근대화 이전 세계의 열강들이 그랬던 것처럼 영토 확장에 노골적 속내를 보이기 시작했다.

대표적인 것이 남중국해이다. 또한 자본으로 전 세계 국가들의 환심을 사기 위해 혈안이 되어 있는 중국을 목도하게 되었다. 해양 진출을 노골화 하며 항공모함을 건조하고 해양 패권에 열을 올리기 시작했다.

중국의 해양패권은 미국이 그동안 질서 있게 잡아 놓은 모든 지역을 흔들고 있다. 미국은 전 세계 경찰국가를 자부하며 패권 국가로서의 품위를 잃지 않으려고 했다. 물론 미국의 역할이 긍정적인 면만 있었던 것은 아니다.

하지만 미국의 세계적 영향력은 엄청났다. 미국이 냉전체제를 극복하고 소련을 제압하므로 미국의 패권주의는 상당한 기간 세계적 질서 재편에 큰 영향을 주었다. 특히 자본주의와 사회주의 대결에서 완전한 승리는 아니었지만 자본주의 국가인 미국의 승리는 확실했다.

사회주의 국가들의 집단적 붕괴가 있었음에도 실용주의적 사회주의를 천명한 중국은 자본주의 시장경제를 추구하면서 여전히 1당 독재의 공산당이 점유하고 있는 국가이다. 중국은 자본주의적 경제성과를 추구하면서 사회주의 공고성을 더욱 확대하여 왔다.

반면에 북한은 사회주의적이며 종교적인 왕조국가를 건설해냈다. 그런 변질된 사회주의를 만들어 낸 것은 북한 인민들이 오랫동안 외세와 실질적 접촉이 없었기 때문에 가능했다.

중국에게 북한은 대단히 긴요한 존재이다. 중국의 대외 전략에 있어 사상과 이념의 동질성을 공유하는 북한은 동반자이다. 중국은 북한의 대외 개혁·개방을 원하지만 사회주의 유지를 강요한다. 남·북한의 통일보다 분리된 국가로 존재하면서 사회주의를 고수해 주길 바라는 것이다.

이번 남·북한 판문점 정상회담을 본 중국의 속내는 복잡하다. 더군다나 미·북회담으로 미국에 급격히 경도되는 것을 경계한다. 그것은 미국이 바라는 중국에 대한 완전한 포위전략을 완성하는 것이기 때문이다. 그래서 중국은 남·북한에 그 어느 때보다 많은 공을 들이고 있는 것이다.

북·중의 갈등을 활용하는 미국

중국은 북한을 교묘하게 활용해 왔다. 일본으로부터 해방 후 항일운동을 통해 중국과 인접해 있던 조선땅은 자연스럽게 중국과 결합력을 갖게 되었다. 중국의 공산화와 함께 외부와 접촉이 없던 조선땅도 사회주의 파고 속에 같이 파묻히게 되었다. 중국은 이런 북한을 잘 이용해왔다. 그것은 한국전쟁 동안 중국이 북한을 지원하고, 남·북한의 분단이 결정된 후 중국의 북한 관여는 더욱 노골화 되었다.

북한은 서구 자본주의 국가에 대항하여 오랫동안 중국의 지렛대이며 방패역할을 해왔다. 중국은 북한이라는 방패를 통하여 미국과 그 외 국제사회의 다양한 정치적 공세들을 이겨낼 수 있었다. 또한 1980년대 말 소련 및 동부 유럽의 붕괴에도 불구하고 중국은 살아남을 수 있었다.

중국은 실질적으로 김일성의 요구에 의해 해방과 함께 건국 이후 북한으로부터 철수했으나 엄청난 거리의 국경을 끼고 있었던 중국과 북한의 거래는 지속되었다. 그것은 미국과 남한과의 관계와는 다른 차원의 거래였다.

북한은 외세를 완전히 배격하고자 했고 중국조차도 신뢰하지 않았다. 중국도 북한의 자주적 지위를 인정하면서도 북한 내정에 일정 부분 간섭해 왔다. 중국은 북한이 중국을 대신하여 서구 국가들과 대항해주는 것에 대하여 내심 만족해했다. 중국은 서구 국가들의 각종 제재에도 버티어주는 북한을 적당한 지원으로 조정해왔다.

북한은 중국의 이중적 모습을 항상 목격해 왔다. 중국은 개혁·개방으로 가며 서구와 적당한 선에서 타협해왔다. 그리고 자기들의 이익을 극대해 나갔다. 중국은 현재 미국과 동등한 위치로 생각하고 있다. 미국은 이런 중국의 모습에 대중국 정책의 근본적 변화를 꾀하고 있다.

미국은 북한과 협상을 마무리 짓고 본격적인 대중국 칼날을 세울 것이 확실하다. 미국은 첫 번째 압박으로 대중국 통상 문제를 거론하고 있다. 그 중에서도 지적재산권 문제를 가장 예민하게 들여다보고 있다. 미국이 중국에 대한 지적재산권 문제를 건드리는 것은 중국의 다양한 문제를 거론하고자 하는 시발이다.

중국은 현재 시진핑의 강력한 지도력을 무기 삼아 완전한 1당 독재와 신격화를 시도하고 있다. 중국이 과거로 회귀하는 것이다. 미국은 통상을 시작으로 환율문제, 지적재산권문제, 인권문제, 소수민족문제, 궁극적으로 중국의 명문상 내비치는 실용적 사회주의를 강력하게 비판할 준비가 되어있다. 동시에 중국의 근본적 문제를 흔들 것이다.

최근 미국이 대만 관광에 대한 전면적 허가에 서명한 것은 대단히 이례적이다. 그 내용은 다음과 같다. 도널드 트럼프 美대통령은 지난 16일 저녁(현지시간) '대만여행법(Taiwan Travel Act)'이라고 알려진 법안에 서명했다. 이를 두고 대만(자유중국) 정부는 환영의 뜻을 나타냈고, 중국은 '대만 무력통일 가능성을 높였다'며 협박하기 시작했다.

'타이완 뉴스' 등 대만 언론들은 17일 "도널드 트럼프 대통령이 '대만여행법'에 서명, 발효됨에 따라 앞으로 대만과 미국 정부 고위층 간의 방문이 가능해졌다"고 보도했다.

'타이완 뉴스'는 "중국 정부가 지난 몇 달 동안 '대만여행법' 제정에 반대하는 목소리를 내왔음에도 美상원과 하원은 만장일치로 이 법안을 통과시켰다"면서 "이번 '대만여행법' 발효는 1979년 이후 끊어졌던 미국과 대만 간의 관계가 급속도로 개선되는 신호가 될 것"이라고 설명했다.[62]

이와 맞추어 중국은 대만을 무력적 방법으로 통합할 의사가 있다는 내용을 뉴스로 내보냈다. 중국은 북한과 반대로 자본주의 국가인 대만의 편입을 통하여 북한을 대치하려는 모습을 보이고 있다.

이와 반대로 미국은 대만을 협조하여 중국을 감싸고 있는 모든 국가들이 중국에 대한 완전 포위를 계획하고 있다. 미·북회담 후 후속조치가 성공하는 경우 미국의 대중국 압박 전략은 더욱 노골화 될 것이다. 트럼프정부는 미국우선정책을 중심으로 중국의 위법적 행동들을 낱낱이 공개할 것이 확실하다.

미·중의 대결과 북핵

북한의 핵 문제를 해결하는 것은 단순히 한반도만의 문제가 아니라 G2인 미국과 중국의 자존심싸움이며 세계적 패권을 쥐는 중요한 과정이다. 북핵 문제는 미국과 중국에 있어 본격적 패권싸움의 시작이다.

북핵 문제는 두 가지의 측면에서 볼 수 있다. 하나는 자본주의와 사회주의 국가의 싸움이다. 다른 하나는 미국과 중국이 미래 패권을

---

62) New Daily, "미국 '대만여행법'이 뭐길래, 중국 "전쟁 불사", 2018. 3. 17.

잡기 위한 대결 경쟁이다.

중국은 북한이 미국과 협상하여 안정적으로 연착륙하여 사회주의 체제를 유지하면서 중국처럼 가길 원한다. 동시에 북한이 현 체제를 유지하길 바란다. 중국은 미·북회담을 통하여 북한과 미국이 지나치게 협력하고 가까워지는 것을 경계한다.

중국은 6자회담의 틀을 통하여 중국이 주도권을 가지고 북핵 문제를 해결했다는 조건을 만들고 싶어 한다. 그것은 북한이 핵을 단계적으로 폐기하는 전 과정을 관여하고 의장국으로 조율하고 싶어 한다. 미국과 독자적으로 협상을 하는 북한의 배후 조정자가 되고 싶어 한다. 동시에 북한의 급격한 붕괴나 개혁·개방을 막고 미국과의 급격한 관계회복을 경계한다.

북한의 급격한 미국 관계 개선은 황제적 지위를 잡은 시진핑에게 치명적 타격을 줄 수 있다. 그것은 중국의 정치, 경제체제를 급격하게 무력화시킬 수 있다. 미국이 원하는 것도 그런 방향일 수 있다. 미국은 중국의 확대전략에 깊은 우려를 가지고 있다. 그런 확대 전략에 있어 북한의 위치는 중요하며 미·북 간의 관계에 따라 중국의 대외 전략이 변할 수 있다.

미국은 대중국 전략에 있어 강도를 높여가며 압박할 것이다. 그런 과정 속에 골치 아픈 북한을 중국에서 분리하는 문제는 대단히 중요하다. 미국에 있어 북한은 아주 보잘것없는 존재일 수 있다. 하지만 북한을 설득해 내는 것은 중요하다. 이 문제는 중국에 있어서도 마찬가지다. 트럼프는 북한을 완전히 자기편으로 만들고자 한다. 북한의 완전한 핵 폐기를 통하여 북한과 국교정상화까지 가는 것이다.

하지만 그런 상황이 되지 못한다면 정권의 완전한 제거가 최종 목표일 수 있다. 트럼프는 명분싸움에 능하다. 명분싸움이란 국제사회나 중국도 어쩔 수 없이 북한 김정은을 버릴 수밖에 없도록 환경을 조성하는 것이다.

김정은이 시진핑을 만난 것은 일종의 생명보험이다. 하지만 양다리 전략은 한계가 있다는 것도 잘 알고 있다. 남한을 통한 미·북회담의 성사로 중국은 외교적으로 분명히 한 발 늦었음을 잘 알고 있다. 하지만 중국의 위상과 북한의 정치지리학적 위치 때문에 포기할 수는 없는 상황이 되었다.

중국의 체면은 급격히 추락하였다. 북한은 그런 틈새를 교묘히 파고들었다. 지난 세 차례의 북·중회담으로 북한이 이전처럼 중국과의 관계를 회복했다 보는 것은 착오다.

북한과 중국의 관계가 회복되기는 쉽지 않다. 북한과 중국의 관계가 이미 형식적 관계로 격하되었기 때문이다. 현재 중국의 상황은 그리 녹녹치 않다. 미·북회담이 점점 결론으로 갈 경우 한반도와 동북아의 변화는 더욱 복잡해질 수 있다.

이번 남·북정상회담과 미·북정상회담은 미·중 간에 벌어질 태평양지역 패권싸움의 신호이다. 이제까지 미·중 간의 싸움과 지위는 애매모호했다. 확실한 패권을 잡기 위한 획기적 목표물이 없었기 때문이다. 하지만 이번 북핵 폐기 문제는 미·중의 패권지위를 결정짓는 중요한 요인이 될 수 있다.

북핵 문제의 결정에 따라 한반도를 비롯한 동북아의 정치지리학적 재편은 불가피하다. 더군다나 미국과 중국의 위상과 역할도 달라질 수 있다. 북한은 이런 미·중 간의 관계를 교묘히 활용하고 있는 것이다.

트럼프의 위상정립과 미·북회담

북한은 미국의 관심 대상이 아니었다. 미국에 있어 북한이라는 나라는 가난하고 혈통적 세습이 유일하게 존재하는 국가였을 뿐이다. 북한에 관심을 갖게 된 것은 바로 핵무기 때문이었다. 북한은 핵을 가지고 있는 국가들로부터 교훈을 얻었다. 북한이 핵에 집착하는 이유이다.

미국은 북한이 시간이 되면 스스로 붕괴할 국가라고 간주했다. 이런 잘못된 정보 때문에 미국의 역대 정부는 북한을 제대로 관리하지 못했다. 미국은 북한의 핵무기 개발이 이렇게 집요하게 이루어질지 몰랐다. 미국의 관심이 중동보다 북한에 기울여졌다는 것은 북한이 원했던 바이다.

트럼프는 취임 전부터 북한에 지대한 관심을 가졌다. 북한이 핵개발에 있어 상당한 진전을 이룬 뒤였다. 트럼프는 미국 역대 정부의 대북정책에 대단히 비판적이다. 그것은 역대정권이 북한을 제대로 관리 하지 못했다는 자책론이다.

현재 북한 핵 문제는 국제사회에서 가장 뜨거운 감자이다. 현 트럼프정부는 북한 핵이 갖는 파장에 중요한 인식을 가지고 있다. 오래 전부터 한반도 지역을 감싸고 있는 강대국들 간의 갈등은 대단히 위험한 잠재적 불안요인이다.

미국은 북한 핵이 그 잠재적 불안요인들을 촉발시킬 수 있는 심지가 될 수 있다고 평가했다. 동시에 미국의 패권을 다시 회복할 수 있는 기회로 보았다. 북한은 강대국들 간의 알력과 정치적 갈등을 잘 알고 있었다. 그것이 북한 핵 개발을 지속시킨 원동력이기도 하다.

트럼프정부는 그 어느 역대 미국대통령보다 북한에 관심을 두고 있다. 그것은 트럼프가 가지고 있는 사업가적 기질과 정치적 판단이 결합된 결과이다.

트럼프는 모험을 즐기고 협상을 아는 사업가 출신이다. 트럼프는 누구도 해내지 못한 것을 행동으로 보여주는 성격의 소유자이다. 트럼프에게 있어 북한 김정은을 만나는 것은 대단히 흥분되는 일이다. 물론 결과는 반반이다. 김정은과 담판을 지어 북한이 핵 폐기를 결심한다면 노벨상은 따 논 단상이고 세계의 패권국가로 미국의 위상을 올리는 기회가 될 것이다. 동시에 북한과 같이 핵 개발을 하는 국가들에게 엄청난 타격을 줄 수 있다.

만약에 김정은이 단계적 핵 폐기를 요구하며 그 협상이 결렬된다 할지라도 트럼프 측은 불리할 것이 없다. 왜냐하면 초강대국의 무력적 위상을 살릴 수 있는 좋은 명분을 얻을 수 있기 때문이다. 트럼프정부가 임기까지 정상적으로 버티어 준다면 북한은 양자택일이 불가피하다. 그것은 북한 최고 통치자가 공언한 국제적 약속이 있기 때문이다.

뱉은 말은 주워 담을 수 없기 때문에 김정은은 스스로 자기의 말에 책임을 져야 한다. 이번 남·북정상회담과 미·북정상회담을 요구한 것은 북한 김정은이다. 김정은이 이번에 전격적 회담 제의를 한 것은 두 가지의 여건에 기인한다. 첫째, 핵 개발의 종착점에 도달했기 때문이다. 둘째, 미국의 압박을 더 이상 견디기 힘들었기 때문이다. 자기의 신변에 대단히 위협을 느끼면서도 국제사회에 나올 수밖에 없었던 이유는 모든 통로가 봉쇄된 완전히 막다른 골목에 도달했기 때문이다.

트럼프의 자서전에서 참고할 내용이 있다. "이 협상은 모든 것이 잘못되었다. 이란이 협상에 나서도록 만든 제재조치를 거둘 것이 아니라 2배, 3배 강화했어야 마땅했다. 협상의 기본전략을 명심하라. 합의가 간절한 쪽이 더 적게 얻기 마련이다. 나라면 사정이 너무 나빠서 이란의 지도자들이 협상을 구걸할 수밖에 없도록 제재조치를 강화했을 것이다. 또한 감옥에 갇혀 있는 4명의 미국인을 석방하는 것부터 시작하여 무조건 받아들여야 하는 조건들을 내걸었을 것이다."

이란과의 협상에 대한 트럼프의 역대 정부에 대한 비판이다. 트럼프는 "협의가 간절한 쪽이 더 적게 얻기 마련이다."라고 규정하고 있다. 트럼프는 강력한 경제제재와 무력적 시위를 통하여 김정은이 협상에 나오도록 압박했다. 그 시도는 성공적이었다. 김정은 측에서 협의는 더욱 간절했다.

1차적으로 트럼프는 역대 그 어느 정권도 해내지 못한 미·북정상회담을 성공시켰다. 2차적으로 김정은을 만나 성공적 정상회담을 치렀다. 트럼프의 요구는 명확했다. 완전한 핵 폐기가 전제이다. 시간

상의 문제가 있지만 트럼프는 가장 최단 시일 내에 북한의 완전한 핵 폐기를 주장하고 있다. 하지만 물리적으로 짧은 시간 내에 완전한 핵 폐기를 이루는 것은 분명히 한계가 있다. 그것에 대한 시간을 고려하여 안전장치를 확보 할 것이 틀림없다. 즉 폐기 과정에서 시간이 장기적으로 가더라도 김정은이 말을 바꾸지 않게 안전장치를 걸며 김정은을 압박할 것이다. 북한의 약속 미 이행 시 체제보장을 뒤집는 방안도 마련할 것이다.

트럼프는 김정은과의 만남에서 부담이 없다. 어떠한 상황에서도 트럼프는 최소한의 것을 획득할 수 있다. 트럼프가 얻는 것은, 첫째, 김정은과의 만남 그 자체이다. 둘째, 북한은 최소한의 약속이라도 이행해야 한다. 셋째, 김정은을 국제사회에 데뷔시킨 것이다 넷째, 약속 미 이행은 김정은의 몫이다. 그것이 트럼프의 지략이다.

트럼프와 대한민국

한국정부는 운이 좋게도 김정은의 요구로 예상하지 못했던 횡재를 했다. 그것은 미국의 강력한 지원이 있었기 때문에 가능했다. 남·북한의 관계는 북·중이나 미·북의 관계보다 의외로 단순하다. 단순하다는 것은 남·북한이 전략적으로 불리할 때 언제든지 서로 활용할 수 있다. 그것은 분단 이후 남·북한이 그런 활용도를 가지고 그나마 작은 생산적 분단을 이어왔다고 볼 수 있다. 남·북 간에 관계개선은 의외로 단순하며 이전의 적대관계를 잠시 뒤로 미루어 놓을 수 있다.

반대로 급격하게 냉각될 수도 있다. 양측이 같은 민족으로 같은 언어를 사용하고 비슷한 감정을 가졌다는 것은 공조에 있어서도 의외로 단순한 과정을 통해서 봉합된다. 북·중 관계나 미·북 관계는 다르다. 쉽게 봉합되거나 같은 공조를 가기가 어렵다.

또한 봉합에 있어서도 장시간이 소요되고 서로의 이해도도 차이가 난다. 미·북 간의 관계가 이렇게 꼬이게 된 것은 단순한 문제를 복잡하게 만든 요인들이 있다. 그것은 북한 핵을 보는 북한과 미국의 시각차이다. 동시에 다른 사고(思考) 방식이다. 체제 안전보장에 있어 북한은 복잡하고 미국의 관점은 단순하다.

현재 미국이 보는 남한은 되레 그 속내가 복잡하다. 미·북 간의 문제가 해결된다 하더라도 한·미 간 관계가 여전히 순항할지 의문이다. 문재인정부와 미국 트럼프의 관계는 그 어느 때보다 유연해 보인다. 하지만 양측의 관계에는 보이지 않는 간극이 있다.

트럼프정부는 그 어느 때보다 한국에게 다양한 요구를 해오고 있다. 한반도 사드배치가 대표적인 사례이다. 문재인정부는 사드배치에 대해 긍정적 입장을 미국에 주지 않았다. 그런 태도는 트럼프정부를 실망시키는 계기가 되었다. 사드 문제는 한·미 간에 여전히 앙금의 불씨로 남아있다.

다른 문제는 주한미군 방위비 분담이다. 트럼프는 이 문제에 대해 지속적으로 지적하고 있다. 트럼프는 "우리는 독일을 지켜준다. 일본을 지켜준다. 한국을 지켜준다. 이 나라들은 강하고 부유하다. 그런데도 우리는 받는 것이 없다. 이 모든 상황을 바꿀 때가 되었다. 이제는 다시 이겨야 한다. 현재 북한을 바로 두고 있는 한국의 국경에는 2만8,500명의 우리의 훌륭한 미군들이 있다. 그들은 매일 위험을 안고 산다. 오직 그들만이 한국을 지켜준다. 그런데 우리는 그 대가로 한국에게서 무엇을 받는가? 그들은 우리에게 상품을 판다. 좋은 이윤을 남기면서 말이다. 그들은 우리와 경쟁한다. 이제야 말로 다른 나라들이 공정한 대가를 지불할 때가 되었다. 내 생각을 말하자면 그들은 반드시 지불하게 될 것이다." [63]라고 말했다.

이 트럼프의 발언은 동맹국가를 보는 트럼프의 관점이다. 관점이 의외로 냉정하다. 하지만 미국의 입장에서 보면 너무나 당연한 발언이다. 한·미 간의 관계는 국가 간의 관계로 국가는 국익을 통해 존재한다. 즉 국가 간의 관계에서 국익을 주장하는 것은 당연한 논리이다. 한국 국민들은 이런 미국의 태도에 섭섭해 하고 반미를 외친다.

미국은 지난 70여 년 동안 한국에게 해줄 수 있는 모든 것을 최대한 지원했다고 생각한다. 한국이 현재의 경제력을 구축하고 세계 12의 경제 강소국으로 자리매김한 것도 미국이 있었기 때문이라는 사실을 강조한다.

물론 한국민의 엄청난 근면함과 불굴의 의지도 큰 역할을 한 것은 사실이다. 국가가 발전하고 잘 산다는 것은 그 나라의 경제적 능력에 의해 결정된다.

미국의 트럼프는 한국에 대한 기여도를 두 가지 관점에서 보고 있다. 하나는 한국이 미국 수출을 통해 벌고 있는 수익을 통하여 평가

---

63) Donald J. Trump, "불구가 된 미국(crippled America)", 2015.

한다. 다른 하나는 한국이 처해 있는 안보상황에서 미군들의 역할과 미국이 제공하는 전력자산을 통해 미국의 기여도를 평가하는 것이다. 이런 부분을 고려할 때 미국이 보는 한국정부에 대한 평가는 미국의 대외 정책노선에 같이 동참 하지 않는다고 판단하고 있다. 이 부분에 대하여 미국은 한국에 대한 섭섭함을 느끼고 있다. 또한 미국의 국익을 논하는 것에 대해 반미로 평가하는 것을 불쾌하게 생각한다.

다음은 한·미 FTA 문제이다. 한·미 FTA 합의가 마무리 되었지만 여전히 불편한 부분이 있다. 위기는 넘겼으나 트럼프정부의 대한민국 불신이 내재되어 있다. 트럼프의 대한 정책은 불안하다. 전임 미국의 대통령들은 동맹국 간 관계에서 양측의 문제를 명확하게 정리하지 않는 경향이 있었다. 안보문제, 경제문제, 통상문제 등 모든 문제들이 동맹이라는 여건 아래 관대한 처분을 받는 경우가 많았다. 하지만 트럼프는 거기에 맞는 문제점을 제시하고 있다. 동시에 대책을 요구하고 있다. 이런 부분에 대하여 한국이 대처할 수 있는 여건은 의외로 열악하다.

현 정부는 간섭이 많은 미국보다 경제적으로 실익이 되는 중국에 대한 미련이 있어 보인다. 미국과는 형식적 한·미동맹을 유지하면서 미국 이상의 관계를 중국과 형성하려는 경향을 보이고 있다. 특히 북핵 문제가 해결되는 과정에서 그 가능성은 훨씬 높아진다.

일본에 대한 입장은 아주 원칙적인 관계를 취하고 있다. 이번 남·북회담과 미·북회담에서 일본의 배제는 남·북한의 의도성이 있어 보인다. 하지만 한·일 간의 문제는 미국과도 연결되어 있다. 일본에는 미국의 극동사령부가 있고 미국에 있어 일본의 지원은 대단히 중요하다. 미국은 한·미·일의 강력한 공조를 통한 태평양지역의 패권을 지속적으로 유지하는 것이다. 하지만 남한은 북핵 문제가 해결되면 남·북·중의 형태로 가는 것이 유리할 것이라는 관점을 가지고 있다. 그것은 저무는 미국보다 뜨는 중국과의 관계 개선을 우선시하려는 경향이다.

남한은 현재 진보정권이 자리 잡고 있고 친북 및 친중 방향으로 기울고 있다. 이런 경우, 한·미관계의 균열이 심화될 수 있다. 그 균열은 남한이 중국으로 더욱 경도될 수 있는 여건을 만들 수 있다. 미·북회담 후 결과가 실제화 될 때, 남한이 배제될 수 있는 환경이 조성될 수 있다. 이러한 환경은 트럼프정부가 현 남한정부의 진보세력이나 친북세력과 충돌할 수 있는 여건을 만들 것이 확실하다. 그것은 남한에게 불리한 국제적 입지를 만들 소지가 있다.

한·미동맹의 균열

4월 27일 판문점에서 개최된 남·북정상회담과 6월 12일 미·북회담도 마무리 되었다. 9월 19일에는 제3차 남·북정상회담이 평양에서 있었다. 분단 이후 한반도의 상황을 가장 변화시킬 요인들이다. 김정은 정권이 급하게 요구하여 이루어진 이 정상회담들은 한반도의 지형뿐만 아니라 한반도를 중심한 세계열강들의 정치지리학적 변화도 촉발할 것이 분명하다.

분단 이후 한·미동맹은 불변하는 대외정책으로 기정사실화되었다. 그것은 한·미 간에 정치적 굴곡이 있을 때에도 지속적으로 유지되어 왔다. 또한 한국에 주둔하고 있는 미군들의 인계철선은 한국 안보와 안정에 있어 엄청난 역할을 했으며 미군이 가지고 있는 세계 최고의 전력 자산은 한반도를 둘러싸고 있는 열강들과 북한의 호전적 태도를 누그러뜨리는 중요한 기능을 해왔다.

미·북 간에 좋은 결과는 한반도 미군 주둔의 명분을 크게 제약할 수 있다. 미국이 주둔 비용의 합리적 지불을 지속적으로 주장할 경우, 주한 미군에 대한 입장이 바뀔 가능성을 배제할 수 없다. 또한 현 정부의 진보적이며 좌파적 성향은 한·미동맹 균열의 중요한 요인이 될 수 있다.

남한에서 진보정권은 미국과 항상 충돌해왔다. 그것은 북한에 대한 관점의 문제였다. 남한의 진보 정부는 적극적으로 북한을 옹호하고 북한과 다양한 경제협력을 유지하고자 했다. 동시에 미국을 그런 방향으로 설득하고자 노력했다. 하지만 북한의 핵 문제로 남·북한 간 교류와 협력은 좌초되고 미국은 그런 북한을 더 이상 신뢰하지 않았다.

문재인정부는 보수정권의 탄핵으로 인해 급하게 형성된 정부이다. 현재 한국민의 정서는 보수에 대한 상당한 불신과 적폐청산이라는 명목 아래 보수에 대한 강력한 단죄를 요구하고 있다. 이런 분위기는 현 정부의 정당성을 높이고 있다. 이 정부가 시행하고자 하는 다양한 정책들이 통과될 가능성도 높아지고 있다.

특히 미국과 관련하여 미국에 대한 정서도 급격히 부정적 방향으로 갈 소지가 있다. 그것은 미국의 입장에서 고려되지 않고 한국의 입장에서 조망되고 있는 이유이다.

한·미동맹의 균열은 한국과 미국 양측으로부터 의도적인 배제를 통해 나타날 수 있다. 의도적인 배제는 한국과 미국이 서로 요구하는 내용에 일치하지 않을 경우 형식적 한·미동맹을 유지하지만 실질적 관계에서는 서로를 멀리하는 관계로 가는 것이다.

트럼프 대통령 당선 이후 문재인정부는 북한 문제에 있어 동일한 정책을 보이면서도 반대의 입장도 고수하여 왔다 위급한 핵 문제로 일치된 의견을 보이려 했으나 문재인정부 일각에서는 미국 정책에 반기를 드는 형태의 모습도 지속적으로 나타났다.

현재의 한·미동맹은 분명히 다음 단계로 넘어가야 한다. 그것은 보수가 주장하는 또는 진보가 비판하는 종미(從美)나 숭미(美)가 아닌 상호 보완적이며 의존적 관계로 재정립될 필요가 있다. 그것을 이 책에서는 협미(協美)로 규정한다. 어찌되었든 현 한·미동맹의 가치는 현 정부의 대외정책과 성향, 미국의 입장으로 보아 동맹의 가치가 훼손될 가능성이 높아 보인다.

5. 트럼프 전략의 향방과 한반도

트럼프 탄핵

트럼프 탄핵 문제는 당선 직후부터 거론되었다. 미국 대선에 러시아의 조직적인 지원이 있었다는 내용이 트럼프를 지속적으로 괴롭혀왔다. 이 러시아스캔들에 있어 트럼프는 자유롭지 못하다. 이 러시아스캔들이 사실인지 아니면 루머인지는 여전히 미지수다. 정치적 목적이라면 어떠한 상황이든 그 연결성을 만들어 낼 수 있기 때문이다.

러시아스캔들의 본질은 1990년대 중반부터 트럼프가(家) 기업들의 러시아인들과의 깊은 교류에 기인한다. 당시 트럼프가 기업들은 러시아를 통해 빠른 이윤 창출, 용이한 대출, 국제적 사업 확장 등으로 트럼프가 기업에 큰 영향력을 준 것으로 보고 있다. 미국 FBI는 러시아인들이 트럼프를 구제했고 러시아 신흥 부호들의 부동산 구입 등의 투자를 통한 돈 세탁을 비롯한 불법 행위가 일어났다고 보고 있다.

미국대선 전부터 트럼프 측과 클린턴 측 간에는 끊임없이 러시아스캔들 문제가 제기되었다. 현재까지도 이 문제로 트럼프 대통령과 FBI 간에는 법적 다툼이 진행되고 있다. 그렇다면 러시아스캔들로 확대된 탄핵요구를 받은 트럼프가 과연 무사히 북한과의 협상을 마무리 지을 수 있을까라는 의문이 생기게 된다.

결론적으로 말하자면 북핵 문제의 해결은 미국뿐만 아니라 트럼프 대통령 자신에게도 큰 변화를 가지고 올 수 있다. 물론 트럼프가 탄핵 문제와 북한 문제를 연결 지으려는 계획은 처음부터 없었다.

트럼프는 미·북회담이 결정되기 전에도 북핵 문제의 완전한 폐기를 위한 강력한 제재와 압박을 가해 왔다. 또한 그 어느 역대 정부보다도 한반도 문제와 북핵 문제에 깊은 관심을 가지고 있었다. 이런 관점에서 본다면 트럼프는 현재에 봉착한 개인적 문제와 국내외 문제를 북한의 핵 문제 해결을 통해 일거에 정리하려 할 것이 확실하다. 그만큼 트럼프 대통령에게 있어 북핵 문제의 해결은 중요한 사안이 아닐 수 없다.

미국 역대 정권 어느 누구도 북한 문제를 해결한 이는 없었고 북한 문제는 오랫동안 미국을 괴롭혀 왔다. 세계 최고의 패권 국가인 미국은 여러 차례 미·북회담에서 또는 협상에서 자존심을 구겨왔다. 그것은 그 어떤 해결도 못했을 뿐만 아니라 현재의 북핵 문제를 키우는 당사자가 미국이라는 견해가 많다. 이런 관점에서 본다면 미·북 간에는 지리한 정치적 싸움만 해 온 것이다.

기업가 출신인 트럼프 대통령의 북핵 관점은 직면한 문제들을 푸는 만능열쇠로 간주될 수 있다. 첫째는 중국문제이다. 둘째는 무역 적자문제이다. 셋째는 미국의 위상을 다시 회복하고 패권 국가로서의 위치를 재 선점하는 것이다. 넷째는 현재 개인에게 닥친 각종 스캔들을 해결하는 것이다. 다섯째는 개인적인 국제 명성을 확대하여 노벨상 수상까지 가는 것이다.

트럼프정부가 현 북한 최고 통수권자를 외부 사회로 끌고 나온 것만으로도 70퍼센트 이상의 성공으로 간주할 수 있다. 이렇듯 트럼프 대통령의 북핵 문제 해결에 대한 입장은 대단히 진지하다. 이런 관점은 개인 문제로부터 중국과의 패권싸움과, 미국의 전 세계 패권의 재 선점이라는 거시적인 문제에 이르기까지 북핵 문제로 좌우될 수 있는 변화들은 엄청난 것이다.

트럼프의 탄핵에 달려 있는 세계 질서

11월 미국 중간선거에 대한 트럼프의 우려는 높다. 현재 다양한 악재가 터지고 있다. 미국을 비롯하여 중국과 북한 문제 그 외 다양한 국제문제는 트럼프의 탄핵 여하에 따라 큰 변화가 예상된다. 미국의 국내문제는 트럼프에게 더 위기로 감지되고 있다.

미국의 언론사들은 트럼프에게 대단히 악의적이다. 트럼프를 대통령으로 인정하지 않으려는 경향이 뚜렷하다. 미국의 주류언론과 기득권세력들은 트럼프를 탄핵으로 몰고 가려는 확실한 계획을 가지고 있다. 그래서 미국의 11월 중간선거는 대단히 중요하다. 미국에서 대통령 탄핵의 사례는 닉슨 대통령이 워터게이트 사건으로 탄핵 전 스스로 사임한 경우를 제외하곤 그 역사가 없다. 하지만 현재의 미국 상황은 훨씬 심각해 보인다.

트럼프 탄핵을 주도하는 세력은 미국의 주류세력이다 트럼프가 탄핵정국으로 빠진다면 트럼프가 주도하던 모든 대내외적 상황은 심각한 혼란에 빠질 수 있다. 하지만 트럼프가 탄핵정국을 이겨내고 재선까지 유지된다면 북한의 핵 문제는 해결될 것이 확실하다.

북한 핵 문제는 장시간을 요한다. 만약 미국이 탄핵정국이 된다면 기존 북한 핵 폐기 프로그램의 사이클은 전면 중단되고 남·북한은 복잡한 양상으로 접어들 수 있다.

트럼프의 탄핵을 지지하며 이전의 정부로 되돌아가기를 원하는 세력들이 있다. 미국 주류세력들은 그것을 기존 질서라 부른다. 기존 질서는 미국이 초강대국의 지위를 누리면서 축적된 미국의 경제적 부를 미국을 위해 사용하는 것이 아닌 소수의 기득권들이 점유한 형태로 되돌아가자는 것이다.

비 정치인 트럼프와 북한 지도자 김정은

현재 전 세계는 1차 미·북회담 이후 2차 회담에 대해 촉각을 곤두세우고 있다. 현재까지 미국의 완전 비핵화 요구와 북한의 체제보장의 선후 문제를 두고 교착상태에 놓여 있다. 언뜻 보면 전혀 성립이 안 될 것 같은 미·북정상 간의 회담이었기에 그 결과는 더욱 주목 받고 있다. 또한 34세의 어린 북한 지도자와 70이 넘은 고령의 미국 지도자의 협상이라는 점에서도 주목된다.

트럼프와 김정은 양쪽 다 파격적이며 럭비공이다. 하지만 비슷한 통치 스타일이 우발적 계산이 아니라는 사실이다. 양측은 계산적이고 치밀하다. 중요한 것은 이 둘의 정치 경력이 미천하다는 것이다. 오랜 경륜의 정치인들은 협상을 외교적 차원에서 진행한다. 그것은 파격을 원하지 않는다. 파격 자체가 자기들의 정치생명을 걸고 하기 때문에 도박의 성향을 배제하는 것이다.

하지만 트럼프와 김정은의 지난 행적은 파격 그 자체이다. 특히 김정은을 끌어낸 트럼프의 전략 전술은 대단히 탁월했다. 우리가 생각하는 것보다 훨씬 다양한 노력이 투입되고 전략적 계산이 있었다. 지금 미국 조야에서는 초기 트럼프의 정책을 대단히 비난하던 경향에서 다시 재평가하는 경향들로 변하고 있다. 미·북회담 전 트럼프와 김정은의 평가는 의외의 내용을 제공하고 있다.

5월 1일 'USA투데이'의 컬럼니스트 제임스 로빈스는 2일자 신문에서 "트럼프 대통령이 한반도 외교와 관련해서는 노벨평화상을 받을 자격이 있다."고 주장했다. 로빈스는 "트럼프 대통령이 북핵과 관련해서 역대 대통령들이 하지 못한 일을 해내고 있으며, 차후 일들이 잘 풀리면 노벨상 수상여지가 높다."고 밝혔다. 그는 "트럼프 대통령이 북핵 해결에 통상문제를 고리로 '중국의 역할론'을 제기했으며, '말의 전쟁(rhethoric)'을 거듭하면서 대북 '최대 압박' 기조를 유지해 북한의 변화를 끌어냈다."고 평가했다. 역대 대통령과는 다른 대북 접근법은 높은 평가를 받아야 한다는 게 그의 주장이다.[64]

또한 5월 2일 미국의 정치 전문지 폴리티코는 "생각할 수 없는 수 없는 일을 생각해야 한다."며 미·북회담이 타결되고, 미국 민주당이 수세로 몰릴 수 있다고 보도했다. 미국의 경제전문지 '포춘'은 이날 로저 베이커 스트래트포 부회장이 기고문을 통해 "김정은과 트럼프가 둘 다 비전통적인 인물이고, 이것이 딜을 성사시키는 데 도움이

---

64) 세계일보, "북미 정상회담 앞둔 트럼프, 지지율 상승에 '화색'", 2018. 5. 3. 15면.

될 것"이라고 주장했다.

미국의 일간지 '볼티모어 선'은 이날 "트럼프가 김정은에 협상 교과서에 따라 접근하고 있다."고 분석했다. 미국의 기업 전문지 '엔터프러너'는 이날 '김정은이 세계 최고의 세일즈맨인가'라는 제목의 기사를 통해 "김정은이가 미치광이가 아니라 우리 모두에게 세일즈의 기본을 가르쳐주고 있다."고 보도했다. 엔터프러너는 마크스 그룹 회장인 진 마크스의 기고문을 통해 "김정은이 지난 7년 동안 무자비한 독재자, 인권 침해자, 국제적인 범죄자, 꼬마 로켓맨으로 불렸다."면서 그러나 이제 그를 세계 최고의 세일즈맨으로 불러야 하지 않겠느냐."고 지적했다.

볼티모어 선의 객원 칼럼니스트 찰스 솔로웨이는 이날 트럼프의 대북 발언은 다분히 계산적이었다고 평가했다. 트럼프는 북한이 탄도 미사일 연쇄 발사로 긴장을 고조시킬 당시에 김 위원장을 '매우 똑똑한 친구'라고 칭찬해 주위를 어리둥절하게 했다. 솔로웨이는 "협상의 기본은 상대방의 환심을 사는 것"이라며 "트럼프는 김정은에게 약간의 아첨을 함으로써 그를 의미 있는 대화의 장으로 끌어내려 했다."고 지적했다. 트럼프가 유엔 안전보장이사회를 통한 고강도 대북 제재를 추진했던 것은 전형적인 '채찍과 당근' 전략이라는 것이다. 국제 사회의 대북 제재 과정에서 일부 국가들이 속임수를 쓰기도 했지만, 트럼프는 대북 제재라는 '경제 채찍'을 확보해두는 효과를 거뒀다고 그를 평가했다.

또한 트럼프가 한때 대북 대화를 추진하던 렉스 틸러슨 당시 국무장관에게 '시간 낭비 하지 말아라'고 깎아 내린 것은 '굿캅 배드캅' 작전이었다는 것이다. 이는 북한 이 굿캅의 권유대로 서둘러 대화에 응하도록 유도하려는 전략이라는 게 그의 설명이다.

트럼프가 또한 북한의 주요 핵 미사일 시설 등을 정밀 타격하는 '코 피전략'을 흘리고 '북한 완전 파괴' 위험을 가하며 '핵 전쟁' 불사 입장 을 밝힌 것은 '강한 강대에게는 더 강하게 대하라'는 협상 교과서를 따 른 것이라고 그가 설명했다.

베이커 스트래트포 부회장은 '포춘'지 기고문을 통해 미·북 관계 와 북핵 문제를 기존의 분석 틀에 짜 맞추려 하면 오류를 범할 수 있다고 주장했다. 역사와 과거 패턴이 새로운 환경에서도 영향을 미 칠 수 있지만, 정치와 의지와 환경이 달라지면 과거와는 다른 결과가 나올 수 있다는 것이다. 베이커는 "김 위원장이 그의 부친이나 조부 와는 다른 재량권을 가지고 있는 3세대 지도자이고, 그는 이제 서방 세계와 교류를 통해 북한의 영향력을 확대하려 한다."고 주장했다. 베이커는 "김 위원장이 트럼프와 만나 변화된 환경에 맞는 새로운 옵션을 검토하려 한다."면서 남은 문제는 김 위원장의 변화가 미국의 정치 환경과 맞아떨어질 것인가 하는 점"이라고 강조했다.[65]

트럼프의 전략 전술이 현재 재평가되는 것은 전통적 방법을 벗어 나서 진행되고 있다는 것에 큰 의미를 두고 있다. 동시에 미·북회담 에서 양쪽 지도자가 가지고 있는 특성이 예상을 뒤엎는 의외의 결과 를 만들 수 있는 가능성이 높다는 것을 보여주고 있다.

---

65) 세계일보, "세일즈맨, 김정은 외교관 트럼프, 빅딜 가능성", 2018. 5. 3.

분야	2018년 남·북·미·중 일지
2018년 3월 5일	대한민국 – 북한, 남·북정상회담을 2018년 4월 27일에 개최하기로 합의
2018년 3월 8일 정의용	국가안보실장, 서훈 국정원장이 트럼프 미국 대통령과 만나 김정은 북한 국무위원장의 초청장을 전달
2018년 3월 9일	미·북정상회담 개최 발표
2018년 3월 25일 ~3월 28일	2018년 제1차 북·중정상회담 진행
2018년 3월 31일 폼페이오	미국 국무장관의 1차 북한 방문
2018년 4월 27일	제1차 남·북정상회담 진행
2018년 5월 7일, 5월 8일	2018년 제2차 북·중정상회담 진행
2018년 5월 10일 폼페이오	폼페이오 미국 국무장관의 2차 북한 방문
2018년 5월 10일	납북 미국인 전원 석방
2018년 5월 10일	2018년 미·북정상회담 개최 일자와 장소(싱가포르) 발표
2018년 5월 11일 강경화	강경화 외교부 장관의 미국 방문

2018년 5월 16일 김계관	김계관 북한 외무성 제1부장의 담화 후 북한의 남·북고위급회담 무기한 연기 통보
2018년 5월 23일	한·미정상회담 진행
2018년 5월 24일	북한 풍계리 핵 실험장 폐기
2018년 5월 24일	최선희 북한 외무성 부상의 담화로 미국의 미· 북정상회담 취소 발표
2018년 5월 25일	김계관 북한 외무성 제1부장의 2차 담화
2018년 5월 26일	2018년 제2차 남·북정상회담진행, 남·북고위급 회담 재추진 합의
2018년 5월 26일	트럼프 미국 대통령의 미·북회담 재추진 시사 발언
2018년 5월 27일	미·북실무회담 및 미·북정상회담 재추진 공식화
2018년 5월 30일 ~6월 2일	김영철 북한 통일전선부장의 미국 방문
2018년 6월 1일	남·북 고위급 회담 진행
2018년 6월 2일	2018년 미·북정상회담 개최 최종 확정
2018년 6월 5일	미국에서 2018년 미·북 정상회담 진행 시간 발표
2018년 6월 6일	미국에서 2018년 미·북 정상회담 개최 장소 발표
2018년 6월 10일	김정은 북한 국무위원장, 트럼프 미국 대통령 싱 가포르 도착

2018년 6월 11일	북한–미국 대표단 합의문 조율 협상
2018년 6월 12일	2018년 미·북정상회담 개최
2018년 6월 19일	2018년 3차 북·중정상회담 개최
2018년 9월 18일 ~20일	제3차 남·북정상회담 예정
2018년 말	제2차 미·북정상회담 예정

출처: https://ko.wikipedia.org/wiki/2018년 미·북정상회담

위의 표를 보면 2018년 한 해에 남·북한 간, 미·북 간, 북·중 간 지난 70년간 묵혀 두었던 문제 해결을 위한 회담들이 지속되었다. 이런 변화들은 분명히 이전과는 다른 경향으로 나타나고 있음이 확실하다. 문제는 이런 변화들이 동북아 지각변동의 큰 신호탄이란 사실이다.

북한은 왜 미국과 같이 가려 하는가

역대 미국정부는 북한에 대한 본질적 관점을 제대로 파악하지 못해 왔다. 그것이 미국 정부의 대북정책 실패 요인이었다. 북한이 미국을 비롯한 국제사회의 강력한 비난에도 불구하고 핵을 보유하고자 하는 것은 무슨 이유에 기인할까. 국제사회에는 UN도 있고 북한과 같은 사회주의 국가인 중국과 러시아도 있는데, 왜 북한은 미국의 관심을 받으려고 노력하는 것일까.

미국에 대한 두려움의 발로

중국과 러시아가 북한에 준 영향력은 미국보다 훨씬 실무적이고 구체적이다. 상당한 무상 지원과 북한 건국과도 무관치 않다. 또한 한국전쟁의 배후에 강력한 지원세력으로 중국과 소련이 버티고 있었다. 하지만 북한은 중국과 러시아를 완전히 신뢰하지 않았다. 그것은 사회주의에 대한 실망인지도 모른다. 북한의 사회주의는 중국과 옛 소련의 사회주의와도 다르다. 그것은 북한만에 사회주의이며 신격화가 유지되는 가진 종교국가이다. 그것은 중국과 소련에 대한 실망감으로 나타난 북한식 방식이다. 북한이 완전히 신뢰하고 의지할 만한 품을 중공과 옛 소련은 제공해주지 못했다. 그것은 북한의 체제보장과 깊이 연결되어 있다.

북한이 미국으로부터 체제보장을 받으려는 것은 미국에 대한 두려움 때문이다. 북한의 건국자 김일성과 그 후대를 책임졌던 김정일은 미국에 대한 상당한 두려움을 가지고 있었다. 그것은 한국전쟁을 치렀던 모든 북한 전쟁세대들의 생각이다. 북한에게 있어 미국은 대단히 두려운 존재이다. 외적으로는 미국에 신랄한 비판을 가하지만 내적으로는 미국과 같이 가야 한다는 조바심이 작동되고 있다. 미국이 인정하는 것은 세계가 인정한다는 강력한 믿음이 있다. 그것이 북한이 바라는 바였다. 김정은이 트럼프를 만난 것만으로도 김정은은 북한 통치에 있어 성공한 사례가 되었다. 그것이 김정은의 할아버지와 아버지도 원했던 것이다.

3대 세습권력의 보호막

다음 문제는 3대로 이어지는 혈통적 권력승계의 보장과 깊은 관련성이 있다. 북한은 현 세기에 찾아보기 힘든 왕조국가의 형태를 띠고 있다. 북한 권력의 특성상 3대 권력승계를 전통적으로 유지하고 이어가는 것은 김정은 정권의 가장 중요한 책임이다.

북한 체제보장은 바로 다름 아닌 3대 권력승계의 합법성을 보장받는 것이다. 옛 소련과 중공은 북한의 신격화된 지도체계를 강력하게 비판한 바 있다. 그것은 옛 소련과 중공이 실질적으로 겪었던 폐해에 근거하고 있다. 이 부분은 사회주의 사상과 이념의 맥을 같이 했던 국가로서 북한과 중공과 소련이 서로 이중적 관계를 형성했다는 반증이다.

북한의 현 정치체제는 정통적 사회주의와는 그 맥이 근본적으로 다르다. 북한의 건국자인 김일성과 김정일을 신의 반열에 올려놓고 국가 체제를 신정일체화 한 종교국가로 변형되었다. 이런 개념은 분명히 기존 사회주의 국가들의 개념에서는 이탈된 것이다.

북한의 이런 정치구조는 지난 70년 동안 북한 내에 토착화되었고 되돌리기 힘든 상식으로 자리 잡았다. 중국은 북한의 개혁·개방을 주장하면서 이런 북한의 내부적 정치구조를 쉽게 평가하는 경향이 있다. 하지만 이런 돌연변이적 정치구조는 쉽게 변화되는 것이 아니다.

북한 체제에서 수령에 대한 인민의 자세는 절대신에 대한 믿음과 복종, 숭배에 그 근간을 두고 있다. 그것이 북한이 지난 시간 어려움을 견디어 온 내구성이기도 했다. 이런 신정일체화는 현재의 러시아나 중국보다 기독교적 사상에 더욱 가깝다고 볼 수 있다.

북한이 가장 시급한 것은 경제지원보다 혈통적 3대 세습의 정통성을 보장 받는 것이 훨씬 시급한 문제이다. 이 문제의 해결 없이 북한 체제문제를 논하는 것은 모순이라 생각하고 있다. 이런 부분에서 가장 강력한 힘의 보호를 받고 싶어 하는 북한의 고민이 있다. 그것이 바로 미국인 것이다.

미국 선택의 다양성

이제까지 미·북 간 정상들이 만난 경우는 한 번도 없었다. 실무자들 간의 회담은 수없이 있었다. 하지만 해결된 것은 아무것도 없었다. 북한 핵의 완전한 포기와 체제안전보장이라는 큰 틀에서 보지 못하고 큰 틀을 해결하기 위한 실무적 문제에 너무 집착한 결과였다. 실무적 문제들은 큰 틀의 합의가 되면 자동적으로 해결되는 문제들이다. 이번 4월 남·북회담과 6월 미·북회담이 이루어진 배경은 결국 미국과 국제사회의 강력한 제재와 압박이 정확하게 작동되었음을 의미한다.

북한의 궁극적 목적은 핵의 보유와 체제보장이다. 북한은 국제적 압박 속에서도 핵을 지켜내면 자기들에게 불리할 것이 없다는 판단을 가지고 있다. 하지만 트럼프정부는 완전한 핵 폐기를 전제로 하고 있다. 미·북정상회담에서 결국 핵의 완전한 폐기와 체제보장은 양측의 전제조건이다. 바꾸어 말하면 핵의 완전한 포기는 체제보장의 절대성을 요구 받게 된다. 그러면서 체제보장의 질적 담보도 요구하게 될 것이다.

하지만 이 양측의 요구 조건은 단기간에 이루어질 내용이 아니다. 또한 누가 먼저 양보하느냐는 핵심 관건이다. 이 맞딜(deal)에서 미국 트럼프정부는 북한의 행동여부에 따라 비핵화 압박, 제재강화, 무력전 등 다양한 카드를 선택할 수 있다. 김정은은 이와 반대로 비핵화나 핵 보유를 통한 보상이나 제재와 무력적 압박을 감수해야 한다. 트럼프정부는 대화에 실패하면 무력적 제재를 선택할 수 있는 명분이 생긴다. 트럼프는 그 명분을 하나씩 쌓아가고 있다.

북한 체제보장의 이중성

북한이 요구하는 체제 보장은 3대 백두혈통에 대한 정통성을 인정해주고 현 김정은 정권에 대한 보장을 뜻한다. 국가체제의 보장이라기보다 김정은 정권에 대한 보장이 우선이다. 미국의 북한에 대한 체제보장은 정권에 대한 체제보장과 정상적 경제상태를 회복하기까지 무상 및 유상지원을 국제사회가 지속적으로 책임 담보하는 것이다.

하지만 여기에는 다양한 위험성이 따른다. 북한 체제 보장은 미국이 확답할 수 있지만 리비아나 이라크처럼 그 나라의 국민이 북한 체제를 보장한다는 담보는 할 수 없다.

미국의 담보는 미국의 무력적 자산을 한반도에 거둬들이고 또는 미국을 중심으로 하는 경제제재를 중단하는 것이다. 이런 부분을 확약하므로 현 김정은 정권의 안정적 연착륙을 보장하도록 하는 것이다. 하지만 미국의 경제지원을 받을 북한은 그 조건으로 민주주의 시스템의 반입을 자동적으로 요구 받게 된다. 그것은 북한의 개혁·개방이 어느 정도 요구될 뿐만 아니라 인권적 측면의 개선도 필요함을 요구 받는 것이다. 이 부분에서 북한이 어느 정도까지 받아들일지는 의문이다. 만약 북한이 어느 정도의 변화들을 추구할 때 북한 인민들의 변화들이 동반되는가 그렇지 않은가는 대단히 중요한 문제이다.

앞에 거론한 것처럼 북한은 종교적 배경을 가지고 있는 돌연변이적 사회주의 국가이다. 북한의 백두혈통은 신처럼 숭배 받는다. 이제까지 그런 정치적 구조를 통해 북한은 존재했으며 결속하고 체제보전을 유지해왔다. 하지만 미·북회담을 통해 체제보장을 담보 받는다고 해도 어떻게 다양한 대내외적 위험성을 감수하며 북한 정권이 연착륙할 수 있는가에 대한 문제는 또 다른 부분의 위협요인이 될 수 있다.

남·북한 합의와 남·미·북 관계의 함정

남한과 북한은 4월 27일 판문점 정상회담을 통해 몇 가지 합의에 도달했다. 그 합의 내용은 이전 김대중·김정일 그리고 노무현·김정일의 정상회담 내용을 일부 재확인하는 부분과 새롭게 추가된 내용도 있다. 이 합의가 정상적으로 적용될 수 있을지는 여전히 많은 의문이 있다.

실행여부의 핵심은 북한 핵 문제다. 2000년 2007년 두 번의 정상회담에서 북한의 정상을 만난 김대중 정부와 노무현 정부는 북한의 변화 추동에 대해서 확신했다. 하지만 이후 북한은 핵무기의 완성을 위해 더욱 매진했다. 이번 3차 정상회담은 이전1차 2차와는 차이가 있다. 하지만 회담의 상당부분이 실질적 합의보다 김정은과 북한 이미지 재고에 그 방점이 있었다. 또한 합의 내용 곳곳에 함정이 있다.

비핵화 없는 남·북한 교류와 협력

4·27남·북정상회담과 9·19평양남·북회담을 통하여 남·북한 간 많은 합의가 이루어졌다. 거기에는 정치, 경제, 사회, 군사, 문화 등 전방위적 합의를 담고 있다. 하지만 4·27과 9·19 정상회담의 골간은 남·북한 간 교류와 협력이 되었다. 남·북한 간 주요 의제로 합의한 정치, 경제, 군사, 문화에 대한 합의는 남·북한기본합의서나 6·15나 10·4 선언에도 충분히 그 내용을 함유하고 있다.

남·북한은 이미 많은 합의를 했다. 그 합의내용은 실행에 그 기초를 둔다. 실행이 없는 합의는 어디까지나 종잇조각에 불과하다. 현재 남·북한의 합의는 조항 수를 늘리고 합의 내용을 추가하는 것이 본질이 아니다. 그것은 남·북한 간 진정성을 가지고 실천할 수 있는가에 그 무게감을 두어야 한다. 그것의 문제는 남·북한 간 장황한 합의를 해놓고 서로 실행하지 않는 것이 남·북 관계를 더욱 악화시킬 수 있다는 것을 인지하는 것이다.

현재까지 남·북한 간 합의한 내용은 모두 사문화(死文化)되었다. 그것이 바로 책임성 공방이다. 남·북한의 책임성 공방은 남·북한의 관계를 더욱 어렵게 만드는 원인이 되었다. 필자가 북한 사업의 실무를 보는 동안 북한 관료들은 남·북한 간 합의한 내용이 남한 정권이 바뀔 때마다 아무 효력이 없어지는 것에 대하여 우려해 왔다.

4·27과 9·19 만남의 본질이 비핵화가 핵심이었던만큼 합의서의 내용도 비핵화에 대한 내용을 주로 다루어야 하는 것이 원칙이었다. 남·북한의 교류협력은 기존 남·북기본합의서나 6·15, 10·4선언에 기초하여 진행한다고 했어야 더욱 신뢰 있는 합의서의 내용이 될 수 있었을 것이다. 만약 비핵화 문제가 미·북 간의 문제라 간주하더라도 또 사문화될 가능성이 있는 남·북한 간의 교류와 협력 합의는 가능하면 축소하여 이전의 합의 내용들의 실행에 방점을 두는 것이 타당한 합의라고 보는 것이다. 또한 비핵화 전 남·북한 교류와 협력이 주가 되는 것은 한·미관계나 국제 제재 속에서 남한의 의도를 근본적으로 의심받게 되는 내용이 될 수 있는 것이다.

완전한 비핵화와 합의

이전에 수많은 남·북한 합의나 정상회담 간의 약속과 합의가 있다 할지라도 그 내용이 실행되기 위해서는 그 사전 전제가 바로 완전한 비핵화이다. 완전한 비핵화의 약속은 북한의 이행 여부가 그 핵심이다. 북한의 비핵화에 대한 실질적 실행이 없다면 그것은 밑 빠진 독에 물을 붓는 것과 다름없다.

필자는 몇 년 전까지만 하더라도 남·북한 경협을 강력하게 주장했던 장본인이다. 지속적 남·북경협을 통하여 북한의 경제발전과 개혁·개방이 가능하다고 믿었다. 하지만 분단 이후 지난 70여 년간 남·북한의 경제협력은 민간기업과 개인들의 막대한 비용손실을 만들며 항상 좋지 못한 결과를 남겼다. 그것은 바로 북한의 핵 실험과 미사일 실험에 기인한다.

지난 남·북한기본합의서를 비롯하여 6·15. 10·4 선언까지 그리고 현재의 4·27, 9·19합의까지 북한의 완전한 비핵화 없이 핵 무장을 한 북한과 교류 협력을 진행한다는 것은 이전의 악순환을 또 다시 반복하는 결과가 되고 그것은 또 남남갈등을 조장하는 결과로 남아질 것이 확실하다.

지금 대한민국 정부는 미국과 국제사회가 북한에게 가하고 있는 경제제재와 군사적 제재에 대해서 잘 알고 있다. 이런 경제적, 군사적 제재를 푸는 방법은 북한의 진정성 있는 실천을 기초로 하고 있다는 사실이다. 동시에 이런 전제들을 만들기 위한 실행도 명확히 이행되지 않으면 남·북한 간의 수많은 합의도 무의미하며 아무 효력이 없다는 사실이다.

현재 미·북 간에 그 어떤 결과도 도출되지 않았고 북한의 비핵화 의지에 대한 내용도 아직 답보 상황이다. 더군다나 북한 김정은과 현 정부는 북한 비핵화가 될 것처럼 수없이 외쳤지만 이미 많은 전문가들이 예상했던 것처럼 미·북회담 이후에도 북한은 종전선언을 강력히 요구하며 비핵화에 실질적 행동을 보여주지 않고 있다.

이미 미·북 간에도 비핵화 합의가 이루어졌지만 미국과 북한 사이에 신경전으로 교착상태에 놓여 있다. 그 처리 시간이 얼마나 많이 소요될지 예상하기 힘들다.

또한 내부 정치적 상황 또는 국제정세에 따라 다양한 변수가 항상 내재 되어있고 그런 상황을 예측하기 어렵다. 미국의 대통령은 전 세계의 문제를 관장하고 관여하는 입장에서 중동의 문제가 확산되거나 유럽의 문제가 미·북회담 합의 내용의 발목을 잡을 수 있을 가능성도 있다. 또한 미국과 북한 내부의 문제나 남한 내부의 정치적 변수에 따라 그 내용도 수시로 변할 수 있다. 이런 전제들을 통하여 합의는 초점이 있어야 하고 집중되어야 한다.

역설적이게도 남·북한 간 많은 합의 내용이 남·북한 간 교류와 협력에 있어 되려 방해물이 되었다. 정상 간 합의는 책임이 뒤따르며 실천이 동반되지 않는 합의는 국민을 기만하는 행위가 될 수 있다. 왜냐하면 역대 정권의 합의 때마다 국민들은 통일의 희망과 북한에 대한 환상을 갖게 되었다. 그런 환상은 보수와 진보의 격렬한 논쟁으로 발전했고 국력의 소비를 초래해 왔다.

이미 많은 시행착오를 겪었고 현재는 실질적 해결을 할 수 있는 기회를 갖게 되었다. 이런 때일수록 본질의 내용에 충실하고 집중과 선택에 있어 더욱 확고한 입장을 취하는 것이 중요하다. 정권마다 남·북한 간에 실천을 전제로 하지 않고 자기 정권 시기, 실적을 만들기 위한 남·북합의에 집중했기에 문제가 많았던 것이다.

만약 이번 4·27과 9·19 합의서에 단순하게 "완전한 비핵화에 대해서 합의하고 남·북한의 교류와 협력은 남·북기본합의서와 6·15, 10·4선언을 준행하되 그 시기는 완전한 비핵화 이후로 전제한다."고 했다면 더욱 완벽하고 신뢰 있는 합의서가 되었을 것이 확실하다.

대부분 이전의 정권들이 보수와 진보에 관계없이 모든 합의에 대한 책임을 북한에게만 넘기고 자기들이 합의한 내용을 회피한다면 그것은 국가가 국민에게 주어야 할 신뢰를 스스로 파기하는 결과가 된다. 남·북한 간 비슷한 내용을 반복적으로 합의하는 것은 큰 의미가 없다. 지금은 북한 비핵화에 모든 집중을 해야 한다.

비핵화 없는 남·북교류와 북한체제 종속

이미 앞에서도 논했듯이 북한 김정은 위원장이 국제사회에 데뷔한 것은 미국의 강력한 압박과 군사적, 경제적 제재가 정상적으로 작동했기 때문에 가능했다.

현재 북한은 여전히 미국을 비롯한 국제사회의 경제제재 틀에 묶여 있다. 즉 완전한 비핵화가 실현되지 않는 이상 북한과의 거래는 불법성이 있고 국제사회의 룰을 깨는 것이다. 4·27합의서의 순서를 보면 비핵화문제는 합의서의 맨 마지막에 달랑 한 줄로 명시하고 있다. 앞쪽은 경제제재 속에 묶여 있는 북한과 다양한 남·북한 협력과 교류에 그 초점을 맞추어 놓았다. 즉 합의의 근간이 거꾸로 명시되어 있는 것이다. 합의내용에 있어 가장 핵심적 내용을 서두에 두고 중요성이 떨어지는 것은 뒷부분에 두는 것이 정상이다.

지금 현재 남·북한 간에 가장 큰 갈등 요소가 바로 이 합의서상의 문제에 기인한다. 북한은 4·27합의의 내용대로 남한에게 이행을 촉구하고 있다. 하지만 남한은 국제사회가 가하고 있는 경제제재에 막혀 제대로 된 남·북경협이 힘들다고 변명하고 있다. 이런 남·북한 간의 분위기를 다시 복원하기 위해 다시 9·19합의가 나왔다. 합의서의 내용과 순서에서 이미 남한정부는 북한에게 끌려가는 상황이 되었다.

비핵화 내용은 제일 마지막 부분에 몇 줄로 마감 짓고 비핵화 전제 없이 남·북경협, 군축문제, 종전선언, 평화협정 문제까지 모두 상위에 놓음으로 앞뒤가 뒤바뀐 합의서가 되었다. 이런 문제에 대해 지적하면 북한이 합의를 해주지 않았을 것이라 정부는 변명할 것이다. 우려되는 것은 비핵화 진전이 없는 상황에서 현재 남·북한 간 진행되는 4·27, 9·19합의에 근거한 다양한 남·북한교류는 국제사회의 룰을 스스로 깨는 결과를 초래하게 된다.

동시에 무작위적인 남·북한교류는 북한이 지속적으로 부르짖고 있는 '우리민족끼리'의 위험한 전략 전술에 빠져 북한 체제에 동조하는 방향으로 흘러갈 가능성이 높아진다. 즉 북한 체제나 사상적 편향성에 동조하는 결과가 올 수 있다. 그것은 북한이 주장하는 핵 무장과 북한의 전략에 동조하고 협조할 가능성을 높여 주는 것이다. 최근 북한 석탄을 우회적으로 남한에 수입하는 업체들이 발각되었다. 정부는 유체이탈화법을 사용하여 모든 책임을 기업과 개인에 돌렸다.

같은 민족으로 오랜 분단 가운데 있는 남·북한의 경제교류와 민간교류는 대단히 중요하며 반드시 진행되어야 하는 영역이다. 하지만 강력한 주체사상체계를 가지고 있는 북한과 자본주의 시장경제를 추구하고 있는 남한과의 교류는 근본적 벽을 넘는 데 분명히 한계점을 갖고 있다.

외국을 나가는 또는 남한 사람들을 주기적으로 만나는 모든 북한 사람들은 철저한 교육과 사상적 검증을 통하여 선발된다. 그들은 끊임없는 사상학습을 통하여 만들어진다. 남·북한 간의 관계에서 단순히 민족적인 감상적 접근은 복잡한 경계선에서 예기치 못한 다양한 갈등을 만들 수 있다.

역대 진보 정부들이 그랬던 것처럼 북한에게 교류를 구걸하고 남·북협력이 민족의 화합을 만드는 것처럼 과장하면 안 된다. 북한은 자기들이 불리하면 언제든지 교류와 협력을 끊거나 단절한다. 반대로 필요하면 또 손을 내민다. 그것은 흐트러진 내부 사상을 다시 정렬하는 방법이다. 이런 의미에서 완전한 비핵화의 진전이 있을 때까지 인내하는 것은 현 남한정부에 있어 대단히 중요한 요건이 될 것이다.

남·북교류의 속도위반과 한·미동맹

현 정부는 미·북회담 이후 북한과 미국에 이행촉구를 요구하는 내용을 연일 내보내고 있다. 동시에 비핵화 문제로 교착상태에 빠져 있는 미국과 북한에게 동북아 철도와 도로 건설 및 북한의 자원개발 등 희망적인 애드벌룬을 연일 띄워 국민들에게 홍보하고 있다. 이 내용은 9·19평양회담에서 정식으로 합의서에 삽입했다. 동시에 4·27합의에 근거한 다양한 스포츠교류를 진행하고 있다.

이와 대조적으로 미국은 6·12 미·북회담 이후에도 연일 대북한 경제제재를 더욱 강하게 밀어붙이고 있다. 이런 현상은 한국과 미국의 입장이 같은 북한을 두고 전혀 다른 방향에서 진행되고 있음을 보여주는 사례이다.

미국은 대북한 제재를 강화해서 북한의 비핵화를 더욱 압박하는 상황이고 남한은 없는 남·북한교류와 협력을 더욱 장려해서 북한과의 접촉을 정부에서 민간으로 확대하는 경향으로 나가고 있다. 남한은 강력한 경제제재 속에서 무언가를 북한에게 자꾸 주려고 하고 미국은 그 반대로 북한에 들어가는 것을 다 막으려 하는 것이다.

현재 북한은 비핵화라는 준엄한 이행을 실행해야 한다. 국제사회는 북한의 비핵화 이행이 되도록 강력한 압력을 가하고 있다. 하지만 남한은 이런 국제사회의 현 상황을 역행하고 있다. 즉 미국의 경제제재 틈을 이용하여 북한의 변화를 촉구하는 것이 아니라 현 북한의 상황에 일조할 방안을 찾는 것이다. 북한의 비핵화라는 대명제는 한·미 간 강력한 공조를 통해서만이 가능한 부분이다.

한·미 간에 공조가 깨지거나 민족적 감정에 사로잡혀 북한 제재의 고삐를 늦추는 순간 한·미동맹의 근간도 같이 흔들리는 문제에 봉착될 수 있다. 이 부분은 현재 북한이 가장 바라는 시나리오이다. 그것은 한·미공조의 틈을 교묘히 벌리는 것이다. 그것이 바로 '우리민족끼리'이다.

북한은 최근 남한의 합의서 이행에 미온적인 태도를 지적하며 "제제와 관계개선은 별개"라는 입장을 보여 왔다. 이런 내용을 의식한 듯 남한은 북한 지원과 관련한 내용을 9·19합의에 포함했다. 이것은 북한에 대한 제재를 미국에 동의하지 말고 깨라는 입장의 표현이다. 북한은 "우리민족끼리"를 다음과 같이 표현하고 있다.

"우리 민족끼리 문제란 다름 아닌 우리 민족의 운명을 우리 민족이 책임지고 우리 민족자신의 힘으로 개척해 나가는 문제이다. 다시 말하면 우리 민족끼리 문제란 민족주체의 주인 된 자각과 역할에 기초하여 민족의 자주성을 실현하고 민족공동의 번영을 이룩해 나가는 문제이다." [66)

결국 북한은 민족공조라는 명제아래 남한의 대북정책을 미국과 분리하여 남한에서는 경제적 지원을 미국에서는 자기들의 생존권을 찾으려는 이중적 전략을 실행하고 있다. 한·미동맹의 틀을 깨고 자주라는 명분 아래 외세의 의존에서 탈피하자는 북한의 전략이 숨어 있다. 북한은 3대 세습정권을 유지하기 위해서라도 핵을 완전 폐기하거나 완전한 개혁·개방은 불가능하다. 백두혈통의 정통성을 사수해야 한다는 그런 원칙만 존재할 뿐이다. 이런 의미에서 남·북한의 관계 개선을 위해 한·미동맹의 견고한 틀을 깨는 그런 오류가 발생되어서는 안 될 것이다.

종전선언과 평화협정[67)

남·북한회담에서 주요하게 다루어진 문제가 바로 종전선언과 평화협정이다. 9·19 평양합의는 북한이 강력하게 요구하는 종전선언을 실무적으로 지원하기 위한 군사적 조치들을 담은 내용이다.

남·북한이 통일로 가기 위해서는 반드시 거쳐 가야 할 프로세스

---

66) 송국현, "우리 민족끼리", 평양: 평양출판사, 2002, p. 2.

67) 평화협정은 평화적인 방법을 통한 전쟁의 완전한 종결을 의미하는 문서로 전쟁의 종식 선언과 함께 포로·난민 등의 인적문제, 영토, 군사력, 법률 등의 내용으로 구성돼 있다.

중에 하나가 미·북 관계 개선과 정전협정 당사자들이 서명하는 평화협정이다. 이 문제는 미국의 북한에 대한 불가침조약과 체제보장과도 깊이 맞물려 있다.

미·북수교와 체제보장을 가기 위한 초기 작업이 평화협정이다. 정전협정이 미국을 중심으로 한 연합군측, 중국, 그리고 북한 김일성이 서명 당사자이기 때문에 평화협정의 수순도 그와 동일한 순서로 나가야 하는 것이 북한과 중국의 주장이다. 또한 평화협정체제를 거쳐 미국과 북한은 정상적 관계의 국가로 회복하며 국교정상화를 갈수 있는 명분을 만들게 된다. 이 과정을 통해 미국은 북한을 국제사회의 한 일원으로 인정하게 되며 정상적 경제 및 무역 관계 또는 일반적 외교활동을 인정하게 되는 것이다.

정전협정의 당사자가 미국과 북한이기에 남한은 자동적으로 배제된다. 여기서 제기되는 문제가 남한의 입장이며 중국의 입장이다. 중국은 현재 중국 패싱을 우려하여 평화협정에 서명자로 인정해줄 것을 강력하게 주장하고 있다.

또한 미·북협상이 갖는 논의들에 대하여 대단히 민감하게 반응하고 있다. 미·북수교의 결과와 상호인정이 갖는 중국에 대한 지위적 성격의 변화도 중국에 있어서 대단히 민감한 부분이다. 또한 남한도 같은 입장에 설 수 있다. 현 정부는 "한반도 운전자론"에 근거하여 상당한 명분을 일구어 냈다. 그것은 남한이 주도하여 미·북회담을 주선하고 그런 과정을 통하여 한반도의 영구적 평화를 끌어낸다는 것이 근본 전략이다.

하지만 미·북수교나 평화협정은 미·북 간의 문제로 제한된다. 이제까지 남한이 북핵 문제를 가지고 주도권을 가진 적은 한 번도 없었다. 그것은 미국과 북한 스스로 남한은 북핵 문제에 있어서 관여할 자격이 없다고 보았기 때문이다.

그렇다면 이번 미·북회담의 주선은 북핵 문제를 주제로 하는 것이므로 남한은 주선을 해주지만 미·북 간의 문제로 국한시키는 것으로 한다면 종전선언, 평화협정, 미·북정상화로 이어지는 프로세스가 종료되면 남한이 원하는 남·북한의 영구적 평화의 길로 연결될 수 있는 명분이 있는가에 대한 의문이다.

이 부분에 대한 의견은 분분하다. 북한으로서는 남한은 같은 민족으로 교류와 협력의 대상이 될 수는 있지만 핵 문제에 있어 주 관련자가 아니고 남한이 북한의 체제를 보장해주는 당사자가 아니므로 이 문제에 대해서 남한이 실질적 보장을 해주는 영역은 없다고 보고 있다.

4·27 남·북회담의 합의서상에서는 평화협정문제를 아주 중요하게 다루고 있다. 하지만 이 합의에는 몇 가지 심각한 함정이 있다. 하나는 비핵화의 어떤 결과도 없는 상황에서 성급하게 평화협정 문제를 거론함으로 비핵화라고 하는 본질을 훼손하고 있다. 평화협정은 비핵화라는 긴 절차와 과정의 끝에 오는 마지막 절차이다.

현재 미국은 북한 비핵화를 2020년까지를 목표로 하고 있다고 했다. 즉 평화협정이 나와야 할 시기는 완전한 비핵화 이후가 되는 것이다. 더군다나 완벽한 비핵화가 되기 전까지 한국, 미국, 중국, 북한에서 어떤 변화들이 일어날지 모르는 상황에서 비핵화는 상당한 험로를 예상하고 있다. 즉 비핵화 과정 중에 다양한 정치적 변수들이 비핵화의 과정을 중단시키거나 연장시킬 소지가 있다. 그러므로 비핵화의 마지막 단계가 평화협정체제인 것이다.

평화협정은 남·북한 및 미·북 간 서로를 군사적으로 훼손할 수 없는 완벽한 단계에 이르렀을 때 맺는 합의이다. 하지만 현재 그 어떤 위협으로부터도 자유롭지 못한 남·미·북의 관계에서 평화협정을 논하는 것은 합의 자체가 문제로 지적될 수 있는 것이다.

두 번째, 평화협정은 실질적으로 남한이 다룰 문제가 아니다. 또한 정전협정체결자인 연합사, 중국, 북한 외의 서명자에 대해서 우리가 결정할 수 있는 부분도 아니다. 그리고 평화협정문제는 미군 철수문제와 깊은 연관성을 가지고 있으므로 서명자 당사자들의 깊은 이해관계가 물려 있다.

남·북한이 평화협정 서명자로 3자(남·북·미) 4자(남·북·미·중)로 정했다고 해서 그 영역이 미국과 중국에 의하여 받아들여질 수 있을지도 의문이다. 평화협정에 대하여 남·북한만이 서명당사자가 될 수 없다는 것은 확실하다.

또한 중국을 배제한 남·북·미만의 서명도 중국에 의해 철저히 배제될 것이다. 그렇다면 미·중·북이 남한을 평화협정의 서명자로 인정한다고 하더라도 주한미군 철수라는 가장 예민한 문제가 남아 있게 되므로 평화협정 서명에 상당한 진통이 있을 수 있다. 지금 현 정부는 주한미군 주둔의 문제는 한·미 간의 문제이므로 평화협정에 서명되더라도 주한미군 주둔 문제는 아무 문제가 없다고 하지만 이것은 검증이 안 된 내용이다.

세 번째는 군축문제이다. 남·북한 간 군축문제도 북한 선 비핵화와 평화협정과 긴밀히 연결되어 있다. 군축의 영역은 핵무기와 남과 북의 모든 재래식 무기가 그 영역에 다 해당된다. 순서로 보면 이 역시 완전한 비핵화 후에 평화협정 전후로 군축문제를 논의할 수 있는 것이다.

남·북한 간 현 정전협정상황에서 상호불가침 정도를 논의할 수 있다. 하지만 비핵화에 있어 그 어떤 합의나 구체적 행동도 없는 상황에서 핵 무력을 보유한 북한과 군축을 실행하자고 합의한 것도 앞뒤가 맞지 않는 합의인 것이다.

북한은 정전협정상황에서도 수천 건의 정전협정을 위반했다. 이런 상황에서 합의서의 문제는 첫째, 완전한 비핵화 논의는 남·북한의 문제가 아니다. 둘째, 미·북회담 후 북한 비핵화는 전혀 진전이 없다. 셋째, 핵 폐기 과정은 상당한 과정을 거쳐야 한다. 넷째, 정전협정을 평화협정으로 바꿀 수 있는 그 어떤 북한의 행동도 없었다. 다섯째, 한국은 평화협정 서명 당사자가 아니다. 이런 내용들을 기반해 보면 남·북한이 평화협정을 논할 수 있거나 결정할 그 어떤 자격도 없는 것이다. 그러므로 합의내용은 문제가 있는 것이다.

북한의 비핵화인가 한반도의 비핵화인가

이번 합의서의 비핵화 관련 "남과 북은 완전한 비핵화를 통해 핵 없는 한반도를 실현한다는 공동의 목표를 확인하였다."에도 문제점이 있다.

미국의 비핵화는 북한의 핵 자산을 전부 폐기하는 것이 그 핵심이다. 남한에는 이미 핵 무력 자체가 없기 때문에 한반도의 비핵화는 북한의 분명한 의도가 있다. 한반도에는 한·미연합훈련시 또는 비상시 미국의 핵전력이 동반되어 일정 기간 머물게 된다. 북한은 이런 미국의 핵전력을 염두하고 이번 합의서에 담아냈다.

하지만 문제는 남·북한이 분단 상황에서 서로의 합의에 의해 완전한 비핵화를 추구한다고 하더라도 중국이 가지고 있는 핵전력을 가지고 남한을 위협하는 경우, 그것에 대하여 그 어떤 대비도 못하는 경우가 발생될 수 있다. 한반도의 비핵화 합의가 미국의 핵 자산을 반입시키는 것을 위반상황으로 간주하기 때문이다. 그것은 남과 북이 통일을 통해 하나의 체제를 가진 국가로 나가기 전에는 양측이 여전히 분단 상황이 되므로 중국의 핵전력과 심지어는 남·북한의 군축 합의가 북한 외 다른 국가들의 핵전략이나 다른 군비에 대비할 실전 무기의 제약이 있을 수 있다. 즉 한반도 비핵화에는 심각한 세 가지의 문제를 안고 있다.

첫째, 한국의 과거 핵은 이미 현재에 존재하지 않는다. 하지만 현재의 핵은 한국의 비상시 미군의 핵이 대신하여 단 기간 또는 장기간 한반도에 머무는 것이다. 즉 이 합의로 현재의 핵과 미래의 핵은 한반도에 존재할 수 없는 것이다.

둘째, 북한이 완전한 핵 폐기를 한다고 하더라도 후견인 역할을 하는 중국은 핵을 보유할 수 있으므로 실질적으로 한반도를 핵 무력으로 위협한다고 했을 때, 대한민국 영토 내에는 핵을 배치할 수 없기 때문에 실질적 위협에 직면할 수 있는 것이다.

셋째는 미래 주변 국가의 핵위협에서 벗어 날만한 미래의 핵마저 제한하므로 핵위협에 맞서는 대치 전력이 전무하다는 것이다. 결국 남한의 완전한 무장해제에 대하여 동의한 것이라 규정할 수 있는 것이다.

미군 철수 Ⅰ

다음 합의 내용은 4·27합의서의 제3항으로 남한과 미국에 있어 가장 예민한 영역이다. 종전을 선언하고 정전협정을 평화협정으로 가는 방안을 합의한 내용이다.

"남과 북은 정전협정체결 65년이 되는 올해에 종전을 선언하고 정전협정을 평화협정으로 전환하며 항구적이고 공고한 평화체제 구축을 위한 남·북·미 3자 또는 남·북·미·중 4자회담 개최를 적극 추진해 나가기로 하였다."

평화협정과 미군 철수문제에 대한 의견이 분분하다. 별개로 보는 견해는 "한반도에서 평화협정이 체결되면 북한을 상대하는 유엔사(UN)는 해체 절차를 밟겠지만 한·미연합사령부는 한·미상호방위조약을 근거로 방어를 위해 계속 주둔할 수 있다."[68]로 보는 경향이다.

하지만 현 정부의 외교안보특보는 "한반도 평화조약(협정)이 체결되고 북한이 비핵화를 하고 북한과 미국이 국교 정상화를 하면 자연히 주한미군을 계속 주둔하느냐 마느냐에 대해 논의가 이뤄지게 될 것이고 한국 보수 진영에서 그것(그런 논의)에 대해 상당히 비판적으

---

68) 노컷뉴스. "평화협정 체결되면 주한미군 철수한다?", 2018. 4. 5.

로 볼 텐데 이런 것을 미리 준비할 필요가 있다는 의미에서 얘기한 것이지, 제가 주한미군 철수를 주장한 적은 없다."고 토로했다.[69]

이 내용에 대해 특보는 주한미군 철수를 주장한 적이 없다고 하지만, 평화협정 이후 북한의 핵 폐기가 된 이후에는 주한미군의 주둔 문제가 반드시 거론될 것이라는 관점에서 보고 있다.

평화협정과 한·미상호방위조약은 별개의 문제이므로 주한미군의 주둔 문제는 별개인 것은 확실하다. 하지만 주한미군 철수문제와 평화협정을 연결시키는 것은 보수가 아니라 진보 측이라고 규정하고 있다.

미군 철수 문제는 한·미 간 관계가 불편할 때마다 한국의 진보 그룹에서 끊임없이 해 온 주장이다. 이런 주장의 근거를 살펴보면 "미국은 남한을 불법 점유하고 있고 미국의 필요에 의하여 주둔하고 있다."고 주장하고 있다. 즉 평화협정문제가 한·미상호방위조약과 별개라는 차원에서 미군 철수 주장은 근거가 없다고 하지만 평화협정 체결 후에는 반드시 미군 철수 문제가 대두될 것이라는 사실은 너무나 자명하다. 즉 평화협정이 주한미군 철수의 필수 사항은 아니지만 선택사항으로 대두되고 그 선택사항이 결국은 주한미군의 완전한 재편이나 철수를 논하게 될 수밖에 없는 것이다.

이 문제에 근거하여 9·19 평양합의 후, 문재인 대통령의 종전선언에 대한 발언은 눈 여겨 볼 필요가 있다. "평화협정은 완전한 비핵화가 이뤄지는 최종단계에서 이뤄지고 그때까지는 기존의 정전체제가 유지될 것"이라며 "유엔사의 지위나 주한미군의 주둔 필요성에는 전

---

69) 연합뉴스, "문정인 '평화협정 이후도 주한미군 주둔 찬성… 철수 주장한 적 없어", 2018.
  5. 4.

혀 영향이 없다."[70]라고 발언했다.

여기서 두 가지 문제를 지적할 수 있다. 하나는 종전선언으로 미군이 철수한다는 입장으로 보는 것은 너무 이른 판단임을 누구나 잘 알고 있다. 하지만 종전선언 자체가 평화협정으로 연결되는 것이고 평화협정 이후에는 주한미군문제를 거론할 수밖에 없는 상황이 온다는 것을 명확히 거론하고 있지 않은 것이다.

다른 문제는 평화협정 서명 당사자는 정전선언의 당사자이므로 중국이나 러시아 그리고 국내의 진보 그룹들이 평화협정 체제하에서 주한미군의 문제를 강력히 제기하면 한·미 간의 문제라도 주한미군의 역할 변화나 주둔 문제는 불가피한 것이다. 그래서 이 부분에 대하여 현 정부의 설명은 비현실적이다. 주한미군 문제에 대해 "김 위원장도 동의한 것이다." 발언 역시 제약이 있다. 북한은 믿는 구석이 있는 것이다. 북한에서 직접 주한미군 문제를 거론하지 않더라도 종전선언 이후에는 북한의 나팔수가 많기 때문이다.

전쟁 중인 한반도에서 휴전을 통한 정전협정은 주한미군의 주둔 명분이었다. 그 반대로 평화협정은 전쟁을 종결짓고 평화를 추구하는 것으로 미군이 한반도에 주둔할 수 있는 명분을 없애게 된다.

미군 철수문제는 남한에 있어 대단히 예민한 사안이다. 이 문제의 핵심 결정권은 미국과 남한이 갖고 있다. 하지만 북한과 중국, 러시아도 미군 주둔과 관련 상당한 영향력을 줄 수 있다. 북한은 분단 내내 미군 철수를 강력히 주장해왔다. 미군 철수는 북한 3대 정권의

---

70) 2018년 9월 20일, 9·19 평양남북정상회담 귀환 후, 동대문 프레스센터 문재인 대통령 대국민보고 일문일답 내용

숙원이었다.

2017년 7월 13일 노동신문에는 주한미군 관련 다음과 같이 주장하고 있다.

북한 노동신문은 2018년 9월 13일 한반도의 긴장완화와 평화 보장은 철두철미 남조선에서 미군을 몰아내는 데 그 근본 열쇠가 있다고 주장했다. 신문은 개인 필명 정세논설에서 "미군의 남한 강점은 한반도와 동북아시아 지역의 평화와 안정을 파괴하는 주된 근원"이라며 이같이 강변했다.

신문은 미군이 남한에 남아있을 구실이 없어지기 때문에 미국은 한반도 정세 완화를 절대 바라지 않는다면서 "때문에 미국은 정세를 인위적으로 긴장시키는 길로 나가면서 남한의 영구 강점을 노리고 있다."고 억지 주장했다.[71]

평화협정 자체가 서명되는 경우 주한미군 문제는 뜨거운 화두로 남·북·미·중 사이에 반드시 나올 것이며 이슈가 될 것이 확실하다. 동시에 국내에서는 좌우파의 분쟁으로 역시 큰 논쟁거리로 남남갈등의 첨예한 불씨로 부상할 것이 확실하다.

한국은 사드배치에 대한 중국의 강력한 항의에 떳떳한 입장을 보여주지 못했다. 만약 평화협정에 중국이 참석하고 미군 철수를 강력하게 요구하는 경우 한국이 그런 요구를 거부할 수 있을지 의문이다.

---

71) KBS world Radio, 북한신문 또 주한미군 철수 주장, '미군 몰아내는 게 한반도 긴장 완화 열쇠', 2017. 9. 13.

평화협정상에서 남한의 필요성만으로 미군주둔이 가능하다는 것은 모순이다. 합의문의 평화협정 삽입은 중대한 오류다. 평화협정에 대한 합의가 근본적으로 미군 철수라는 문제를 자연스럽게 지면으로 끌어올리게 되므로 이후 남·북·미·중의 4자 체제에서 대단히 큰 문제의 불씨가 될 수 있기 때문이다.

미군 철수 II

미·북회담으로 미국이 반드시 거쳐야 할 문제가 바로 미군 철수 문제이다. 앞에서 거론한 것처럼 북한의 핵 폐기에 따른 미국의 북한에 대한 체제보장과 함께 평화협정의 서명은 주한미군의 지속적 주둔에 있어 명분을 잃게 된다. 이 문제는 남한이 요구할 수 있지만 이 문제의 칼자루는 북한과 미국이 가지고 있다.

트럼프정부는 취임 초기부터 주한미군의 분담금 문제에 대해 지적하고 있다. 한국측 비용부담이 충분하지 않고 한국이 사용하는 미국 전력자산에 대한 가치도 요구하고 있다. 이런 사유로 인해 트럼프 취임부터 주한미군 철수론이 꾸준히 제기되어 왔다. 미군 철수 문제는 미·북회담의 의제로 또한 트럼프정부의 요구로 미군 철수에 대한 문제는 주요 쟁점으로 부상할 여지가 더욱 커졌다.

미국의 국익적 차원에서 주한미군 주둔은 태평양지역에서 중요한 의미를 갖는다. 하지만 북한이 미·북수교로 가고 미국의 자체적 이익을 극대화하기 위하여 주한미군 철수론을 실질적으로 시행할 수 있는 가능성을 안고 있다. 물론 미국 의회에서 주한·미국 감축론을 제약하고 있다.

북한이 원하는 경우 중국견제를 위하여 주한미군 주둔이 당분간 필요하다고 하는 가능성을 상정할 경우 주한미군의 남·북한 배치도 예상해볼 수 있는 있을 것이다. 하지만 이 부분은 여전히 미지수라 그 향방은 더욱 두고 봐야 할 것이다. 중요한 것은 주한미군문제는 시간의 문제일 뿐 주한미군 주둔의 명분이 사라질 가능성이 높으므로 이것에 대한 한국정부의 대책은 분명히 요구되어진다.

주한미군의 경제적 가치

북한의 비핵화와 맞물려 미국이 북한에 종전선언을 해주는 경우, 주한미군 철수문제의 자연스런 표면 부상은 불가피하다. 하지만 이 가능성에 대해 현 정부는 주한미군은 그대로 유지될 것이며 북한도 주한미군 철수에 대한 얘기가 전혀 없으므로 문제될 것이 없다는 입장이다. 그것은 어디까지나 미국과 한국이 결정할 상황이라 단정 짓고 있다.

이런 관점에서 주한미군의 주둔이 갖는 정치적 관점을 차치하고라도 경제적 관점의 평가는 재고될 가치가 있다. 주한미군 주둔에 있어 경제적 효용성은 국가신임도 확대와 국민경제에 엄청난 파급효과를 주고 있음이 확실하다.

권헌철 국방대학원 교수는 그의 논문에서 주한미군의 경제적 가치를 다음과 같이 분석하고 있다. 현재 2만8천 명의 주한미군이 한국에 주둔하고 있다고 가정할 때, 그들이 보유한 장비 가치가 17~31

조 원으로 추정되며, 이 전력을 대체하기 위해서는 23~36조 원이 추가 소요될 것으로 예상하였다.

또한 전시에 자동 개입되는 대북억제력의 상징인 미 증원전력의 가치는 120조 원 이상으로 추정된다고 발표하고 있다. 평시에는 주한미군 운영비 지출을 통해 10억 달러 이상의 물품을 구매하고 1만 2,000여 명의 한국인 근로자를 고용하는 것으로 평가했다.[72] 이런 경제적 평가는 주한미군의 정치, 안보, 군사적 효용성 측면 이외에도 실질적 경제적 가치에 있어서도 엄청난 부가 가치를 제공하고 있음을 알 수 있다.

남·북한이 통일 전의 남·북교류와 통일로 가는 점진적인 발전이 있다 할지라도 주한미군의 주둔은 다양한 측면에서 한국의 안보와 경제적 측면에서 고려되어져야 한다. 종전선언을 통해 평화협정으로 가는 수순에서 주한미군 철수문제가 공론화 된다면 이 문제는 대한민국의 현실에서 대단히 심각한 문제로 대두될 수 있다. 이 문제는 남·북한이 본격적 통일의 기류를 타고, 주적이었던 북한이 사라진다 해도 모든 주변 강대국들로부터 위협은 날로 높아질 가능성이 상존하는 것이다.

이런 측면에서 독일이나 일본처럼 주한미군의 주둔은 의미를 달리하는 역할이 절대적으로 요구되어질 수 있다. 그것은 바로 무력전을 통한 전쟁과 경제전쟁이라는 처절한 약육강식의 관점에서 좀 더 치밀한 대처가 요구되는 것이다.

---

72) 권헌철, "주한미군의 가치 추정: 경제에 미치는 영향과 대체비용 추정", 안보문제연구소 국방연구 54~2, 2011. 9. 15.

남·북총선과 연방제통일

남·북한총선에 대해 남한은 익숙지 않다. 하지만 북한은 연방제 통일방안을 이루기 위해 분단 이전부터 남·북한총선을 지속적으로 주장해왔다. 물론 남·북한의 경제 차이가 확대되고 사회주의 국가들의 붕괴로 인해 남·북총선에 대한 북한의 제안은 약간의 변화들을 거쳤다. 북한은 1948년 4월, 평양연석회의에서 미소 양군에 보내는 요청서에서 다음과 같이 미소 양군 철수와 조선의 자주적 정부 수립을 주장했다.

"……남·북 조선의 전체 인민은 통일과 민주주의를 요구합니다. 우리 인민은 외국의 간섭 없이 자기의 손으로 통일적 민주 정부를 수립할 능력이 있습니다. 우리의 현하의 정세로 보아서 이러한 조건 하에서 가장 현명하게 해결할 길은 조선에서 외국 군대가 동시 철거하고, 조선 인민에게 자기의 손으로 자기의 국내 문제를 해결할 권리를 주자는 제의를 실현함에 있다고 확인합니다." [73]

이 내용은 구체적으로 4월 30일 공산주의자들만으로 일방적으로 채택된 공동성명은 '남조선의 미군주둔'이 '통일의 유일한 장애'라 지적하고, 외국군 철수→전조선인민의정치회의→남·북임시정부 수립 →총선 실시→제헌의회 구성→통일정부 수립이라는 통일과정을 제시했다.[74]

북한이 꾸준하게 제시했던 남·북총선문제는 한국에서는 그리 심

---

73) 국사편찬위원회, 『자료 대한민국사』 6호, 서울: 국사편찬위원회, 1972, pp. 836~837.

74) 김학준, "분단사의 재조명", 『분단과 통일 그리고 민족주의』, 서울: 박영사, 1984, pp. 58~59.

트럼프의 세계 질서에 대한 도전_315

각한 고려사항이 아니다. 하지만 북한은 건국 이후부터 현재까지 남·북총선문제를 꾸준히 거론하고 있다.

1950년 6·25전쟁 남침 6일 전에는 조선민주주인민공화국 최고인민회의 상임위원회의 이름으로 북한 최고인민회의와 남조선 국회를 단일한 입법기관으로 연합하자며 평화통일을 실천하기 위해 전조선 입법기관이 공화국의 헌법을 채택하고 이 헌법에 기초하여 앞으로 전조선 입법기관 총선거를 실시할 것을 제의했다.

이후 1954년의 제네바정치회담에서도 북한대표 남일은 외국군 철수 이후 6개월 내 남·북총선거를 제의했다. 이후 북한은 고려민주연방제를 제안하고, 김일성은 1960년 8월 14일 8·15해방 15주년 기념사를 통해서 남·북연방 제안은 외세간섭 없는 남·북한 자유총선거 실시, 과도적 조치로서 최고민족위원회의 구성을 통한 남·북연방제 실시, 앞의 제안에 동의할 수 없으면 남·북경제위원회를 조직하자는 세 가지 통일방안 가운데 하나인 선택적 제안[75]을 제시하였다.

이와 같은 선택적 제안은 1971년 4월 21일 최고인민회의 제4기 5차 회의에서 북한외상 허담이 제시한 8개 평화통일방안에까지 이어진다. 8개 평화통일방안이란 미군 철수, 쌍방 군대의 10만 또는 그 이하로의 감축, 한·미상호방위조약과 한·일협정의 폐기 또는 무효선언, 자유총선거에 의한 통일중앙정부수립, 제분야의 상호교류와 협조실천, 과도적 조치로서의 연방제 실시, 이상의 문제를 협의키 위한 남·북정치협상회의의 진행이다.[76][77]

---

75) 국토통일원, "남북한통일제의자료총람", p. 478.

76) 노중선, 『남북한 통일정책과 통일운동 50년』, 서울: 사계절, 1996, p.145.

77) 남광규, "북한의 평화통일정책과 남북총선", 평화학연구, 제18권 4호, 2017, pp. 15~21.

이렇듯 북한은 현재까지 연방제통일방안과 함께 남·북총선을 주장하고 있다. 이런 북한의 제안은 2000년 6·15선언과 그 맥을 같이한다.

표8 2000년 6·15 남·북공동선언의 이행 제안[78]

외세배제	연방제통일	민족통합
민족자주의 원칙 견지	연방제방식의 통일 지향	민족대단결 도모

북한이 주장하는 남·북총선의 기본 틀은 미군 철수(외세배제)이다. 미군 철수는 연방제통일과 그 맥을 같이한다. 이런 내용은 6·15선언을 강조하는 다양한 북한 자료를 근거로 한다. 북한의 주장을 살펴보면 다음과 같다.

"민족의 자주권과 존엄을 지키고 민족의 의사와 리익에 맞게 조국통일을 실현하기 위하여서는 사대와 외세의 의존을 배격하고 외세의 침략과 간섭을 반대하여 견결히 투쟁하여야 한다."[79]

북한에게 있어 '조국통일'로 가기 위한 대전제는 '외세배제'이며 '외세배제'는 곧 '민족자주위업', '민족제일주의', '우리민족끼리'와 연결된다. 조국통일은 6·15에서 합의한 '낮은 단계의 연방제'와 연합제로 귀결된다. 북한은 6·15에 대한 합의를 다음과 같이 정의하고 있다.

"공동선언은 통일문제를 우리 민족끼리 힘을 합쳐 자주적으로 풀

78) 김태영, 『애국애족의 통일방안』, 평양출판사, 2001, p. 211.
79) 엄국현, 『조국통일과 미군 철수』, 평양출판사, 2005, p. 142.

어 나감으로써 서로 갈라져 적대시하던 남과 북을 통일의 당사자로 만들고 남·북 관계를 화해와 협력의 관계로 전환시켰으며 한반도에서 군사적 긴장상태와 전쟁위험을 제거할 수 있는 환경을 마련하였다. 다시 말하면 (6·15)공동선언은 민족자주를 첫 자리에 내세움으로써 남·북 관계와 통일운동전반을 일변시켰으며 동족 사이의 대결과 전쟁위험이 항시적으로 짙던 한반도에 자주와 평화통일의 물결이 사품치게 하였다."

북한은 이와 함께 낮은 단계의 연방제와 연합제를 명확하게 '연방제통일'로 규정하고 있다.

"(6·15)공동선언은 이북의 낮은 단계의 연방제안과 이남의 연합제안의 공통성을 살려 장차 연방제통일에로 나가는 길을 명시함으로써 남과 북이 조국통일을 위한 공동의 설계도를 가지고 확신성 있게 통일에로 나아갈 수 있는 튼튼한 초석을 마련하였다."[80]

문제는 이런 6·15공동선언을 더욱 구체화시키고 명확히 한 것이 4·27합의로 볼 수 있다.

"남과 북은 한반도의 항구적이며 공고한 평화체제 구축을 위하여 적극 협력해 나갈 것이다. 한반도에서 비정상적인 현재의 정전상태를 종식시키고 확고한 평화체제를 수립하는 것은 더 이상 미룰 수 없는 역사적 과제이다. ①남과 북은 그 어떤 형태의 무력도 서로 사용하지 않을 데 대한 불가침 합의를 재확인하고 엄격히 준수해 나가기로 하였다. ②남과 북은 군사적 긴장이 해소되고 서로의 군사적 신뢰가 실질적으로 구축되는 데 따라 단계적으로 군축을 실현해 나가기로

80) 최기환, 「6·15시대와 민족공조」, 평양출판사, 2005, pp. 30~31.

하였다. ③남과 북은 정전협정체결 65년이 되는 올해에 종전을 선언하고 정전협정을 평화협정으로 전환하며 항구적이고 공고한 평화체제 구축을 위한 남·북·미 3자 또는 남·북·미·중 4자회담 개최를 적극 추진해 나가기로 하였다."

4·27합의에 명시된 내용의 핵심은 바로 '종전을 선언하고 정전협정을 평화협정으로 전환하며 항구적이고 공고한 평화체제를 구축'한다는 내용이다. 평화협정을 통하여 외세를 배제(주한미군 철수)하고 북한이 원하는 연방제통일방안의 명확한 프로세스를 제시하고 합의한 것이다.

남·북한의 합의 내용 해석상 다른 의미를 가질 수 있는 가능성은 존재하나 실질적인 내용에 있어서 4·27합의는 북한이 주장하는 외세배제를 위한 가장 중요한 전제조건인 종전선언과 평화협정에 대하여 남한이 적극 지지함으로 이전 그 어느 합의서보다 북한의 대남전략에 근접한 내용으로 이해될 수 있다. 결국 이 내용은 추후 남남갈등의 주요한 이슈가 될 것이며 미·북합의로 가는 과정상에 가장 큰 걸림돌이 될 것이 확실하다.

자본주의와 공산주의의 부조화

자본주의(자유민주주의)와 공산주의의(사회주의) 조화가 가능한가? 이 제목 자체가 불편한 진실이다. 결론적으로 말하면 불가능하다. 자본주의(자유민주주의)와 공산주의(사회주의)의 핵심 차이는 소유권의 문제이다.

자본주의와 공산주의는 이런 이데올로기의 문제일 뿐만 아니라 동시에 개인 삶에 대한 가치평가와 삶의 질에 대한 문제이다. 삶에 대한 가치는 인간이 누릴 기본적 권리를 논하는 것이다. 70~80년대 정점으로 타올랐던 공산주의(사회주의)는 국민들의 기본 권리, 인권, 자유를 보장하지 못하였다. 국민들이 공산주의를 버리고 자유 민주주의를 선택한 이유이다.

공산주의가 붕괴된 또 다른 이유는 자정능력의 상실이다. 사회주의 국가는 개인의 권리와 인권을 말살하고 스스로의 문제에 대한 자정능력을 상실했기 때문에 국민은 국가를 버렸다. 국가 소유인 모든 언론매체들은 정권을 비호하고 추악한 모든 부패와 비리를 철저하게 숨기는 역할을 주도했다.

겉으로 바라보는 공산주의 사회는 철저히 가면을 쓰고 위장술을 동원했다. 하지만 그 위장된 권력 뒤에는 더욱 만연한 비리와 부패로 곪아 있었으며 그 국가 체제를 갉아먹었다. 계속되는 비리와 부패는 끊임없이 사장되고 묻혔다. 결국 이런 불합리한 부패와 비리는 기정사실화되고 체제를 흔들며 개인의 삶을 파멸로 몰고 갔다. 그나마 안정된 삶을 영위하는 세력은 비밀스런 권력에 빌붙어 있는 자들만이 살아남을 수 있었다.

자본주의도 다양한 문제점을 양산하고 있다. 배금주의가 낳은 부정적 요소들이 다양한 비리와 부패를 지속적으로 양산해내고 있다. 극심한 황금만능주의는 비리의 온상이 되고 빈부의 차를 극대화시켰다. 인간의 물질적 향유는 상당부분 해결되었지만 향락과 퇴폐는 더욱 만연해졌다. 또한 극단적 자본주의는 평등한 국민의 삶을 추구한다는 명분으로 분배라는 원칙아래 포퓰리즘을 극대화하며 자본주의를 사회주의 국가로 변질시키는 오류를 범하고 있는 것이다.

하지만 다행스러운 것은 국가의 자정능력이 그런 자본주의 문제를 그나마 보완해주고 있었다. 즉 배금주의와 물신주의에도 불구하고 이런 문제들을 교정하고 극복하려는 개인과 단체 또는 국민들이 존재한다. 동시에 이런 흐름을 호응하고 비판하는 언론들이 동참하는 것이다. 그것은 자본주의가 갖는 자유민주주의 체제의 고발정신이 지속적으로 작동되고 있기 때문이다.

만약 이런 고발정신과 비판정신이 공산주의나 사회주의 국가에 존재했다면 동시에 언론들이 그런 정신에 동참한다면 과연 그 공산주의와 사회주의는 그 사회를 그대로 유지할 수 있을 것인가? 역시 불가능하다. 자본주의와 공산주의는 삶의 영위 방법과 삶의 질에서 큰 차이가 난다. 완전히 다른 체제가 조화되고 섞이는 것은 불가능하다. 그것은 기름과 물이 혼합되기를 바라는 어리석은 놀음인 것이다.

이 질문에 있어, 남한과 북한의 통일은 당장 가능한가, 또한 한반도의 평화는 지속될 수 있겠는가라는 질문을 던지게 된다. 소유의 개념이 다르고 사상과 이념이 별개인 같은 말을 쓰는 민족이라 하여 잘 섞이고 조화될 수 있다고 하는 것은 극히 어려운 문제이다.

결론적으로 자본주의와 공산주의의 다른 체제와 이념은 조화로운 관계를 구축할 수 없는 것이다. 현재 3만 명 이상의 탈북자들이 남한 사회에 거주하고 있다. 이들은 같은 언어와 민족성을 가지고 있지만 한국 사회 적응에 대단히 큰 어려움을 겪고 있다. 결국 내재된 이데올로기의 갈등은 결국 극렬한 분열을 조장하는 원인이 된다.

어떤 이들은 그것이 넘어야 할 산이라고 얘기한다. 하지만 그것은 넘어야 할 산이 아니라 어느 한쪽이 완전히 다른 한쪽으로 편입되는 것이다. 그것은 통일이 아니라 종속이다. 아니면 굴욕적으로 지배 받는 것이다.

자본주의와 공산주의에서 공통성을 발견하기란 불가능하다. 공통성은 존재하지 않는다, 공통성을 찾는 과정을 통해 또 다시 분열될 수밖에 없을 것이다. 북한은 왜 체제보장에 목을 매는 것일까. 자유민주주의 국가에서 대통령이 잘못하면 탄핵이라는 도구가 있다. 공산주의 국가는 그것이 용이하지 않기 때문에 독재가 지속적이다. 그 독재가 사라졌다고 하는 것은 공산주의나 사회주의를 버리는 것이다.

그렇다면 중국은 공산주의 국가인가? 변종인 실용적 사회주의는 무엇인가? 먹고 사는 문제는 해결했지만 인권과 인간의 가치와 권리를 구속한다면 그것은 여전히 공산주의 국가이다. 또한 자정능력이 없다면 그것 또한 국가체제유지에 방해가 될 것이다. 자본주의를 향유한 국민들은 그 풍요함을 더욱 추구하려는 욕구를 갖게 된다. 그 욕구 또한 더욱 강렬해진다. 그것은 현재 중국과 북한이 가질 심각한 고민인 것이다.

한·미의 충돌

미·북회담으로 가는 과정은 험난하다. 그만큼 다양한 과정이 행동 대 행동의 원칙하에 실질적으로 실행되어야 한다. 미·북회담의 결과에 따라 다양한 변화들이 남·북한, 한반도 그리고 국제사회에서 일어날 수 있다. 그만큼 미·북회담을 통한 합의 내용 이행 여부는 전 세계를 요동치게 할 수 있다.

트럼프정부와 현 한국정부 간 신뢰관계는 불안하다. 그것은 트럼프정부의 대북정책과 현 정부의 대북정책에 미세한 불일치가 있기 때문이다.

남한 특사의 북한방문 이후 4월 달 남·북정상회담과 6월 미·북정상회담이 마무리되었지만 한·미 간에는 여전히 균열의 기미가 보인다. 한국의 대북정책과 대중정책 그 외 군사적인 분야에서도 여전히 이견이 있다. 미·북회담 주선으로 한국정부가 대단히 큰 역할을 했음에도 미국의 조야는 문재인정부에 대한 의심을 갖고 있다.

미국의 의심은 현 정부의 진보적 성향에 큰 의문을 품고 있다. 특히 현 정부를 감싸고 있는 측근들의 진보적 성향을 경계하고 있다. 어쩌면 한국정부의 그런 성향이 미국 안보정책과 마찰을 빚으며 반미적 성향으로 확대될 가능성에 대한 경계심이다. 이 가능성은 미·북회담의 과정과 결과에서 또는 그와 관계없이 한·미 간에 나타날 수 있다.

미·북회담의 결과와 관계없이 한·미 간의 관계에는 정리될 것이 의외로 많다. 그것은 현 정부가 가는 진보적 성향이 미국과 맞느냐 미국은 먼저 검증하게 될 것이다.

첫째, 남·북회담과 미·북회담의 과정에서 불거지는 주한미군 문제이다. 미국의 전략상 주한미군 주둔은 대단히 중요하다. 하지만 미·북 간 좋은 결과는 미군배치의 명분을 상실하고 상당한 수의 미군이 일본에 상주하므로 대한민국 미군 주둔에 대한 현실성이 미국 의회에서도 고려될 것으로 보인다. 한국은 자연스럽게 미군 주둔에 대한 자의적이던 타의적이던 입장 표명이 불가피할 것이다. 이런 상황에서 한·미 간 이견은 양국 관계를 어렵게 만들 소지가 있다.

둘째, 중국에 대한 한국의 입장이다. 남한은 미국과 중국 중에 하나를 선택해야 하는 그런 도전에 봉착되게 될 것이다. 그것은 한·미동맹의 굳건한 기치가 지속적으로 유지될 수 있는지에 대한 여부이기도 하다. 남·북회담과 미·북회담으로 한국정부는 미국으로부터 많은 것을 시험 받게 될 것이다.

현 정부의 남·북교류는 한·미동맹을 이미 앞지르고 있다. 북한의 편을 들며 비핵화에 성의를 보이지 않는 북한에 대해 남·북한 간 합의를 우선시하는 경향이 있다. 대표적인 것이 북한 철도, 도로 건설 사업에 대한 이행이다. 동시에 개성 남·북연락사무소 설치 등의 예민한 사안이다. 또한 정부가 묵인한 북한 석탄 수입이다.

현재 남한정부는 국제사회가 북한에 걸고 있는 대북제재의 경계선을 위험하게 드나들고 있다. 무엇보다도 미·북합의에 대한 미국의 이행 여부를 더욱 압박하고 있는 형국이다. 지금 남한정부는 미국의 눈을 피해가며 북한에 대한 지원을 실질적으로 고려하고 있다.

미국이 남·북한교류와 협력에 부정적 입장을 보이면 현 정부는 미국의 내정간섭으로 몰아가려는 경향을 보이고 있다. 이런 관계성은 한·미동맹의 근간을 흔들고 미국에 지극히 부정적 인상을 줄 수 있다. 동시에 현 정부의 한·미관계를 근본적으로 의심하는 경향으로 나타날 수 있다.

결국 한·미가 공조한다는 것은 북한의 실질적 비핵화까지 국제적인 틀에서 한·미가 일치된 행동을 보이는 것이다. 이 일치된 행동에서 미세한 균열은 한·미관계를 극도로 악화시키는 요인이 될 수 있다. 그것은 북한에게 더욱 정치적 만족감을 주려는 남한정부의 행동에 기인한다고 볼 수 있다.

대한민국의 착각

한국은 현재 세계 12위권의 경제 강소국으로 자리 잡았다. 전 세계적으로 압축성장의 가장 모범적 사례를 보여주고 있다. 남·북한 분단 상황에서도 한국은 자유민주주의 정착과 고도의 경제성장을 이루어냈다. 이런 국가적 위치를 만들어 낸 것은 대한민국 국민의 의지와 지칠 줄 모르는 근면함이 자리 잡고 있다. 분단이 없었다면 대한민국은 더욱 큰 발전을 이루었을 것이 확실하다.

70년대까지 북한은 남한보다 경제적으로 우월한 지위를 가지고 있었다. 그것은 분단 가운데 남과 북이 첨예한 경쟁을 통해 다른 한쪽을 앞서기 위한 발로에서 시작되었다.

하지만 이런 북한의 우위는 80년대를 시작으로 급격한 변화를 맞았다. 이후 북한은 체제적 문제와 각종 자연재해, 국제적인 경제 제재를 통해 북한 경제는 심각한 위기를 맞게 되었다. 이런 위기가운데 고난의 행군과 극심한 식량난은 북한 체제의 붕괴론을 정당화시켰다. 하지만 북한은 심각한 경제난에도 불구하고 그 체제를 현재까지 유지해왔다.

서방이 북한 핵 개발을 알고 있었음에도 초기에 북한과 담판 짓지 못한 것은 바로 북한 붕괴론에 지나치게 비중을 두었기 때문이다. 남한에서도 북한 핵 개발에 지나치게 낙관적인 입장을 취하고 있었고 심각한 경제난에 의해 북한 핵 개발은 오래 가지 못할 것이라는 관점을 가지고 있었다.

하지만 북한은 어려운 경제상황과 심각한 식량난에도 불구하고 핵 개발 완성을 하는 단계까지 도달하였다. 이런 상황이 어떻게 가능했을까?

앞에서도 이미 지적했듯이 북한의 체제는 대단히 특이한 구조를 가지고 있다. 이들의 내구력은 북한의 건국자인 김일성을 중심으로 굳게 뭉쳐져 있다.

김일성 주석은 신이며 이미 컬트 수준의 종교적 구조로 되어 있다. 주체사상은 기독교의 성경과 같으며 김일성 주석은 신의 단계에 놓여 있다. 그리고 국민들은 신도이며 그들이 말하는 백두혈통에 대하여 절대 복종과 숭배적 환경이 고착화된 것이다.

또한 종교적 내성과 같이 외부의 탄압이 강하면 강할수록 응집하는 특징을 가지고 있다. 이 부분은 대단히 미스터리한 현상이지만 현 북한 체제가 유지될 수 있었던 가장 기본적인 역량인 것이다. 한국은 이런 북한에 대하여 경제적 우위와 정치, 군사적 우위에 있기 때문에 북한 체제는 오래 못 갈 것이라는 착시 현상이 있다.

북한이 미·북회담을 통하여 핵을 포기하고 경제적인 지원이 필요하기에 절대적으로 남한이 주도하는 방향으로 갈 것이라는 그런 착각도 같이 하고 있다. 하지만 현재 남한에서는 남남갈등으로 이념적 갈등이 극에 달해 있다. 남남갈등은 결국 북한에 대한 친북 및 좌파적 성향으로 대한민국에 대한 반발로 나타나고 있다.

북한 인구에 거의 두 배가 되는 인구수의 우월성과 경제의 우월성으로 인해 북한에 대하여 지나치게 감상적 관점을 견지하고 있다. 이 부분은 대단히 위험하며 앞으로 대한민국이 풀어야 숙제이다.

북한이 핵을 포기하고 경제개발 국가로 나가고 체제 보존을 위해 수동적 입장에 놓인다 하더라도 북한이 가지고 있는 체제적 내구성과 그들이 주장하는 사상강국이라는 말을 주목할 필요가 있다.

북한은 그냥 사회주의 국가가 아니다. 종교적 특성을 가지고 있는 특이한 사회주의 국가이다. 이 부분은 북한 비핵화가 현실화되더라도 남한이 주도권을 가지고 북한을 끌고 가는 것에 한계가 있다는 것을 의미하는 것이기도 하다.

미국의 강력한 지원은 대한민국 체제의 근간

분단 70년, 북한 핵의 완성, 미·북 간의 최종적 담판이 임박해오고 있다. 한국과 미국의 새로운 관계 정립은 필수적이다. 분단과 함께 군정으로 시작한 남한 미군 역사는 대한민국의 역사적 굴곡과 그 궤적을 같이 하고 있다.

미국의 대한민국 주둔은 밝은 면과 어두운 면을 극명하게 조명하고 있다. 분단 이후, 대한민국의 선택에 관계없이 남한은 소련과 중국, 북한이라는 강력한 사회주의 국가들에 둘러싸여 자본주의와 사회주의의 경계선을 위험하게 유지해왔다. 이런 대외적 환경 가운데 남한이 사회주의화 되지 않고 자유민주주의 체제를 고수할 수 있었던 것은 미국의 사회주의에 대한 강력한 저항 때문이었다.

다행이게도 미국의 공산주의에 대한 강력한 저항은 남한의 자유 민주주의 체제 유지의 근간이 되었고 현 대한민국을 건설하는 데 지대한 역할을 했음을 부정할 수 없다.

하지만 미군의 대한민국 주둔은 외세의 군대가 남한에 강제 점령하고 있다는 부정적 이미지를 북한에게 인식하게 만들었다. 동시에 북한에게는 자주적 주권과 주체사상이라는 이념적 틀을 고착하게 만들었다.

북한은 남한의 미군 주둔은 일제로부터 해방된 한반도를 또다시 미국의 식민지로 전락시키는 불행한 역사를 만들었다고 비난해왔다. 동시에 북한은 남조선해방이라는 담론을 만들어냈고 남한의 상당한 진보세력들을 끌어들이는 중요한 모티브가 되었다.

일부 진보나 좌파세력들은 남한을 미국의 식민지로 규정하고 주한미군 철수를 지속적으로 외쳐왔다. 동시에 주한미군의 주둔을 정당화시키는 세력에 대해서는 종미나 숭미로 규정지으며 자주권이 없는 친미 세력으로 몰고 나갔다.

현재 주한미군의 역할은 초기 주둔 목적보다 동북아에서 훨씬 방대한 영향력을 행사하고 있다. 냉전시대를 거쳐, 탈냉전을 지나 다국적 체제로 접어들면서 동북아의 정치, 군사적 관계는 훨씬 복잡하고 다양해졌다. 이런 복합적 관계에서 남·북한의 관계도 한반도의 반토막 난 이념을 달리하는 분단 된 국가에서 세계 정치지리학적 관점에서 훨씬 복잡한 양상으로 향하고 있다. 그것은 단순히 가난하고 초라한 경제능력을 가졌던 식민지에서 갓 벗어난 남·북한이 아닌, 남한의 엄청난 경제력과 북한의 핵 보유라는 전혀 다른 관점에서 조망되고 있다는 사실이다. 이런 관점은 그 주변 국가들과의 국익과 관련된 이해관계 속에서도 그 계산이 복잡해지고 있다.

트럼프와 시진핑의 만남에서 시진핑은 트럼프의 귀에 대고 "한국은 중국의 일부였다"라는 발언을 했다. 중국이 한국을 바라보는 관점이다. 미국과 중국의 대한반도 관점은 극명한 차이가 있다. 미국은 영토적 야욕이 없지만 중국이 바라보는 한반도는 중국의 일부라는 개념이 굳게 박혀있다.

이런 상황에서 미·북회담이후 미국의 대남 및 대한반도 전략은 대단히 중요하다. 그것의 핵심은 주한미군 주둔과도 깊은 연관성을 가지고 있다. 특히 대한민국이 미국과 중국 양자택일의 기로에 놓일 가능성도 배제할 수 없는 것이다.

미·북회담 이후 미국은 북한에게 선 핵 폐기를 강력히 요구하고 있고 북한은 체제보장차원의 종전선언을 강력히 요구하고 있다. 이런 대치된 강력한 양쪽의 요구는 기존 미·북회담의 틀과 완전히 다른 방향으로 가고 있으며 누군가는 양보해야 하는 극단적 선택을 요구 받고 있다.

결국 이런 방향의 종결은 비핵화 된 북한과 주한미군 주둔의 명분이 사라지는 전혀 다른 환경에 직면할 수 있는 가능성을 시사하게 된다. 그 반대로 핵 보유 인정과 주한미군 철수라는 문제와도 봉착될 수 있다. 문제는 이런 상황에서 남한의 대북 전략과 대미 전략의 변화는 불가피하게 된다.

첫째, 북한이 핵을 완전 포기하고 미·북정상화를 통하여 북한이 일반국가화하며 미국과 북한이 화해 친선하는 것이다. 동시에 주한미군의 남한 주둔을 재고하는 것이다. 둘째는 북한의 비핵화가 실패하며 미국이 북한에 대한 무력전을 시도하여 체제를 붕괴시키고 미국 주도 하에 남한과 함께 흡수통일을 시도하는 것이다. 셋째는 미국과 북한이 현재와 같이 평행선을 가며 이전과 같이 어느 부분도 해결되지 않고 현 상태를 그대로 유지(status quo)하는 것이다. 넷째는 미국이 북한의 핵무기를 인정하고 북한은 궁극적으로 핵 보유국의 지위를 얻으며 미국으로부터 체제보장의 명분을 받는 것이다.

문제는 이런 다양한 상황들이 어느 것 하나 남한에게 결코 이롭지 않다는 사실이다. 이런 다양한 선택들이 발생될 소지는 높다. 이런 가운데 남한은 여러 가능성을 두고 미국과의 관계 변화를 고민해 두어야 한다. 이 부분은 대단히 어렵고 복잡한 셈법의 계산이 필요하다.

미국의 요구에 의하여 미군 철수가 이루어진다거나 또는 미·북 간의 합의에 의하여 주한미군의 지위와 역할이 변할 경우도 대비하여야 한다. 이런 상황에서 남한이 취할 자세를 고민해야 한다. 동시에 주한미군의 역할과 범위를 재정립해야 한다. 결국 미국과 동등한 입장에서 한국과 미국이 필요한 부분의 상호 보완과 상호 의존적 관계를 잘 정립하여 바람직한 주한미군의 위치와 역할을 찾는 것이 한반도와 동북아 평화의 핵심이 되는 것임을 잊지 말아야 할 것이다.

동시에 어떠한 환경 속에서도 한·미동맹과 자유민주주의 체제를 굳건하게 유지하는 자세가 선행되어야 하는 것이다. 그것은 동북아와 북한의 어떠한 변화 속에도 대한민국을 스스로 지키기 위한 마지막 보루이기 때문이다.

북한 체제 내구성의 위기

4월 남·북정상회담과 미·북정상회담이 6월 12일 싱가포르에서 마무리되었다. 최근 평양에서 제3차 남·북정상회담도 마무리되었다. 남·북정상회담의 합의에 대한 실행을 위해서는 미·북회담의 결과가 무엇보다 중요하다.

만약 미·북 양측이 합의한 내용을 잘 실행 하는 경우 북한은 핵을 폐기하는 절차로 갈 것이고 미국은 북한에 내려진 모든 경제제재와 군사적 제재를 없애고 실무적 대화로 들어갈 것이다. 이런 분위기에서 거론되는 것이 북한의 개혁·개방(경제개발) 방안이다. 북한은 베트남식을 선호하는 것으로 발표했다.

"베트남식 개혁·개방은 정치적으로 공산주의 체제를 유지하면서 경제를 획기적으로 성장시킨 바 있어 김 위원장이 큰 관심을 가졌던 것으로 평가된다. 베트남의 '도이머이'는 베트남 경제를 연평균 7% 이상으로 확장시키는 결과를 가져온 바 있다.

북한을 경험한 알렉산드르 티모닌 주한 러시아대사에 따르면 북한은 이미 베트남식 개혁·개방에 대한 연구 성과를 상당히 축적한 것으로 알려졌다. 2000년대 초반 위키리크스가 공개한 미국 정부의 외교전문에 따르면 당시 김정일 국방위원장의 후계자 후보로 부상한 김정남과 김정은 중 김정남은 중국식, 김정은은 베트남식 개혁을 선호한 것으로 드러난 바 있다.

김정은 위원장이 베트남 모델에 주목한 또 다른 이유는 미국과의 관계 개선이었다. 베트남 모델의 주요 특징은 외국인 투자자에게 시장을 개방해 해외 자본을 유치함으로써 경제를 성장시키는 것이다. 이를 위해서는 서구 자본의 유입이 필수적인데 미국과의 관계 개선이 전제되지 않으면 서구 자본 유입을 기대하기 어렵다.

베트남전 종료 후 1975년부터 1986년까지 베트남은 전후의 황폐함과 사회문제, 대규모 난민 발생, 캄보디아와의 분쟁, 자연재해 등으로 수렁에서 헤어 나오지 못하고 있었다. 하지만 1986년 도이머이를 계기로 미국과의 관계 개선에 나섰다.

김정은 위원장이 체제 유지를 위해 핵·미사일 개발에 매진했던 것으로 알려졌지만, 핵·미사일을 앞세워 미국과의 담판에 나섰고 이를 포기하는 대가로 미국과의 관계 개선을 요구할 가능성이 높은 이유다.

김 위원장이 미국과의 관계개선을 추구하는 것은 중국을 견제하려는 목적도 담고 있다. 중국과의 교류 경험이 거의 없는 김 위원장은 '혈맹'을 앞세워 내정에 간섭하며 북한을 속국으로 인식하는 중국에 대한 거부감이 있었던 것으로 보인다.

비핵화 의지를 표명하면서 주한미군 철수를 거론하지 않은 것도 이와 무관하지 않다. 북한이 미국과 적대관계일 때 주한미군은 위협의 대상이지만 미·북 수교 이후 주한미군은 북한에 든든한 우군으로 작용할 수 있기 때문이다.

전문가들 사이에서는 최근 한반도 화해무드의 배경이 핵·미사일 개발을 위한 시간 벌기이거나 궁극적으로 한반도 적화통일 목적이 아니라면 미국과 북한의 관계 개선은 한반도 평화정착에도 큰 도움이 될 수 있다는 평가를 내리고 있다." [81]

---

81) 매일경제, "김정은의 선택… 중국식 발전보다 베트남식 개방모델 선호", 2018. 5. 3.

김정은 위원장이 베트남식 개혁·개방을 선호하는 것은 미국과의 관계개선이 우선이라는 이유 때문이다. 하지만 베트남식은 공산주의 체제를 강하게 유지하고 당의 권한을 대폭 강화하는 방안이다.

대외 투자를 받기 위해서 강력한 개혁·개방이 우선되어야 한다. 그 개혁·개방의 전제는 체제적 안전을 보장하는 것이 우선이다. 미국은 국제적으로 북한의 체제안전을 보장해줄 수 있다.

체제안전 보장은 김정은 정권에 대한 보장 그리고 북한 체제 붕괴와 관련된 일체의 행위를 중단하는 것이다. 하지만 북한의 내적 변화, 즉 개혁·개방으로 인하여 바뀔 수 있는 북한 사회의 변화에 대한 부분에 대해서는 미국도 책임질 수 없는 영역이다. 이 부분은 북한 정권이 풀어야 할 숙제이다.

인민과 북한 권력의 갈등

북한 사람들이 현대 사회에 살고 있다고 해서 개방된 자본주의나 중국과 같은 실용적 사회주의 국가에서 거주하는 것은 아니다. 북한에 정치범수용소가 많은 것은 그만큼 통제와 감시가 철저하다는 것을 반증하는 것이다. 북한이 3대 혈통으로 이어지는 정권을 세습하고 내부적 문제가 많았음에도 국가체제를 유지하는 것은 강력한 통제와 감시 때문이다.

북한과 남한이 국가체제를 가졌지만 양측 체제는 심각한 이데올로기싸움으로 소비적인 분단싸움이 지속되었다. 특히 북한은 봉건적 조선시대를 거쳐 일본 45년 지배 하에서 해방되자마자 3대 혈통이 지배하는 왕조국가와 같은 폐쇄적 사회주의 체제를 70년 동안 경험하고 있다.

북한이 최근 상당한 변화가 있다고 하지만 북한 사회는 여전히 통제와 감시가 지배하는 사회이다. 그 어느 사회보다 강력한 독재 권력이 국가 체제를 점령하고 있다. 특히 북한은 사회주의보다 더 견고한 종교적 내성을 지니면서 대외적 간섭을 철저하게 배격하고 내부 결속을 강화하기 위해 지속적인 위기감을 조성하며 인민들을 독려해 왔다.

북한은 전 세계 국가 중에서 가장 폐쇄적이며 외부와 단절된 사회이다. 이런 상황에서 북한의 개혁·개방이 과연 현 상황에서 가능한 것인지 의문의 여지가 있다. 미국이 경제제재를 중단하고 강력한 경제적 지원을 하는 경우 미국은 반드시 두 가지의 요건을 동반한다. 하나는 인권문제이며 다른 하나는 자유 민주주의체제이다.

북한이 개혁·개방을 실행하고 미국의 경제적 지원을 받기 위해서는 미국의 요구를 반드시 받아들여야 할 것이다. 북한은 시리아나 이란보다도 강력한 핵 무장을 하고 있으나 개방의 정도에 있어서는 훨씬 못 미치는 상황을 가지고 있다.

북한이 개혁·개방을 하는 경우 두 가지의 위험성에 노출될 수 있다. 첫째는 북한인민들과 수령제의 충돌이다. 두 번째는 군부와 정권의 충돌이다. 북한 인민들은 북한의 수령제와 3대 혈통의 지배하에 있다. 그런 지배하에 북한 인민들은 상당한 고통을 겪어 왔다. 심각한 경제난과 굶주림을 겪어왔다. 또한 언론의 완벽한 차단과 감시와 통제 속에서 다양한 욕구를 억눌러 왔다. 이런 결과로 3만 명이 넘는 탈북자가 북한을 탈출하여 남한에 정착하고 있다.

북한이 말하는 경제개발은 많은 측면에서 북한의 권력을 위협하는 상황으로 발전할 수 있다. 특히 북한 인민들의 내부 봉기 가능성도 배제할 수 없다. 그것은 북한뿐만 아니라 남한도 혼란하게 만들 소지가 있다.

현재 김정은의 통치력이 상당히 작용하고 있다는 설이 있지만 그것은 여전히 의문이다. 북한 내구력은 정치적 수단만으로 유지되는 것이 아니기 때문이다. 9·19평양 남·북정상회담에서, 문재인 대통령의 5·1경기장(능라도) 연설은 분단 이후 남쪽 대통령이 한 역사적인 첫 연설이기는 하지만 역설적으로는 평양을 대표하는 시민들에게 남쪽 대통령의 입으로 직접 김정은의 치적을 공식적으로 알리는 절차로 볼 수 있다. 이것은 북한 내구력을 위하여 남쪽 대통령이 도움을 준 행위이다.

군부와 권력의 충돌 가능성

미·북회담을 통하여 북한은 핵과 관련된 모든 내용들을 절차에 맞게 처리해야 한다. 핵의 동결, 핵의 불능화, 핵 폐기까지 가야 하는 복잡한 절차를 남기고 있다. 북한 핵 무장은 북한 3대 세습정권 평생의 숙원 사업이었다. 북한은 핵 무력 완성을 위해 상당한 어려움을 겪어왔다. 분단 이후, 지속적으로 국제제재를 받아왔다. 이런 북한을 버티게 했던 힘은 군부의 힘이었다.

일본의 학자 와다 하루키는 북한의 사회성격을 유격대 국가에서 병영국가로의 전환으로 규정하면서 초기의 김일성 정신에서 선군주의에 기초한 김정일 통치방식으로의 변화를 강조했다.[82] 그게 바로 김정일의 선군정치였다.

선군정치는 군을 맨 앞에 두는 정치이다. 선군정치는 북한의 핵 개발과 궁극적 핵 무장과 같은 의미이다. 북한은 1990년대 중반 엄청난 자연재해와 경제난으로 수백만 명이 굶어 죽는 '고난의 행군'을 경험했다. 당시 북한은 심각한 식량난과 경제난으로 내부결속에 큰 어려움을 겪었다. 이 당시 내부 지지세력들도 이탈하고 많은 주민들이 탈북을 시도했다. 이런 위기에 군의 사기저하가 만들어낼 수 있는 군의 균열을 방지하고 내부결속의 목적을 위하여 김정일은 선군정치라는 새로운 담론을 만들어냈다.

북한 인민군의 자부심은 바로 핵 무력완성이다. 북한 김정은은 미·북회담에 앞서 문재인 대통령과 트럼프정부에 완전한 비핵화를 약속했다. 하지만 김정은의 비핵화약속은 상당부분 모순성이 발견된다. 그것은 북한 권력과 인민군의 숙원사업이 완전한 핵 무력 완성이었기 때문이다.

북한은 핵무기개발 때문에 국제사회로부터 상당한 정치, 경제, 군사적 제재를 받아왔다. 만약 국제제재를 받지 않았다면 북한은 지금보다 훨씬 부강한 국가로 발전할 수 있었을 것이다. 즉 언제든지 북한은 미국과 국제사회의 제재를 중단케 할 수 있었다. 또한 어느 시기이던 미국과 협상을 해서 북한의 체제보장과 경제보상을 요구할 수 있었다.

---

82) 심용환, 『역사전쟁: 권력은 왜 역사를 장악하려 하는가』, 서울: 생각정원, 2015.

하지만 북한은 수십 년간 각종 제재를 감수하면서 그리고 수많은 인민을 희생시키면서도 핵 개발에 몰두했다. 그리고 갑자기 자기들의 핵 무력 완성에 맞추어 대화 제의를 요구해왔다. 협상력을 높이기 위해 핵 무력 완성이 필요했다면 그것은 다른 차원이다. 시리아와 이란은 북한보다 훨씬 초보적인 핵 개발을 진행했음에도 그들의 체제보장에 대한 담보를 받았기 때문이다.

체제보장과 담보는 결국 미국이 각종 제재를 풀어주므로 북한에 자유롭게 투자할 수 있는 여건을 만들어주고 미국이 군사적으로 침략하지 않겠다는 약속을 미·북 간에 속전속결로 진행될 수 있었던 부분이다. 즉 수십 년간 엄청난 어려움을 겪을 이유가 없었다는 것이며 이런 의미에서 갑작스런 북한의 대화제의는 국제사회에 혼란을 주는 것이다.

김정은이 확약했다는 북한 비핵화 약속이 군부와 충분한 협의가 된 것인지는 의문의 여지가 있다. 김정은의 이복형 김정남은 아버지 김정일도 군부를 완전히 장악하지 못했다고 여러 번 얘기했다.

북한 김정일 국방위원장(작년 12월 사망)의 장남 김정남이 "아버지도 군부를 완전히 장악하지 못했다."는 말을 자주 한 것으로 확인됐다. 지난 7년간 150통의 이메일을 교환하며 김정남과 친분을 쌓은 고미 요지(五味洋治) 도쿄신문 편집위원은 21일 서울에서 열린 기자 간담회에서 "북한 전문가들은 있을 수 없는 일이라고 하지만 김정남 씨는 그 얘기(김정일이 군부를 장악 못한 사실)를 기회 있을 때마다 내게 했다."고 말했다.

고미 위원은 "김정남 씨가 대표적 사례로 든 게 연평도 (포격 도발)

사건이었다"며 "(나선과 황금평에) 경제특구를 만든 북한이 중국의 도움을 받아 특구를 활성화해야 하는 마당에 그런 도발을 일으킨 것은 군부가 돌발적으로 나섰기 때문이라고 했다."고 전했다.

김정남은 또 "(김정일의 매제인) 장성택 씨도 군부를 컨트롤(통제)할 수 없었다. 그래서 연평도 사건이 일어났다."며 "군부가 이미 북한 내부의 기득권층이 돼 권력을 틀어쥐고 있기 때문에 그런 현상이 일어난다."는 말도 했다고 한다.[83]

현재 김정은의 행보를 보면 북한 내부를 완전히 장악한 것으로 평가되고 있다. 하지만 수십 년간 통치를 했던 김정일도 군부에 대한 완전한 장악이 안 되었다고 한 상황에서 김정은에 의해 완전한 장악이 됐는지는 또 하나의 의문이 아닐 수 없다. 이 부분은 북한 개혁·개방으로 가는 과정에서 통제의 느슨함이 북한 민중과 군부의 행동을 자극할 수 있는 중요한 요인이 될 수 있다. 그것은 현재의 북한이 있기까지 엄청난 통제와 감시가 있었기 때문에 체제 유지가 가능했던 것으로 북한이 개혁·개방의 조건하에서도 지속적인 통제와 감시를 유지한다면 그것은 북한의 실질적 변화로 볼 수 없으며 실질적 개혁·개방에 장애가 된다는 것을 의미한다.

북한 체제개방의 한계

북한이 핵무기 개발 초기나 핵무기 개발 중에 미국과 대화가 이루

---

83) 조선닷컴, "김정남, 아버지도 군부 장악 못했다고 말해", 2012. 3. 22.

어지지 않은 것은 핵 협상에서 실질적으로 미국으로부터 얻을 것이 많지 않다고 생각했기 때문이다. 북한은 2017년 직간접적으로 자기들의 핵 무력 완성을 선포하며 미국과 대결국면에서 전면적 대화국면으로 가는 벼랑 끝 전술을 활용했다. 이번에는 더욱 적극적인 방법으로 자기들의 변화를 증명하려는 노력을 보이고 있다. 동시에 미국에 의한 체제안전보장(To guarantee Kim's system security)만 된다면 완전한 핵 폐기 의사도 거론하고 있다.

하지만 이런 적극적인 북한의 의사와 행동에도 불구하고 북한을 보는 미국 조야의 입장은 회의적이다. 그것은 두 가지의 관점에서 볼 수 있다.

하나는 이전 북한 협상의 사례로 보아 더 이상 북한을 신뢰할 수 없는 것이다. 과거에 미·북회담이 수차례 있었지만 북한은 국제사회와의 약속을 제대로 이행하지 않고 뒤에서 여전히 핵 개발에 전념한 이력이 있기 때문이다.

두 번째는 북한이 미국과 협상이 잘 되었다고 하더라도 실질적 개혁·개방이 쉽지 않다는 회의론이다. 특히 3대 권력 세습과 북한 내부의 인권문제, 통제와 감시로 유지되는 권력의 특성상 실질적 개혁·개방은 불가능하다고 보는 것이다. 미국 폼페이오 국무장관은 미·북협상이 성공적으로 진행되면 북한을 한국과 같이 번영케 만들어주며 세계 각국의 북한 투자 길을 열어주며 미국 민간기업의 북한 직접투자도 가능할 수 있다는 입장을 보여주었다.

폼페이오 장관은 5월 11일 북한이 핵 프로그램을 완전히 해체할 경우 미국의 지원책에 대해서 구체적으로 밝혔다. 그는 "미국의 예산을 쓰지는 않겠다."면서 "민간 부문이 대규모 에너지망 건설을 돕고, 식량난 해소를 위한 농업 투자와 인프라 투자가 가능할 것"이라고 말했다. "미국은 한국인을 지원해 온 실적에서 어디에도 뒤지지 않는다."는 말도 했다. 6·25전쟁 직후 세계 최빈국이었던 한국이 미국과 맺은 동맹을 통해 세계 11위 경제 대국이 된 점을 간접적으로 거론하며, 북한도 핵을 포기하면 그렇게 될 수 있다고 강조한 것이다.

북한 재건의 모델로 거론되는 '마셜플랜'을 통해 미국은 서유럽의 산업 재건, 농·공업 생산 회복을 이끌었다. 정부 소식통은 "미국이 제재만 풀어주면 북한 인프라와 지하자원 개발에 투자하겠다는 나라는 많다."고 말했다.[84]

하지만 이런 미국의 제의를 북한이 수용하고 싶어도 그것이 가능할지는 의문이다. 미국이 세계 자본을 북한에 투자할 수 있도록 열어준다는 것은 북한의 상당한 변화를 전제로 한다. 더군다나 미국이 직접적 민간투자도 고려하겠다는 것은 미국의 민주주의와 인권정책을 같이 동반하겠다는 애기이다.

현 북한 체제 내구력은 수령론, 통제와 감시, 선군정치, 강력한 대외 적대 정책과 폐쇄정책을 기초로 한다. 즉 개혁·개방을 통한 전면적 대외 개방은 북한에 치명적 결과를 줄 수 있다. 앞으로 미·북협상에서 미국은 북한의 인권문제와 정치범수용소 문제도 거론할 의사를 가지고 있다.

북한은 일반 국가가 아니며 내부적 문제를 과감히 대외에 공개할

84) 조선닷컴, "미국의 '북한 번영' 플랜, 세계 각국의 北투자 길터주기", 2018. 5. 14.

수 있는 여건도 아니다. 북한이 경제적으로 큰 변화를 추구하려면 그들의 내부적 문제를 외부로 완전히 또는 상당부분 공개하고 개선하지 않으면 안 된다.

북한이 핵 개발 초기나 핵 개발 중 국제사회와의 약속을 공공연히 어긴 이유는 핵의 완전한 보유 전 외부 경제지원이 가지고 올 내부적 파장에 더 위기를 느꼈을 가능성이 크다. 그것은 몇 백만의 아사자들을 만들어 낸 고난의 행군시기에도 북한이 외부에게 경제지원을 요구하지 못한 것은 내부 존립의 문제가 더욱 심각했기 때문이다.

북한에게 있어 개혁·개방은 양날의 칼이다. 그것은 북한 존립을 가늠케 하는 중요한 척도가 된다. 미국이 북한 김정은 정권의 체제안전을 담보한다고 하더라도 그것은 미국의 정치, 군사적 또는 경제부문의 영역에서만 담보될 수 있다. 강력한 경제지원을 통해 북한이 개혁·개방으로 나갈 경우, 북한 주민들은 외부 세계의 다양한 정보를 받아들일 준비가 되는 것이다. 이럴 경우 북한 인민과 권력 간의 알력을 미국이 담보해주기는 쉽지 않다.

리비아의 카다피와 이라크의 사담 후세인이 아니더라도 북한과 같은 폐쇄국가에서 과연 미국의 체제안전 보장만으로 안정된 국가로서 존립할 수 있을지에 대한 부분도 의문이다. 이 부분은 김정은 정권에게 큰 도박이다. 북한의 권력이 국제사회에 데뷔하는 상황에서 북한 내부의 변화들이 불가피하다는 것은 분명하다. 그것은 어쩌면 김정은에게 있어 대단히 큰 도전이 될 수 있음이 확실하다.

체제보장과 개혁·개방의 역설

김정은 위원장의 광폭행진은 예상을 뒤엎는다. 남한의 대표단을 직접 만나 접견하고 남한의 공연단과 단체 사진을 촬영해주는 파격성을 보였다. 중국을 깜짝 방문해 시진핑의 극진한 대우를 받았다.

김정은의 광폭 행진에 자신감이 넘쳐 보인다. 판문점에서 열렸던 남·북정상회담은 김정은을 주인공으로 만들었다. 김정은의 파격적 모습에 독재자라는 인상을 지웠다. 남·북정상 평양9·19합의에서는 김정은 위원장이 2018년도 안에 서울을 방문한다고 발표했다. 북한의 모든 각료가 반대했지만 김정은 위원장이 밀어붙였다고 했다. 이런 김정은의 광폭행보는 기존 북한 지도자로서 하기 힘든 내용이다.

김정은의 행동은 잘 짜인 연극 대본과 같다. 많은 학자들은 북한을 표현할 때 극장국가(theater state)로 표현한다. 철저히 연출된 모습만 보여주기 때문이다.

김 위원장이 전 세계에 보여준 그의 행동은 과감하고 열려진 지도자의 모습처럼 보이지만 그 배후에는 가공적이며 과장이 숨어있다. 김정은의 본격적인 대외 진출은 그들의 핵 무력 완성과 맞물려 있다. 종착점에 있는 핵무기개발의 최종 목적은 결국 미국과의 협상이었다. 이것은 북한이 나가고자 했던 정해진 과정이며 수순이다. 이런 면에 있어 북한의 변화는 신뢰성이 떨어져 보인다.

김정은은 미국과의 협상을 통해 자기를 지키기 위한 체제 안전을 보장받아야 한다. 그는 자기의 운명이 얼마나 위기에 처해있는지 잘 알고 있다. 중요한 것은 파격적인 김정은의 행보가 미·북회담에서 유리한 고지를 점유하는 것을 의미하는 것만은 아니다. 북한은 국제 사회가 자기들에 대하여 동정표를 던질 것이라 기대한다.

미·북회담은 핵무기를 협상 칩으로 걸고 도박장으로 나가는 것과 같다. 김정은에 담보된 그 어떤 보상도 확보된 것은 없다. 김정은의 비핵화 실천에 따라 그 보상은 달라진다. 김정은은 대내외적으로 위험을 감수해야 한다. 미국의 체제보장 담보와 경제적 지원이 북한에게 결코 유리한 것만은 아니다. 막대한 경제적 보상과 체제보장 요구는 김정은에게 기회와 위기를 동반한다. 미국과 국제사회가 지원하는 경제적 보상에는 자유와 민주주의, 인권이 동반된다. 그 대가로 버리는 핵은 김정은에게 또 다른 위협이 될 수 있다.

북한에게는 핵을 포기하는 것도 또 그 대가로 받는 경제보상과 체제보장도 위험 요인이다. 김정은은 고난의 행군을 극복하고 어렵게 완성한 핵 무력을 왜 포기해야 하는가에 대하여 인민들에게 설명하고 설득해야 한다. 급격히 개혁·개방으로 가는 경우 어쩌면 3대 세습 정권의 정당성이 제약될 수 있다.

미·북회담이 성공적 결과로 가는 경우 북한이 받게 될 다양한 경제적 지원은 북한의 개혁·개방을 압박하는 중요한 수단이 될 수 있다. 그것은 북한 내부에서 움츠렸던 민주화 열기를 추동 할 중요한 촉매제가 될 수도 있다. 이런 민주화 열기를 무력적으로 누른다면 그것은 강력한 국제적 지원과 모순되는 상황이 될 수 있다. 동시에 북한 내부의 모순된 정치, 사회적 구조를 노출하는 상황도 발생될 수 있다. 이런 노출은 대내외적 민주봉기의 중요한 요건이 될 수 있다. 경제적 지원을 위한 외부 인력의 대거 북한 진입도 또 다른 문제가 될 수 있다. 외부 인력에 대한 북한의 감시나 통제가 이루어진다면 북한은 처음부터 핵 폐기 공언이나 미·북회담을 성사시키지 말았어야 하기 때문이다.

이런 문제점들을 극복하기 위해 김정은은 미·북회담에서 체제안전보장을 제1순위로 요구했다. 6월 12일 미·북 정상회담 이후 양국은 비핵화와 종전선언 요구로 팽팽한 교착상태에 놓여 있다. 앞으로 있을 미·북정상회담이 그동안의 교착 상태를 어떻게 풀어낼지 더욱 지켜보아야 한다.

현재 김정은의 광폭행보는 국제사회에 나오겠다는 신호이다. 동시에 보통 국가의 지도자상을 만들겠다는 의도이다. 미·북회담 후 국제사회의 한 일원으로 국제사회에서 긍정적 여론을 형성하겠다는 것이다. 하지만 북한 지도자의 모습은 여전히 국제사회에 낯설다. 그것은 인권을 유린하고 감시와 통제로 통치하며 호전적 국가이기 때문이다. 이런 북한 지도자상이 하루아침에 변하는 것은 쉽지 않다.

미국과 북한의 피할 수 없는 담판

2018년 9월 5일 정의용 청와대 안보실장을 필두로 한 특사팀이 다시 방북했다. 9월 18일부터 20일까지는 문재인정부 들어 세 번째 남·북정상회담이 있었다. 교착상태에 있는 미·북 관계를 해소하기 위한 고육책이다.

미·북회담 이후 트럼프와 김정은 두 지도자가 과거로 회귀하는 것은 불가능해 보인다. 트럼프는 어렵게 만든 기회를 해결하여 개인의 리더십과 미국의 위상을 다시 한번 회복하고자 한다. 김정은은 국제무대에 등장, 비핵화를 약속한 상황에서 정상국가의 지도자로의 자리매김과 정상국가로서 북한을 확립하고자 한다. 더군다나 양쪽이 교착상태에 있다고 하여 이런 상태를 그대로 방치하는 것은 부담스럽다.

트럼프는 미·북회담 이후 의회와 국민에게 비핵화 문제가 잘 진행되고 있다고 지속적으로 강조해왔다. 김정은은 북한 인민에게 경제적으로 더욱 좋아질 것이라고 천명한 상황이다. 이 두 지도자에게 있어 지난 70여 년 간 양국이 증오와 불신을 넘어 정상회담을 했다는 사실자체가 큰 의미가 있다. 또한 이런 기회를 다시 만들기가 쉽지 않다는 것도 서로 잘 인지하고 있다.

김정은은 북한핵에 지대한 관심을 가져주고 잔여 임기 기간이 충분한 트럼프가 지속적으로 정권을 유지해 주길 원하고 있다. 하지만 김정은의 실질적 비핵화 프로세스가 시동이 걸려야 할 것으로 보인다. 이것이 안 되는 경우 미국은 북한의 가장 근본적인 문제인 체제보장을 재고해야 할 것이다.

미·북 간 진전이 있는 경우 한·미 간의 관계를 뛰어넘는 관계 설정으로 진행될 수 있다. 미국에 있어 북한 문제는 장기적인 관점에서 고려된다. 현재까지 중국이 북한을 대외정책에 있어 레버리지로 활용했다면, 미국은 이제부터 중국을 변화시키기 위해 북한을 레버리지로 활용하는 것이다.

미·북 협상의 승리자

국가의 대결에서 선택권이 많은 국가는 그렇지 못한 국가에 비해 경쟁에서 승리할 가능성이 높다. 선택권이 많다는 것은 정치, 경제, 외교, 군사적 측면에서 상대방 국가보다 우월하거나 사용할 재원이 많다는 뜻이기도 하다. 현 미·북싸움에서 양측의 국력 차이와 국가적 지위측면에서 보더라도 미국과 북한의 차이는 엄청나다. 그렇다고 하여 미국이 현재의 싸움에서 월등하게 앞서가는 싸움이라고 규정짓는 것은 아니다.

북한은 기존 미국의 협상 전략과 공략 방법을 정확히 인지하고 있다. 그리고 수십 년간 미국과의 협상에서 단련된 외교전문가들이 포진하고 있다. 지난 미·북 간 비핵화 싸움은 냉정히 말해 북한의 승리였다. 그것은 북한이 이미 핵 보유국을 선언했기 때문이다.

하지만 현재 미국과 북한의 협상에서는 선택권 측면에서 보면 북한은 대단히 제약된 선택권을 가지고 있다. 그것은 50대 50의, 즉 비핵화와 핵 보유라는 완전히 다른 선택에서 하나를 취해야 하는 것이다. 반대로 미국은 북한의 선택에 따라 다양한 선택권을 가지고 있다. 그것은 북한의 실천여하에 따라 복수의 선택권을 적용할 수 있다. 북한이 가지고 있는 제약성은 내부 설득, 체제보장, 전면적 개혁개방, 경제개발, 고립탈피와 같은 복잡한 내용들이며 상당한 진통이 동반되는 내용들이다. 그것은 비정상적 국가로 유지된 북한의 민낯이다.

북한이 체제보장을 주장하는 이유는 전면적 체제개방이 힘들기 때문이며 체제개방은 역설적으로 체제보장을 위협하기 때문이다. 북한이 바뀌어야 하는 것은 평양의 세련되고 화려한 건물의 외형 변화가 아니라 아슬아슬한 북한 통치방식의 변화가 선행되지 않으면 안 되는 것을 의미한다.

북한 통치방식의 약점은 다름 아닌 전 세계 국가들이 갖는 평균적이며 일방적 통치방식으로 전환하기 힘든 것이다. 그것은 그 전환 과정에서 오는 다양한 문제점들을 극복하지 않으면 돌이킬 수 없는 결과가 올 수 있기 때문이다.

북한 비핵화를 통해 가장 얻고 싶은 것이 미국을 통한 체제보장이다. 체제보장은 비합리적 북한 통치방식의 인정을 요구하는 것이며 미국이 그런 비합리적 통치방식을 보호해달라는 것이다. 하지만 이런 북한식 통치방법은 여러 관점에서 내부적 난관을 극복해야 한다. 그것은 외부의 문제가 아닌 결국 내부의 문제를 극복해야 가능하다.

경제투자와 협력은 북한의 내부적 통치방식을 극복하고 외부적으로 북한이 일반국가로 나가기 위한 장을 열어주는 것이다. 하지만 이런 과정에서 북한이 겪을 각종 난관은 북한 체제도 흔들 수 있다. 하지만 체제보장을 전제로 한 경제교류와 협력은 많은 제약을 갖는다. 체제보장은 비밀스럽고 비정상적이며 비합리적 북한의 통치방식을 인정해주고 지원하는 것이다.

비핵화를 두고 미국과 북한의 기싸움과 협상은 지리하게 진행될 것이다. 양측이 서로 양보할 수 없는 싸움에 미국과 북한은 그 어떤 결과도 만들지 못하고 스스로 지칠 수 있다. 현재 이 싸움이 종료되지 않더라도 트럼프는 임기가 끝나면 물러서야 하나 김정은은 지속적으로 미국의 다음 정권과 처음부터 다시 협상을 시작해야 할지 모른다.

현재 북한의 최적 상대는 역시 트럼프이다. 현 김정은은 다시 되돌아 갈 수 없다. 트럼프가 있는 가운데 김정은은 어떻게든 결과를 얻어내야 한다. 즉 급한 것은 트럼프가 아니라 김정은이다. 김정은은 현 상황을 최소한 유지하기 위해서라도 진전된 비핵화로 가야한다. 11월 중간 선거 후 트럼프에게는 급할 것이 없다.

물론 트럼프가 11월 선거에 패한다면 트럼프의 정치적 입지는 대단히 축소될 가능성이 있다. 그것은 동시에 김정은의 입지도 축소됨을 뜻하는 것이다. 김정은의 조바심은 더욱 높아지고 가는 길도 순탄치 않을 것이다. 미·북회담이 결렬된다면 모든 것은 다 수포로 돌아가는 것이다. 이 부분에서 불안하고 더욱 절실한 것은 북한이다. 북한의 과거 회귀는 북한 지도자와 국가에 더욱 큰 불신을 의미한다.

트럼프의 진격과 국제사회의 새 질서 구축

트럼프는 과연 어디까지 갈 것인가? 또 얼마나 세계의 기존 질서를 흔들 것인가? 트럼프를 보는 시각은 다양하다. 우려와 찬사가 동시에 쏟아져 나온다. 확실한 것은 트럼프의 목표가 명확하다는 것이다. 트럼프는 현재의 세계적 질서를 다시 재편하기를 원한다. 트럼프가 역대 정부처럼 기존 국제질서에 순응했다면 현재처럼 비난을 받을 이유는 전혀 없었을 것이다.

트럼프는 두 개의 적들과 싸우고 있다. 하나는 사회주의화 된 자본주의와 싸우고 있고, 다른 하나는 실재 사회주의 국가들과 대치하고 있다. 사회주의화 된 자본주의는 미국도 포함한다. 현재 미국의 기존질서는 독점적 지위를 가지고 있는 소수의 기득권세력들에 의해 점령당했다. 동시에 이런 소수의 독점지위 권력들에게 좌우되고 있다. 또 세계는 소수의 독점지위 권력자들에 의해 조정되고 있다. 특히 그들이 세운 주요 언론들이 기득권자들을 대표하고 미국의 사회주의화를 유도하고 있다. 미국은 세계 국가들에 사회주의를 수출하고 있는 것이다. 트럼프가 미국의 대표언론사들을 페이크뉴스(fake news)로 규정하는 것은 바로 그 이유이다.

트럼프의 관점은 미국 우선정책(미국 제일주의: America First Policy)이다. 미국 우선주의 정책은 미국에게 모든 이익이 우선 되어야 한다는 것이다. 이 정책은 언뜻 보면 대단히 이기적으로 보인다. 하지만 그렇지 않다. 이 정책은 미국의 위상을 새롭게 다시 정립하는 것이다. 미국의 위상은 정치, 경제, 군사적으로 이전과 같은 힘을 회복하는 것이다.

최근 전 세계는 다극체제를 경험하고 있다. 다극체제는 균등한 힘의 분배라는 측면에서 단극체제의 문제점을 극복할 수 있다고 보지만 다극체제인 현 국제사회는 훨씬 혼란해 보인다. 또한 다극체제의 중심국가들이 이념과 체제를 달리하는 상황에서 다극체제 국가끼리의 갈등 구조는 국제사회에 더 큰 문제를 초래하고 있다.

특히 중국의 G2 부상은 신냉전 체제의 대결을 예상하게 된다. 세계의 많은 국가들이 미국의 도움을 받았고 미국의 안보, 경제 우산 속에 들어와 있다. 이들의 연대는 대단히 견고했었다. 하지만 이들이 하나둘씩 이탈하고 있다. 미국의 경제력이 쇠퇴하고 안보환경이 열악해졌기 때문이다. 미국은 중국의 일대일로(一帶一路)를 대단히 경계한다. 일대일로(一帶一路)를 전 세계 중국식 사회주의화로 규정하고 있다.

미국 우선주의정책과 위대한 미국을 다시 세운다는 것은 적과 아군을 명확하게 구분하는 것이다. 미국의 진정한 정신을 회복하는 것은 미국의 자유민주주의와 기독교 정신을 다시 전 세계에 심겠다는 것이며 확립하겠다는 것이다. 세계 질서 재편은 이 두 정신을 다시 올바르게 세우는 것이다. 동시에 이것에 위배되는 것을 재편하고자 한다. 미국을 다시 회복하지 않으면 전 세계의 질서도 무너지고 파괴될 것이라고 믿는 것이다.

미국이 세계 초강대국이 되었던 것은 다양함을 인정하면서 미국의 정신을 지키는 것이다. 트럼프는 미국이 다시 위대한 국가로 우뚝서기 위해서는 기독교 정신과 자유민주주의를 확산하는 것으로 인식하고 있다. 트럼프가 그 자리를 유지한다면 기존 질서의 파괴는 불가피하다.

트럼프의 진격은 세계주의에 대한 반발이 아니라 미국 내에서 미국 건국정신의 재정립과 세계주의의 재편성이다. 트럼프의 세계 질서 재편성은 미국과 가장 가까운 동맹국들과의 관계를 먼저 재정립하는 것이다. 이후 공동의 적들과 대응하는 것이다.

동맹국과의 관계 재정립은 미국의 도움으로 자유민주주의 체제를 유지하고 경제적 성장을 구가한 국가들이다. 이들 국가들은 그동안 미국에게 일방적으로 도움을 받았거나 현재까지 혜택을 받고 있는 국가들이다. 트럼프는 이들 국가들만 성장하는 것이 아닌 미국과 같이 동등하게 발전을 추구하는 것이다. 이런 과정을 통해 양측이 번영하고 이후 공동의 적들과 대항하는 것이다. 그것은 가진 자가 모든 것을 소유하고 조정하는 사회주의식 자본주의가 아니고 정상적이며 공정한 자본주의와 자유민주주의의 실현이다.

통일은 통합이 아니다. 대한민국 상당수 국민들은 남한 체제가 견고하고 정치, 경제, 군사적으로 우월하기 때문에 북한과 통일로 가도 전혀 문제가 없다는 견해를 가지고 있다. 북한도 분단 이후부터 통일을 주장하고 있다.

현 정부와 북한은 통일의 방안에 있어 6·15로 합의된 낮은 단계의 연방제안이나 연합제 통일을 견지하고 있다.

종교적 내성을 띠고 있는 사회주의 국가인 북한과 자본주의를 유지하고 자유민주주의 체제를 추구하고 있는 남한이 하나가 될 수 있다는 것은 불가능한 실현이다.

통일은 언제든지 가능하다. 하지만 통일이 통합을 의미하는 것은 아니다. 독일의 통일에서 보듯이 동독 주민들은 동서독이 통일되기까지 엄청난 경제적 교류가 있었다. 동시에 우편 서신 교류도 가능했다. 이런 교류 바탕 위에서 나온 것이 서독을 통한 흡수통일이었다. 하지만 상당한 경제교류와 협력의 기반위에서 통일이 이루어졌음에도 독일은 양측의 통합을 위해 상당한 시간과 노력을 투자했다.

남·북한이 독일 수준의 통합 수준으로 가려면 남·북한 현 단계에서는 상상을 초월하는 교류와 협력이 뒤따라야 하며 책임이 있어야 한다. 남·북한의 교류와 협력 속에서 체제를 지키기 위해 북한이 지극히 소극적으로 남·북한 교류와 협력을 제약한다면 남·북한 양측이 진정한 통일과 통합으로 가는 것은 막연하다.

현 정부는 한반도의 통일에 앞서 공고한 평화구축이 우선이라 하고 있다. 평화구축은 남·북한 간의 다양한 교류와 협력을 통하여 가능하다고 보고 있다. 하지만 완전한 평화구축은 내부적 체제 시스템이 동일하거나 비슷할 때 가능한 것이다.

완전히 상이한 체제와 이념의 틀 속에는 보이지 않는 갈등들이 지속적으로 내재되게 되고 그런 갈등들은 냉전적 관계로 유지될 때보다 더욱 심각한 충돌로 발전되기도 한다. 그것은 북한의 완전한 비핵화 전제와 북한 체제의 실질적 변화의 기반 위에서나 가능한 것이다. 정전협정을 종전으로 또한 종전에서 평화협정으로 가는 길목에서 단순히 정치적 합의만으로 양측이 평화로 간다는 보장은 없는 것이다.

이념과 국가체제의 본질이 다른 두 체제가 같은 민족이라는 명분만을 가지고 완전한 평화체제가 온다는 것은 불가능하다. 또한 평화체제를 가졌다고 해서 상대방이 한쪽의 체제를 완전히 인정해주고 평화를 추구할 수 있다는 보장도 전제되어 있지 않다.

사상과 이념의 차이는 상대방의 사상과 이념보다 더욱 강하거나 우월하다는 전제를 가지고 논쟁이 벌어지기 때문에 이런 다른 체제의 평화와 통일은 그 의미가 없거나 환상적이다. 예멘의 경우가 그랬고 베트남의 사례가 그랬다. 정치, 경제적 우월성은 자유민주주의 체제와 사회주의 체제 사이에는 우월성의 문제가 아니라 완전히 다른 영역의 현상일 뿐이다. 우선은 체제를 유지하는 것이 우선이기 때문이다.

전혀 다른 체제와 통일이 가능한 것인가? 전혀 다른 체제에서 통합이 가능한가? 남·북한의 현 체제에서 통일로 가는 노정에서 남한이 인정하는, 반대로 북한이 인정하는 양측의 바람직한 통일이 가능할 것이라 얘기하는 것은 허구이다.

남·북한 양쪽이 부르짖고 있는 현재의 통일은 감상적이며 실체가 불분명하다. 그것은 이전의 실패한 통일의 사례로 본 예멘이나 베트남보다도 훨씬 위험하며 도전적이다.

현 남·북한의 통일은 어느 한쪽이 완전히 깨져야 한다. 그렇지 않으면 쉽지 않다. 남·북한이 통일을 바라면 통합을 위한 기초가 우선되어야 한다. 70년이란 장기적 분단을 통하여 남·북한은 이미 묶일 수 없을 정도로 분열된 상태이다. 이런 현상은 남한의 체제에서 더욱 위험한 상황으로 전개되고 있다. 즉 반은 보수이며 반은 진보이다. 평화와 통일에 대한 개념에서 극명한 차이가 존재한다.

통합의 기초는 체제의 다름을 냉정하게 먼저 인지하는 것이며 장기적으로 남·북한의 동질성과 상이점을 명확히 구분하는 것이다. 남·북한을 억지로 묶는 것은 남·북한이 파멸로 가는 길이다. 그것은 회복하기 힘든 비정상적 통일이다.

통합은 서로의 공유점을 가지고 묶이는 것이다. 동시에 어느 한쪽의 이념 및 사상을 포기하거나 접어야 한다. 만약 남·북한 양측 다 서로의 상이한 이념과 체제를 포기하지 않는다면 그것은 영원히 분단으로 가는 것이나 다름없는 것이다.

6. 트럼프가 추구하는 종착점

트럼프정부는 취임 이전부터 그 어느 역대 정부보다 북한의 비핵화 문제에 지대한 관심을 보여왔다. 이런 관심은 취임 후 본격적인 대북압박으로 이어졌고 2017년 내내 트럼프정부는 강력한 군사, 경제적 제재를 통하여 북한 김정은 정권을 압박했다. 이런 강력한 제재와 압박은 결국 김정은을 국제사회로 나오게 하는 배경이 되었다.

2018년 4월 27일, 현 정부는 김대중, 노무현 대통령에 이어 3차 정상회담을 판문점에서 개최했다. 2018년 5월 26일에는 6월 12일 미·북정상회담 3주를 남겨놓고 2차 남·북정상회담이 비밀리에 이루어졌다.

김정은은 4월 27일 국제무대에 공식 등장하여 2018년 3월 25일 제1차, 2018년 5월 7일 2차, 2018년 6월 19일 3차 북·중정상회담을 가졌다. 이후 2018년 6월 12일에는 회담 직전까지 신경전이 오갔던 미·북정상회담이 싱가포르에서 개최되었다.

하지만 역사적인 미·북정상회담 이후 양측은 교착상태에 놓여 있다. 미국의 완전한 비핵화 요구와 북한의 종전선언 요구로 양측은 한 치의 양보 없는 팽팽한 신경전을 벌이고 있다. 1차 미·북회담 후,

교착상태에 놓인 상황을 극복하기 위해 9월 18일 문재인정부 들어 3차 남·북정상회담이 개최되었다.

미국에 있어 비핵화 없는 종전선언 양보는 동북아에서 미국의 패권을 잃게 할 수 있다. 반대로 북한에게 종전선언 없는 선 비핵화는 북한 생존 문제를 근본적으로 흔들 수 있다.

미·북 간의 비핵화 문제는 단순히 미국과 북한의 문제가 아닌 한반도를 둘러싸고 있는 4대 강대국들의 이해관계와도 깊이 맞물려 있다. 그것은 남·북한을 포함해 미국과 중국 그리고 러시아 일본이 양보할 수 없는 정치, 군사적 대립의 산물이기 때문이다.

특히 미국과 중국은 세계 G2 국가로 한 치의 양보도 할 수 없다. 미국이 북한 핵 문제를 해결하면 미국은 세계 패권을 다시 한 번 장악할 명분을 갖게 된다. 반대로 중국은 심각한 경제, 군사, 외교적 타격을 받을 수 있다. 미국의 대북정책은 그 최종 방향에 있어 북한을 지렛대로 활용하는 중국에 대한 강력한 압박이다. 결국 미국의 북한 비핵화 시도는 궁극적 중국 봉쇄를 위한 시작일 가능성이 높다.

트럼프는 미·북정상회담 전까지 다양한 협상술과 전략 전술을 통하여 북한과 중국을 압박해왔다. 이런 트럼프의 전략 전술은 북한 정권의 속내를 복잡하게 만들었다. 북한은 수없이 미국과 협상을 해왔고 미국의 외교술을 꿰뚫고 있었다.

하지만 트럼프는 북한이 자주 사용하는 벼랑 끝 전술을 역으로 적용했다. 변칙적 외교술을 북한에 적용하므로 북한의 판단과 협상에 혼란을 주었다. 특히 비핵화 문제에 있어 비협조적이던 중국에게 강력한 경제, 군사적 압박을 병행하므로 북한 비핵화를 위한 경제제재에 동참하게 만들었다.

북한이 다양한 경제제재를 피할 수 있었던 이유는 중국이 은밀하게 제공했던 다양한 지원 덕분이었다. 결국 중국, 북한 동시 압박을 통하여 북한을 더욱 조이는 효과를 거둘 수 있었다.

북한은 6월 12일 미·북회담 전후로 총 세 번의 북·중정상회담을 진행하였다. 북·중정상회담이 성사될 수 있었던 것은 북한과 중국 양측의 필요성에 의해 진행된 것이다. 북한은 미·북회담에서 가질 수 있는 각종 리스크를 차단하기 위해 후견인 자격으로 중국을 끌어들였다.

중국은 북·중회담을 통해 북한과 미국을 견제하고 추후 진행될 종전선언, 평화협정, 주한미군 등의 문제에 있어 한반도에 지속적 영향력을 행사하며, G2로서 동북아 및 국제사회에서 미국 견제를 위한 발판 마련이 그 목적이었다.

하지만 중국과 북한의 만남은 공고한 혈맹 관계라기보다 전략적 필요에 의해 급조된 만남으로 볼 수 있다. 그것은 미·북회담의 결과에 따라 북·중관계의 변화 가능성은 다양하기 때문이다.

6월 12일 미·북회담 이후 비핵화문제는 진전 없는 정지상태에 놓여 있다. 미국은 강력한 북한의 비핵화를 요구하고 북한은 종전선언이 선행되어야 한다고 주장하고 있다. 하지만 평행선을 걷고 있는 미·북 관계가 개선될 수 있을지는 여전히 의문이다. 행동대 행동의 원칙이 없다면 양측의 관계는 더욱 악화될 소지가 있다.

미국의 입장에서 종전선언과 비핵화의 맞딜(deal)은 부담스러운 큰 양보이다. 북한은 이제까지 자기들이 보여준 성의를 보아 미국으로부터 큰 보상을 받아야 한다는 입장이다. 그러면서 종전선언은 단순한 정치적 선언에 불과하다며 미국을 압박하고 있다. 예상할 수 있는 것은 비핵화 요구를 북한이 묵살하는 경우나 행동 없이 종전선언을 계속 요구하는 경우 미·북 관계는 파국으로 갈 소지가 있다.

현재 트럼프에게는 두 개의 선택권을 가지고 있다. 하나는 시간을 가지고 완전한 비핵화를 단계적으로 실행하는 방안이다. 다른 하나는 북한이 계속해서 비핵화의 실질적 행동을 보이지 않는다면 여전히 유효한 무력적 옵션을 다시 꺼내 드는 것이다.

군사적 압박은 실행 면에서 훨씬 명분을 갖게 되었다. 그것은 미·북정상회담을 통해 실질적 대화를 시도했다는 것이다. 결국 북한의 행동에 변화가 없다면 더욱 강력한 경제, 군사적 대안이 유일한 수단이 될 가능성이 있는 것이다.

미·북정상회담 이후 남·북·중은 미국을 압박하는 형국을 취하고 있다. 특히 종전선언에 대한 남·북·중의 입장은 동일한 관점을 유지하고 있다. 이런 분위기에서 미국은 한국과 중국에 대하여 의심스러운 눈으로 보고 있다. 북한이 비핵화에 대하여 성의를 보이지 않는 것은 중국의 배후조정이 있다고 본다.

북·중 간 총 세 번의 정상회담으로 김정은은 숨을 고르고 있다. 미·북회담 이후 남한은 북한을 두둔하는 관점에서 미국과 대립 구도를 보이고 있다. 이와 반대로 북한은 남한이 4·27합의를 제대로 이행하지 않고 있다고 남한을 압박했다.

북한은 남한 측이 북한제재를 철회하며 미국의 눈치를 보지 말고 독자적인 남·북한 교류에 적극적인 자세를 보여야 한다고 연일 강조했다. 남한정부도 대북 경제제재와 무관하게 남·북한 교류를 더욱 강화해야 한다는 입장을 취하고 있다. 미국은 진보정권인 현 남한정부에 불신을 표하고 있다. 실질적으로 남한정부는 한·미동맹보다 남·북 관계 개선이 더욱 시급하며 지속적인 관계 개선이 우선이라 생각하고 있다.

하지만 이런 남한의 행동은 검증되지 않은 북한에게 전략적으로 말려들 가능성이 높다. 남·북한은 평창동계올림픽 이후, 남·북한 단일팀을 만들어 다양한 국제 경기에 참가하고 있다.

북한은 '우리민족끼리' 정신에 입각하여 남한 국민들이 북한에 더욱 호의적 인식을 갖도록 전략적으로 움직이고 있다. 하지만 이런 남·북 관계는 한·미동맹을 근본적으로 훼손할 가능성이 높다. 동시에 트럼프정부가 한국에 대한 인식을 근본적으로 바꿀 가능성이 있다. 또한 트럼프의 군사적 행동을 반대했던 친한파 의원들에게도 한국에 대한 나쁜 인식을 줄 수 있다.

미·중 관계도 훨씬 악화될 소지가 있다. 트럼프정부는 중국을 근본적으로 불신하고 있다. 중국이 G2로 성장하여 미국에 도전적인 입장을 취하고 있는 것에 대하여 미국은 더욱 강력한 공세를 취할 가능성이 높다.

이런 관점에서 미국의 대북 정책과 대중 정책은 같은 맥락에서 관찰되어질 필요가 있다. 특히 중국이 가지고 있는 다양한 문제들, 예를 들어 공정한 통상문제, 환율조작문제, 지적재산권문제, 인권문제, 소수민족문제, 불법 해양 점거문제 등 중국에게는 많은 탈법적 요소가 있다고 보고 있다. 이런 탈법적 요인들이 미국 경제에 심대한 타격을 주고 있다고 판단하고 있으며 미국 안보에도 좋지 않은 영향을 주고 있다고 보는 것이다.

미국의 중국에 대한 통상압박은 대중국 정책의 시작이다. 미국은 중국의 '일대일로(一帶一路)' 정책의 저의를 근본적으로 의심하고 있다. 미국은 중국의 경제, 군사적 확대를 강력하게 경계하고 있다. 그 이유는 간단하다. 세계 패권을 중국에 넘겨줄 수 없는 것과 사회주의 이념의 확대를 근본적으로 차단하기 위한 것이다.

미국의 경제, 군사적 압박은 전방위적으로 이루어질 것이 확실하다. 특히 중국 내부의 사회적 문제를 국제 이슈화 시키는데 주저하지 않을 것이다. 대만을 인정하고 다양한 교류협력을 통하여 중국을 자극할 것이다. 중국에 가장 약한 부분은 대만문제와 소수민족, 인권문제이다.

중국이 북한과 정치적으로 분리되면 중국의 영토는 그 주변국들에 의해 포위될 것이다. 그 포위전략은 실질적이다. 미국이 중국을 옥죄는 방법은 다양하다. 중국은 미국과의 문제를 현명하게 해결할 필요가 있다. 중국의 건전한 대국화를 위해 미국과의 공조는 절대적이다. 동시에 그 공조는 세계평화에 있어 대단히 중요한 부분이다.

미·북 관계의 전망은 아직 불투명하다. 그 여건이 아직 성숙치 않은 가운데 양측이 만난 이유이기도 하다. 미국의 강력한 비핵화요구와 북한의 선 종전선언 요구는 서로 양보할 수 없는 예민한 사안이다. 하지만 궁극적으로 어느 한쪽의 양보는 불가피하다.

북한이 가장 예민하게 여기는 부분은 체제보장이다. 체제보장은 북한의 경제적 부흥보다 더 절실한 부분이다. 그것은 미국으로부터 확실한 불가침조약을 확답 받는 것이다. 그것의 시작이 종전선언으로 보고 있다. 하지만 종전선언에 대한 북한 속내를 미국은 의심하고 있다. 비핵화의 완결 후 종전선언과 비핵화 전 종전선언은 분명한 차이가 있기 때문이다.

종전선언은 평화협정과 주한미군 철수로 연결되며 UN사의 해체로 연결된다. 한반도 내의 모든 무력적 전력자산의 무력화를 의미하는 것이다. 궁극적으로 한반도 내 미군의 완전한 무장해제를 뜻한다. 이런 과정은 북한이 오랫동안 갈망해 온 대남혁명전략 및 대미전략의 정확한 프로세싱이다.

북한의 미·북회담의 긍정적 결과로 북한의 대외 개혁·개방이 실질적으로 가능한 것인가에 대한 것도 의문이다. 북한 체제 유지는 북한 정권의 지상과제이다. 이런 과제의 수행을 위해 전면적 대외 개혁·개방은 북한에게 체제적 위험을 초래할 수 있다. 그것은 3대 세습의 부당성과 폐쇄적 사회체제의 공개를 뜻한다. 북한에게 있어 미국이 경제제재를 풀고 북한을 잘 살게 해준다는 약속은 북한에게 있어 전면 개방이라는 압박으로 이해될 수 있다.

미·북회담 후 가장 우려되는 부분은 트럼프의 탄핵이다. 미국 대통령이 탄핵된 경우는 37대 대통령인 리처드 닉슨이 탄핵 전 사임한 경우가 유일하다. 트럼프 취임 전부터 그의 언행에 대한 문제를 제기하는 많은 주요 언론사들이 있었다. 트럼프가 대통령 선거에서 승리할 것이라고 예상한 언론은 전무했고 힐러리의 완벽한 승리를 장담했다.

하지만 트럼프는 미국의 제45대 대통령이 되었고 취임 후 그의 행동은 거침없었다. 그는 기존의 모든 기득권세력을 부정했고 그의 언행은 특별했다. 기존 정치 세력들은 자기들의 기득권을 지키기 위해 트럼프를 맹렬히 공격하고 있다. 하지만 트럼프의 대외정책에 대한 비판 속에서도 미국 경제는 연일 호황을 누리고 있고 경제적 성장은 지속되고 있다. 또한 역대 그 어느 정부도 해내지 못한 북한 비핵화에 실질적 성과를 보이고 있고 북한 지도자를 국제사회로 끌어냈다. 강한 미국과 미국 우선주의를 위한 그의 행동은 거침없이 진행되고 있다.

현재 트럼프의 탄핵을 강력하게 주장하는 세력들은 바로 기존의 기득권세력들이다. 그들은 기존 정부처럼 호응하지 않는 트럼프를 강력히 비판하고 있다. 트럼프는 기존의 질서와 기득권을 모두 부정하고 있다. 트럼프는 기존 기득권세력이 미국을 망치고 있고 미국 우선주의와 강한 미국에 저해가 된다고 지적하고 있다.

트럼프의 어설픈 대내외 정책을 우려했던 많은 미국 국민들과 정치인들은 미국의 성장과 대외정책에 놀라움을 감추지 못하고 있다. 그것은 전혀 예상치 못한 결과였다. 바로 트럼프의 비전통적 통치 방법이 성공적 결실을 맺고 있다는 것이다.

트럼프에게 기득권을 빼앗긴 기득권세력들은 트럼프 정책에 강력한 저항을 하며 트럼프의 각종 스캔들을 정치 도구화 하는 작업을 진행하고 있다. 트럼프의 지지층이 강력한 것처럼 반대세력들의 저항도 만만치 않다.

중요한 것은 현 미국의 성장과 대외정책을 위해 트럼프의 존재는 대단히 중요한 의미를 가진다. 트럼프의 국내외정책이 현재 성공하는 것은 기존의 정책이 잘못되었다는 것을 반증한다. 즉 기존의 국내외정책이 트럼프의 말 대로 잘못된 방향으로 가고 있었고 미국 우선주의에 위배되며 미국의 위상을 추락시키는 요인이 되었다는 것을 의미한다. 그것은 미국뿐만 아니라 한반도와 동북아에도 좋은 영향을 주지 못할 것이다. 트럼프의 대북, 대중 정책은 지금 그 효과가 증명되기 시작했다.

만약 트럼프가 탄핵되는 경우 미국뿐 아니라 현재의 모든 대외 정책이 다시 거꾸로 돌아갈 것이다. 그것은 현 대북정책과 대중정책이 다시 원 상태로 회귀하며 한반도와 동북아의 평화는 더욱 요원해질 수 있다는 것을 의미하는 것이다.

미국에 있어 미·북 대화는 외교적 루트로 가장 부드러운 방법이다. 미국에 있어 군사적 대응이나 경제적 압박은 항상 준비되어 있는 대안이다. 트럼프정부에 있어 군사적 대응은 가장 효율적인 방법으로 고려되고 있다.

트럼프정부는 손해 보는 협상을 하지 않는다. 미·북 대화가 잘 마무리된다면 가장 큰 수혜자는 북한이다. 이 시점에서 미국은 북한에게 중국과의 일정한 거리를 요구할 것이다. 그것은 트럼프정부의 궁극적 목표이며 핵심이다.

북한은 중국보다 미국을 더 선호한다. 이것이 지난 미·북 간 관계의 역설이다. 북한은 중국을 경계한다. 북한은 중국을 이용했을 뿐이다. 그것은 중국이 북한을 그렇게 했던 것과도 다르지 않다.

미·북회담이 조만간 다시 재개될 것이다. 팽팽하게 맞서 있는 양쪽의 입장이 조율될지는 더욱 지켜보아야 한다. 확실한 것은 트럼프가 북한에 취할 모든 옵션을 다 선택할 수 있는 명분과 힘이 생겼다는 사실이다.

시간은 북한편이 아니다. 또한 시간이 갈수록 북한은 불리해질 것이다.

결과적으로 트럼프의 정치 생명이 단절되지 않는다면 북한은 불리하며 비핵화로 가는 노정은 실현 가능한 결과로 나올 것이다. 동시에 북한의 실질적 행동이 동반될 수밖에 없을 것으로 보인다. 그것은 이전과 비교, 상당한 비핵화의 결과가 도출될 수 있다는 것을 의미한다. 트럼프의 건재는 또한 중국을 극도로 압박하는 것이다. 그것은 트럼프가 추구하는 세계 질서 재편에 있어 가장 중요한 핵심 사항이다.

트럼프 미국우선주의 정책과 세계재편의 핵심은 신약성서에 나오는 예수의 관대한 기독교 정신이 아닌 선과 악을 명확히 구분하는 구약성서의 심판으로 나간다는 것을 의미하는 것이다.

한반도 정세의 불확실성과
평화의 모색

－김병규

이 논문은 4·27 남·북정상회담 전,
2017년 8월 24일 고려대학교 세종캠퍼스 SSK사업단과
사단법인 한국평화연구학회가 주최하고
한국연구재단(NRF)가 후원한
'한반도 정세의 불확실성과 평화의 모색'이라는 제목의
2017년 하계 공동학술대회에서 발표한 내용입니다.

I. 서론

현재의 한반도를 바라보는 시각은 여전히 불안하다. 최근까지 남·북한과 미·북 간 긴장국면은 이전과 비교하여 훨씬 실질적이었다. 그런 위기감의 핵심에는 북한의 핵 개발과 그것을 용인할 수 없는 미국이 그 원인으로 자리 잡고 있다. 동시에 한반도를 중심한 주변 4개 강대국들 간 양보할 수 없는 대결구도도 한 몫을 했다. 많은 학자들은 현 상황을 신냉전체제로 규정하고 있다. 하지만 그 구조의 틀은 이전의 냉전시대와 조금 다른 양상을 보이고 있다. 냉전구조가 자본주의와 사회주의의 대결이었다면 현재의 신냉전구조는 강대국 간 패권싸움에 북한이라는 국가가 깊게 자리잡고 있다. 북한이라는 약소국이 핵을 보유함으로 강대국간 핵 문제의 해결 방안을 두고 극명한 의견 차이를 보이고 있기 때문이다. 이런 극명한 시각의 차이는 자국의 이익과 긴밀히 연결되어 있다. 또 기저에는 이미 힘을 잃은 사회주의와 자본주의의 대결이라는 구시대적 잔재도 여전히 작동되고 있다.

이런 신냉전구조가 북한이라는 매개체를 통하여 더욱 과열되고 있는 것은 대단히 흥미로운 부분이다. 북한과 국제사회와의 대립 또는 이 한반도를 중심으로 한 강대국 간의 대결이 입체적으로 벌어지고 있다. 이런 국제적 환경에서 남·북한의 문제는 더욱 어려운 상황을 직면하고 있다. 그것은 남·북한 간 문제가 주변 4대 강대국과 국제사회의 이해관계와 긴밀히 맞물려 있기 때문이다. 또한 남·북한이 주체가 되어 이전처럼 경제, 사회, 문화교류를 통한 남·북한 간의 신뢰회복이 더욱 어려워지게 되었다. 남·북한 교류협력이라는 말 자체가 북한의 부정적 위상 때문에 더욱 접근하기 어려운 방법론이 되었다. 하지만 진보 정권인 현 정부는 북한과의 신뢰회복이 필요하다는 인식이 강하다. 하지만 현 북한의 입장은 남·북한 신뢰회복을 본질로 인식하지 않는 것 같다. 이런 관점에서 현재의 남·북한과 국제사회의 복잡한 국면을 분석해보고 남·북한 간 통일을 위한 신뢰회복이라는 과제를 푸는 관점에서 그 방안을 제시 해보고자 한다.

II. 북한 핵 보유와 미국

 북한의 핵 보유는 기존 인도나 파키스탄의 상황과는 전혀 다른 차원이다. 북한의 핵 보유가 한반도를 중심삼고 그 주변 국가에 주는 영향력은 훨씬 복잡하다. 그만큼 그 해법 또한 난해하다. 북한의 핵무기에 대한 집착은 세 가지의 관점에서 이해된다. 첫째는 북한의 생존본능에서 나온 결과물이다. 북한의 영토는 미국 폭격으로 초토화된 경험을 가지고 있다. 또한 일본 나가사키와 히로시마의 핵폭탄 투하를 기억하고 있다. 이런 결과로 핵을 보유하는 것은 자위적 차원의 정당성을 부여한다. 둘째는 재래식 무기의 한계이다. 북한의 열악한 경제상황에서 지속적인 신무기 개발과 구입은 불가능하다. 신무기로의 전면적 교체는 북한의 현 경제적 측면에서 북한 권력에게 엄청난 부담을 줄 것이 확실하다. 이런 북한의 열악한 경제상황에서 핵무기 개발은 대단히 경제적인 대안이다. 즉 신무기의 교체 없이 재래식 무기의 약점을 보완할 수 있는 최상의 방법론이 바로 핵 무력 완성이다. 셋째는 한·미연합군사훈련의 두려움을 극복할 수 있다. 최근 월스트리트저널(Wall street Journal)의 칼럼니스트 홀먼 챙킨스는 "북한 핵무기 집착은 한·미 군사 훈련에서 오는 두려움에서 나온 결과체" [85]로 보고 있다. 결과적으로 이 세 가지 이유를 정리해보면 미국에 대한 두려움이 북한의 핵무기 보유의 핵심임을 알 수 있다. 북한의 미국에 대한 두려움은 남·북한 분단 이후 북한 정권 내부에 깊숙이 트라우마로 자리 잡아 왔다. 이런 두려움은 지극히 폐쇄적인 북한 사회를 더욱 결속하게 만드는 근간이 되었다.

다른 관점에서도 북한의 핵 보유 집착성을 분석해 볼 수 있다. 그 것은 북한 정권의 권력적 속성과 깊은 연관성을 가지고 있다. 북한은 핏줄로 이어지는 혈통 권력이다. 북한은 건국자인 할아버지, 아버지, 손자로 연결되는 특이한 권력 구조이다. 왕권시대처럼 북한 주민들의 권력에 대한 숭배는 놀라울 정도로 특이하며 맹목적이다. 이런 권력구조의 틀은 집중된 시선과 관심을 받게 된다. 즉 권력의 결정과 행동은 국가와 인민에게 엄청난 영향력을 준다. 그것은 북한 주민들을 묶는 내부결속의 힘이다. 이런 내부결속을 위해 김일성, 김정은, 김정은으로 이어지는 권력의 틀에서 실질적이며 성공적 과업 실현은 필수불가결한 요건이다. 핵이라는 매개체는 북한권력의 지속성을 정당화시키고 내부결속에 있어 가장 안성맞춤인 결과물이다. 핵은 북한 인민들에게 강대국과 대항한다는 자부심과 국제사회의 지속적인 관심을 받는 과업인 것이다.

북한과 같이 열악한 경제구조를 가지고 있는 약소국이 전 세계적으로 주목을 받는 다는 것은 대단히 어려운 일이다. 핵 실험을 통하여 북한은 90년대부터 국제사회로부터 지속적 관심을 받아왔다. 특히 핵무기 개발은 북한에 대한 관심을 더욱 고조시켰다. 핵 문제는 미국의 아킬레스건이다. 현재 33세의 어린 권력자 김정은은 연일 강

85) Wall Street Journal, "北 한미합훈 대응하느라 전시비축 군사지원 상당 소모", 2017. 8. 3.

대국들의 뉴스에 오르내리고 있다. 북한은 핵 실험 하나로 정치적으로 세계 초강대국 미국과 맞서고 있다. 또한 강(强) 대 강(强)의 대결로 나가는 북한은 미국에 있어 대단히 골칫거리다. 북한은 미국으로부터 지속적인 관심을 받고 싶어 한다. 핵을 통하여 북의 위상을 회복하고자 한다. 미국으로부터 북한에 대한 불가침협정과 체제보장에 대한 담보를 받고 싶어 한다.

지난 시기 북한에 대한 미국의 무관심은 북한 핵의 고도화를 촉진하는 요인이 되었다. 역설적이게도 현 북한의 상황을 만든 원인에 일조한 셈이 되었다. 미·북 대결구도는 북한이 원했던 바이고 북한의 관점에서는 전략적 성공적이었다. 미국의 관심사는 항상 중동에 있었다. 그것은 미국의 장단기적 이익과 직결되어 있었다. 특히 오일 문제는 미국에 있어 정치, 군사적으로 중동 아랍국가들과 이해적 관계를 복잡하게 만드는 중요한 요인이 되었다. 상대적으로 아시아에 대한 관심은 제한적이었다. 최근 북한 핵의 소형화, 고도화, 경량화는 미국을 비롯한 국제사회의 관심을 극도로 끌어 올리는 촉매제 역할을 하고 있다. 북한은 핵무기의 실질적 실용화를 가속화시켰고 미·북 간 '적대적 공생관계'는 더욱 심화되었다. 결국 핵은 미국에 대한 깊은 두려움과 지속적 관심을 유발하기 위한 촉매제의 역할인 것이다.

남한에 있어서 미국에 대한 입장은 많은 차이가 있다. 미국의 역할은 통일(통합)과 남·북한 간의 신뢰회복에 있어 절대적이다. 이 부분에서 남한과 미국과의 관계 설정은 더욱 중요해진다. 이런 논점은 때때로 오해를 받는 경우도 있다. 남한이 통일에 있어 자주적이지 못하고 여전히 미국에 종속적이라는 편견이다. 하지만 그것은 지나친 비약이다. 남·북한이 통일에 있어 주도가 되더라도 미국의 역할이 지대하다는 것을 인정하는 것이다. 그것은 남·북한 관계개선이나 궁극적 통일(통합)에 있어 미국이 중재자로 긴요하게 자리 잡고 있다는 것을 의미하는 것이다. 이런 관점은 친미나 종미의 개념이 아닌 북한을 끌어들이기 위한 중요한 연결고리로 미국의 역할론을 강조하는 것이다. 이 부분은 현 시국에서 더욱 핵심적인 문제이며 중요한 요건 중에 하나이다. 하지만 이 부분이 꼭 긍정적 지원만을 의미하는 것은 아니다. 즉, 정치, 군사적 압박의 부정적 측면도 동시에 작동되는 것을 의미한다. 동시에 회유와 설득, 그리고 지원과 같은 협의(狹義)적 개념의 역할도 포함된다. 결국 통일(통합)과 남·북한의 실질적 신뢰회복을 위하여 더욱 적극적인 미국의 역할을 재고해야 하는 것이다.

Ⅲ. 통일을 위한 신뢰회복과 4대 강대국

북한 핵 문제는 한반도뿐만 아니라 4대 강대국의 관계에서도 복잡성을 확대하는 결과를 주었다. 그것은 북한 핵 보유가 갖는 미묘한 정치, 군사적 역학관계와도 긴밀한 연관성이 있다. 한반도를 중심삼고 미국, 일본, 중국, 러시아와 같은 초강대국들의 위상 정립은 항상 문제가 되었다. 그것은 정치, 경제, 군사, 문화 등 전 분야에서 경쟁적으로 나타난다. 또한 그 양상 또한 훨씬 복잡한 경향을 보이고 있다. 이전처럼 정치, 군사적 측면만으로 대결해왔던 시대와는 또 다른 차원이다. 이런 부분은 특히 경제적 부문의 확대와 경쟁력에 있어 더욱 첨예하게 나타나고 있다. 그것의 대표적인 사례가 바로 자유무역협정(FTA)이다. 현재 국제사회에서 경제는 전쟁이다. 정치와 군사의 대결은 유한적 구조를 가지고 있다면 경제적 대결은 무한적 구조이다. 여기에는 자원의 확보, 기술력의 경쟁, 지적재산권의 확보 등 다양한 분야의 전면전 양상으로 나타나고 있다. 미국이 TPP(Trans-Pacific Partnership: 환태평양경제동반자협정)에서 빠짐으로 약해지긴 했지만 TPP는 환태평양지역에서 미국과 일본의 경제 선점이 그 목적이다. 이와 경쟁적으로 중국은 RCEP(Regional Comprehensive Economic Partnership: 역내 포괄적 경제 동반자 협정)와 같은 FTA의

구성, 일대일로(One Belt, One Road), 신실크로드와 같은 중국의 계획은 그 역시 태평양지역과 세계경제권의 중화권 시대 확장 전략으로 볼 수 있다. 이런 의미에서 한반도를 중심삼고 이 태평양지역의 강대국의 영향력 확대는 대단히 중요한 문제이며 생존전략이다.

중요한 것은 한반도를 중심삼고 4대 강대국의 정치, 경제, 군사적 부문의 경쟁이 북한의 핵 보유로 더욱 확대되고 있다. 북한 핵 보유는 동북아뿐만 아니라 세계 핵 지형의 근본적 변화를 요구한다. 그것은 한반도 주변 4대 강대국들의 정치, 군사적 큰 변화를 의미하는 것이기도 하다. 예를 들어 북한의 핵 보유는 미국에게 가장 큰 타격을 줄 수 있다. 첫째는 미국의 세계 핵정책이 그 기능을 상실 할 수 있다. 실제적으로 미국은 북한 핵 보유를 통해 미국 본토 공격에 대한 두려움보다 미국이 가지고 있는 세계 핵정책의 기득권을 상실하는 것이다. 둘째로 북한 핵 보유는 미국의 세계 경찰 기능을 제약하며 미국의 세계적 패권에 큰 장애를 줄 수 있다. 그것은 핵분쟁을 통해 미국의 입지가 지극히 축소될 수 있기 때문이다. 일종의 핵 도미노 현상으로, 최근 한국이 핵잠수함 건조나 핵무기 보유의 타당성을 논하거나 일본의 군사적 확대 전략과도 맥을 같이 한다. 결국 북한 핵 보유 인정은 미국에게 대단히 치명적이다. 그렇다면 중국은 어떤가. 미국만큼은 아니겠지만 중국에게 북한의 핵 보유는 중국 본토가 직접 위협받는 상황을 초래할 수 있다. 또한 중국의 북한 배후 조정 능력이 떨어지며 중국은 잠재적 적을 또 하나 이웃으로 두는 결과를 가지고 온다. 동시에 남한과 일본의 핵 보유 가능성을 높이게 되므로 중국의 안보는 더욱 불안한 상황이 된다. 이런 의미에서 북한 핵 보유가 중국에게도 달가운 일은 절대로 아니다. 러시아의 입장도 다르지 않다. 중국정도의 입장은 아니더라도 직접적인 위협은 항상 존재한다.

남한과 일본의 핵 무장은 더욱 치명적이다. 일본의 경우는 몇 가지 양면성이 있다. 일본 국민은 핵 트라우마가 있다. 그것은 인류 최초로 핵폭탄의 위력을 본 일본 국민들의 예민함이다. 하지만 일본 정부의 입장은 조금 다른 것 같다. 일본 정부는 북한의 핵무기 보유나 개발이 일본 군사대국화에 유리한 방향을 제공하는 단초가 될 수 있다고 믿고 있다. 미국으로 보아서도 북한과 중국의 견제를 위해 일본이 미국을 대신하여 전략적 방어선을 구축해주는 것은 나쁘지 않다. 하지만 미국에 있어 일본의 핵 무장은 신중한 고려가 필요한 영역이다. 그것은 일본의 군사적 야욕을 자극할 수 있기 때문이다. 이렇듯 북한 핵 보유는 주변 강대국들 간의 관계를 복잡하게 만든다.

최근 한국의 사드배치에 대하여 중국이 주는 압력은 엄청나다. 한국은 자국의 영토에 전략자산을 설치하면서 중국으로부터 간섭을 받고 있다. 중국은 북한 핵무기 개발과 미사일 발사에 대하여 대단히 소극적이다. 또한 북한 핵무기관련 국제 제재에 있어서도 불성실한 모습을 보이고 있다. 이에 반해, 남한의 사드배치에 대해 지나치게 민감한 반응을 보이는 것은 중국의 이중성이다. 그것은 중국이 가지고 있는 미국에 대한 복잡한 심경의 반응이다. 이렇듯 북한 핵 문제를 보는 시각은 차이가 난다. 핵심은 북한 핵 보유 상황에서 남·북한이 주도가 되는 남·북한 신뢰회복이 어려운 이유는 바로 4대 강대국 간의 복잡한 관계성에 그 원인이 있는 것이다.

1. 강대국에 명확한 입장 표명 필요

　분단 이후, 남한은 주변 강대국의 압력에 애매모호한 태도를 취해왔다. 즉 남한정부는 명확한 입장을 표명하지 않음으로 미국이나 중국 같은 강대국들의 다양한 압력들을 피해왔다. 그것은 정치, 경제적으로 약했던 한국에 있어 생존의 중요한 전략이었다. 현재 한국은 세계 11위권의 경제력을 가지고 있다. 일종의 강소국대열이다. 하지만 대외 정책에 있어, 특히 강대국에 대해서 약소국의 대외 정책 패턴을 버리지 못하고 있다. 그것은 이중적이며 중립적 태도를 취함으로 강대국의 압력으로부터 잠시 도피하는 것이다. 하지만 이런 대외 정책이 여전히 이 한반도의 정세에서 유효한가를 되짚어 볼 때가 왔다. 그것은 현재 처해 있는 한반도의 상황이 이전과는 너무나 다른 방향으로 흘러가고 있고 한국이 철저히 배제되고 있기 때문이다. 또한 현재의 북한은 이전의 재래식 무기만을 보유하는 북한이 아니라 핵무기 보유를 논하는 심각한 상황에 봉착하고 있기 때문이기도 하다. 결국 북한의 핵 개발은 남·북한의 관계 그리고 한반도와 4대 강대국과의 관계 더 나아가 국제사회와의 관계에서 새로운 대외 정책의 수립이 불가피해졌다. 그것은 바로 약소국과 같은 애매모호하고 회피적인 외교가 아니라 강 대 강(强 對 强)의 강력한 정책으로 변화가 불가피하게 되었다.

　최근 중국과 미국의 대한반도 정책에 대해서 한국은 대외 정책에 있어 여전히 이중적이며 중립적인 태도를 취하고 있다. 사드배치에 대한 중국의 보복에 대하여 남한은 중국과 미국 양측에 확실한 입장을 고수하지 못하고 있다. 하지만 중국은 남한의 사드배치에 비상식적인 경제제재를 취하고 있다. 중국의 한국 경제제재는 불합리하며 불공정한 것이다. 미국은 북한과의 관계에서 남한을 철저히 배제하고 있다. 이런 결과는 남한의 대외 정책의 문제에 기인한다고 볼 수 있다. 결과적으로 남한은 중국과 미국에 대하여 강력한 목소리를 내지 못하면서 피해는 고스란히 받고 있다. 이런 부분에 있어 미국과 중국에 대한 관계설정을 재정립할 필요가 있다. 또한 한국에 실질적 피해를 주는 것에 대하여 강력한 입장을 표명할 필요도 있다.

협상의 기술에서 애매모호하고 이중적 태도는 적은 이익이라도 챙길 수 있다는 확신을 준다, 하지만 이런 협상 전략은 때로는 양측으로부터 다 배제되는 상황에 직면할 수 있다. 현 상황에서 강대국에 대한 현명한 협상 전략은 분명한 입장을 취하고 유리한 방향에 확실하게 동석하는 것이다. 동시에 외면하는 협상이 아닌 적극적인 설득이나 담판을 고려해야 한다.

2. 절호의 기회에는 확실한 입장 표명해야: 친미(親美) or 협미(協美)

남·북한은 분단 이후 70년이 흘렀다. 현재의 상황을 위기로 규정하기도 하지만 한반도의 전면적 재편의 새로운 기회이기도 하다. 핵심은 현재의 북한 핵 보유가 국제사회에 대단히 부정적으로 인식되어지고 있다는 것이며 4대 강대국들에게 북한의 위험성을 객관적으로 증명하는 절호의 기회인 것이다. 이런 한반도의 현 상황은 대립적 상황의 종결을 가지고 올 수 있는 절호의 기회이다. 하지만 그 기회에서 분단의 당사자인 남한이 배제되거나 제3자의 입장에서 선다면 실질적 이익에서 배제될 수 있다.

현 북핵사태는 미국과의 해묵은 갈등과 대결의 종지부를 찍어야 할 시점으로 인식된다. 그것은 북핵사태의 프로세싱이 더 이상 과정이 아니기 때문이다. 이런 국제환경에서 남한의 명확한 입장 표명은 대단히 중요하다. 미국을 중심으로 국제사회의 동일한 대북 압박과 제재 목소리에 여전히 북한과의 대화 여지를 열어 놓는 것은 되레 위험한 대북 협상의 발상이다. 북한 핵 문제에 대하여 대화를 지속적으로 강조하는 중국과 러시아의 입장에서도 어떠한 형태로든 북한 핵 문제의 종결은 불가피 하다. 하지만 북한에 대한 조절력이 실질적으로 작동되지 않는다는 것도 중국과 러시아의 입장에서는 곤혹스러운 부분이다. 동시에 북한 핵 보유의 실질적 위협이 더욱 가중되고 있다는 사실도 중국과 러시아에 있어서는 불편한 부분이다.

남·북한의 신뢰회복이 북한 핵 보유가 인정된 상황에서 가능하다는 인식은 대단히 위험한 정책이다. 북한이 핵 보유를 인정받는다면 남·북한 신뢰나 통일의 가능성은 훨씬 회의적이며 복잡한 차원이다. 절호의 기회는 현 상황이며 확실한 입장을 천명하는 것은 북한 핵 보유의 불용이며 제재와 압박이다. 여기서 남·북한 대화를 관여시키는 것은 전략적 관점에서 북한으로부터 따돌림을 받을 수 있다. 동시에 남한이 대북협상에서 제외되거나 제3자로 전락되는 경우도 배제할 수 없는 것이다.

3. 미국과 함께 남한의 벼랑 끝 전술 작동 필요

남·북한 간 교류협력이 갖는 의미는 대단히 중요하다. 교류협력이 남·북한 간 정전상태인 남·북한 간 평화를 유지하는데 중요한 연결 고리가 될 수 있다. 하지만 현 남·북한 간의 관계는 이전과 분명히 다르다. 미국을 중심한 국제사회는 대북한 정책에 있어 제재와 압박의 시기이며 대화의 시기가 아니라고 규정하고 있다. 반면에 현 정부는 엄중한 시점임을 인정하면서도 북한에 지속적인 대화 의지를 표명하고 있다. 현 정부도 북한이 임계점(red line)을 넘는 것은 인정할 수 없다고 표명했다. 그것은 ICBM에 핵을 탑재하는 것으로 규정하고 있다.

하지만 우리는 현 상황을 더욱 냉정하게 평가해 보아야 한다. 북한의 현 상황이 이전과 분명히 다르다는 것을 인정하는 것이 무엇보다 중요하다. 북한은 지금 단순한 미사일 개발의 차원을 넘어 대륙간탄도미사일(ICBM), 잠수함발사탄도미사일(SLBM)을 개발, 실용화 단계로 가고 있다. 핵탄두를 항공기에 탑재하는 능력을 제외한 핵무기의 완벽한 공격태세를 실전화 시키는데 성공했다. 이런 북한의 핵무기와 ICBM의 개발은 국제사회의 대북정책에 대한 입장을 달리할 뿐만 아니라 북한 스스로도 대남 정책과 대미 정책의 큰 변화를 예고한다. 현재 북한에 의한 코리아 패싱은 더욱 확실하게 나타나고 있다. 그것은 기존 경제교류협력의 단계와는 그 차원이 근본적으로 다름을 시인하는 것이다. 북한은 오래 전부터 핵무기 개발과 대륙간탄도미사일을 개발하면서 북한은 다양한 전략전술을 통해 교묘하게 미국을 비롯한 국제사회의 압력과 제재를 피해왔다. 또한 북한 내부적으로 어려운 시기 북한은 남한과의 교류협력이라는 명분으로 국제사회에 평화 제스처를 보여주었다. 이런 남·북한 간의 교류협력은 국제사회가 북한의 호전적 성품을 명확히 간파하는데 한계를 갖도록 했으며 숨길 수 있는 좋은 구실을 만들어 주었다. 그것은 미국에 있어서도 다르지 않았다. 미국은 북한과 대화하지 않고 그냥 방치해두면 열악한 경제여건으로 곧 붕괴될 것이라고 판단했다. 또한 북한과 대화하지 않으면 북한 스스로 자포자기할 것으로 판단했다. 하지만 이런 예측들은 모두 빗나갔다. 그것은 북한이 이미 핵을 보유했기에 이전의 모든 대북정책은 실질적으로 실패한 정책인 된 것이다.

현재의 북한은 이전의 북한과 다르다. 남한과 대화나 경제 교류에 목을 맬 필요도 없고 남·북 대화의 의지도 없다. 그것은 핵을 보유했다는 자부심과 과시욕이 남·북 대화의 필요성을 근본적으로 차단하고 있다. 그렇다면 남한이 국제사회의 제재와 압박 속에 대화의 의지를 갖는다고 해서 또는 대화의 여지를 열어놓는다고 해서 남한은 고(高)평가 되지 않는다. 이런 남한의 대화 구애는 어쩌면 남한이 코리아 패싱을 스스로 자초하는 결과를 가지고 올 수 있다. 또한 남·북한 간 신뢰회복을 더욱 어렵게 하는 그런 상황을 만들 수 있다. 북한은 어려우면 스스로 대화의 문을 여는 특성을 가지고 있다. 즉 남한의 대화 제의가 없더라도 일정한 시기 스스로의 전략 전술에 맞추어 대화의 필요성을 강력하게 요구할 수 있다.

현 상황에서 남한의 태도는 무엇보다 중요하다. 이런 때일수록 더욱 강경하고 강한 압박을 주장하고 완벽한 제재의 흐름에 동승하는 것이 바람직하다. 설령 강력한 대화의지가 있다 하더라도 북한에게 더욱 강력하고 엄중한 입장을 내보이는 것이 현재로서는 더욱 현명한 전략이 될 수 있다. 북한은 현 상황에서 현 정부가 대화의 의지가 전혀 없다는 것에 더욱 당황할 것이다. 그리고 국제사회와의 중재를 남한에게 요구할 수도 있을 것이다.

현대사회에서 군사적 극과 극의 대립이 서로 충돌하기는 더욱 어렵다. 그것은 서로가 큰 피해를 각오해야 하기 때문이다. 동시에 국제사회에서 각국의 이익관계가 복잡하게 얽혀있기 때문에 극과 극의 충돌은 더욱 어려워졌다. 그것은 충돌 직전 협상을 통한 해결이 불가피하게 요구된다. 이런 관계는 현재 남과 북의 관계에서 더욱 절실하다.

북한은 현 대화 모드로 나오기 전에 핵 보유 국가를 천명하며 세계 최고 강대국인 미국을 공격하겠다고 호언장담하고 있다. 벼랑끝 전술의 핵심이다. 북한은 미국과 의도적으로 극과 극으로 치닫고 있다. 또한 이런 전술이 먹혀 들어가고 있다. 현 상황에서 남·북한의 관계도 예외가 될 수 없다. 그것은 현 북한의 상황을 남한이 교류협력만을 통해 해결할 수 있는 상황이 종료되었음을 의미하는 것이기도 하다.

현재 남한은 '역설적 협상'을 강구해야 한다. 대화요구 없는 더욱 강력한 제재와 압박의 수순을 주장 해야 하며 국제사회에 천명해야 한다. 남·북한 신뢰는 어디까지나 힘을 바탕을 두고 이루어진다. 이전까지 남한은 엄청난 경제력으로 북한을 압도했으며 대화에 북한을 끌고 나올 수 있었다. 하지만 현재 북한의 군사력이 핵을 보유함으로 남한의 압도적인 군사력과 경제력을 압도하는 결과를 가지고 왔다. 북한이 남한과 대화할 명분은 더욱 사라졌다. 결국 남한이 대북한 전략에 있어 더욱 강력한 태도를 보여줌으로 역설적이게도 남·

북한 신뢰를 회복할 수 있는 기회가 생기게 될 것이다.

4. 북한 핵 보유와 신뢰회복의 언밸런스(Unbalance)

남·북한 간 통일을 위한 신뢰회복을 위해서는 다양한 방법론이 있을 수 있다. 이제까지 남한은 북한의 다양한 핵 실험과 미사일 발사에도 불구하고 남·북한 간 경제 교류와 협력에 실질적 위협이 안 된다면 그것이 정상적인 남·북 간의 신뢰 회복이라고 간주하는 경향이 있었다. 그것은 민족 간의 문제로 보는 감정적 성향이 내재되어 있다.

분단 이후, 남한정부는 보수와 진보가 서로 번갈아가며 남·북한 대치 속에 적대적 공생관계를 유지하여 왔다. 이 기간을 통하여 남·북한은 자기들이 필요한 시기 대화 제의를 먼저 함으로 남·북한의 긴장감을 해소해 가는 그런 정책을 취해왔다. 특히 비슷한 군사적 규모를 가지고 대치하거나 긴장감을 유지할 때, 남·북 간의 대화는 적절히 그 효력을 발휘했다고 평가될 수 있다. 그것은 남·북 대화의 주제나 영역이 양측이 서로 공유할 수 있는 부분에서만 다루어졌다. 예를 들어 핵 문제에 대하여 북한은 남·북한의 문제로 절대로 간주하지 않았다. 그것은 미국의 입장에서도 동일했다. 즉 가장 중요한 문제를 배제하고 남·북한 간의 대화가 이루어진 점은 남·북 대화의 현실을 그대로 보여주는 단면이다.

현재 북한의 핵 문제는 국제적 이슈로 완전히 부상했고 4대 강대국도 피해갈 수 문제로 발전되었다. 이전과는 전혀 다른 새로운 국면이다. 동시에 남한의 적극적 참여도 중요한 관건이 되었다. 문제는 이런 핵 문제를 남한정부가 외면하거나 피해가는 것은 적절치 않다. 또한 이런 시기 대화를 주장하는 것도 적절한 상황이 아니다. 보다 중요한 것은 남·북 대화론의 당위성을 지속적으로 제시하는 것이 이후 북한 정부와의 관계성을 고려한 전략적 제스처라면 이 부분은 더욱 재고되어야 할 것이다.

IV. 북한의 핵 보유와 미국

북한 핵 보유 그리고 ICBM과 SLBM의 확보는 북한의 군사적 위상을 달리하는 것으로 스스로 과대평가 되고 있다. 이런 자신감을 갖기 위해 북한은 핵 개발에 있어 강한 집착을 갖게 만들었다. 동시에 그런 자신감은 대외 정책에 있어 특히 대미 외교에 있어 지나친 과욕을 갖게 했다. 핵 보유를 하므로 미국과 협상의 폭이 훨씬 넓어졌고 협상에서 밀리지 않을 수 있다는 자신감이다. 하지만 북한 또한 그 어느 때보다 훨씬 어려운 국제적 입지에 놓이게 되었다. 원인은 북한 핵무기 개발이 정점에 도달했기 때문이다. 하지만 현재의 상황에서 북한이 미국에 대하여 협상의 주도력을 갖는다고 볼 수는 없다. 그것은 미국 정권이 이전과 다르기 때문이다. 현재 북한은 과욕적인 태도를 보이고 있다. 하지만 이런 과욕적인 자신감이 자기들이 원하는 것을 얻어낸다는 보장은 없다. 되레 이런 과욕이 북한에게 치명적 결과를 가지고 올 수 있다. 현 북한 정권은 핵 보유가 가능해졌고 미국이 깊은 관심을 갖기 시작했다. 이런 경우 양측은 극한 선택을 결정할 수밖에 없는 순간에 도달한 것이다.

1. 트럼프정부와 북한의 도전

북한 핵 개발이 현재의 상황까지 온 것은 미국의 책임도 적지 않다. 지난 미국 정권의 대북정책은 일관성이 부족했다. 또한 구체적인 결과를 만드는데도 실패했다. 그것은 강력한 제재와 압박을 지속적으로 유지하지 못한 결과이다. 이런 기회를 교묘히 간파한 북한은 미·북 대화를 통해 위기 속에서 탈출할 수 있었다. 그런 정책의 한계는 북한 핵 개발을 용인하는 결과가 되었다. 북한은 미국이나 한국이 최악의 상황을 모면하기 위해 항상 대화의 문을 열어 놓고 있다는 사실을 그 어느 누구보다 잘 알고 있다. 북한은 이런 기회를 통해 시간을 벌고 핵 개발에 전념할 수 있었다. 남한뿐만 아니라 미국, 중국도 모든 문제를 대화를 통해 해결해 나가야 한다고 주장해 왔다. 이런 과정은 압박과 제재 속에 대화의 문이 항상 열려 있다고 하는 전제를 갖는다. 북한은 이런 흐름을 너무나 잘 알고 있었고 위기의 시기마다 이것을 협상카드로 활용해왔다. 그것은 남한과 주변 4대 강대국들에게 동일하게 적용된 협상 전략이다.

하지만 현재의 미·북 관계는 이전과 다른 국면이다. 그것은 미국 트럼프정부가 이전 정부와는 많은 차이가 있다. 이미 미·중 정상회의 시기 시리아에 폭격함으로 트럼프 자신의 특이성을 공개했다. 트럼프 대통령은 매우 다혈질이며 도전적이다. 동시에 자기가 원하는 것은 반드시 획득하는 성격을 지니고 있다. 북한이 고려할 부분은 미국의 군사력 이전에 트럼프의 성격이다. 미·북 간 관계는 최극단의 지점에 도달했다. 양측의 충돌은 불가피해졌다. 이런 상황에서 북한의 고민은 적지 않다. 북한은 불리한 상황에 놓여 있다. 그것은 미국의 태도가 이전과 전혀 다른 상황이기 때문이다.

2. 북한의 핵 보유와 남·북 대화의 비적극성

현재 남한은 압박과 제재 속에 대화의 문은 열려 있다고 지속적으로 천명해왔다. 하지만 이런 남한의 대북정책에는 문제가 있다. 현재의 남·북한 관계 그리고 현재의 북한 상황은 이전의 상황과 완전히 다른 환경에 놓여 있다. 앞에서도 거론한 것처럼 위기 모면을 위해 대화의 끈을 잡았던 북한의 모습이 더 이상 아니다. 북한 스스로 핵 보유국으로 인정하고 있고 현재의 상황에서 남·북 대화는 대단히 지엽적인 문제이다. 그것은 미국이라는 세계 최강의 국가와 딜(deal)을 하며 남한과의 대화는 무의미하다고 보는 것이다.

남한정부는 이런 어려운 상황에서도 대화 의지를 꺾지 않고 지속적으로 대화의지가 있다는 명분을 북한에게 보여주려 하는 것이지만 이것은 아주 낮은 단계의 협상전략일 뿐이다. 더 명확하게 평가하자면 북한은 남한의 대화요구에 관심도 없고 얻을 것도 없다고 판단하고 있다. 북한이 극히 어려운 상황이 되는 경우 남한에게 다시 추파를 던질지는 모르지만 그것은 단지 이용일 뿐이다. 이런 남·북한의 상황에서 한국의 명확한 태도는 대단히 중요하다. 여기서 역설의 법칙이 적용된다. 남·북한의 신뢰회복은 남·북한 간의 거래에서 가능한 얘기다. 하지만 현 상황은 남·북한만의 상황이 아니다. 북한의 핵 문제를 두고 너무나 복잡한 상황이 실타래처럼 꼬여 있다.

현재 남한의 입장과 태도는 대단히 중요하다. 북한 핵 문제로 그 어떤 시기보다 엄중한 때에 북한 핵에 대한 강력한 제재와 압박은 그 어느 때보다 효용성이 높아 보인다. 여기서 한국이 대화의 여지를 남겨놓는다는 것은 바람직하지 않다. 국제사회와 강력한 공조를 이루어야 한다. 남·북한 간 대화가 대단히 중요하지만 현재는 대화의 여지를 완전히 접어야 한다. 완전한 압박과 제재에 동참해야 결과를 얻을 수 있다. 현 정부는 진보적 성향을 가지고 있고 교류와 협력을 통한 대화에 그 어느 정부보다 강한 집착을 가지고 있다. 그런 정부의 강력한 북한 압박과 제재 동참은 바로 북한의 기존 전략 전술에 혼선을 주고 북한이 대화에 참여할 수 있는 가능성을 더욱 높이게 될 것이다.

3. 남한 대북정책이 초래한 코리아 패싱(Korea Passing)

앞에서 거론한 한국의 제재 속 대화 여지 강조 등은 코리아 패싱을 초래하는 원인이 된다. 코리아 패싱은 북핵 문제를 미국과 북한만의 문제로 규정짓는 것이다. 하지만 북한의 핵 보유는 미국의 핵 확산방지를 위한 노력들이 물거품이 되며, 북한 핵 소유는 궁극적으로 남한에 큰 위협이 되기 때문에 절대로 미·북 간의 문제로만 국한시킬 수 없다. 이런 경우, 북한의 핵 무장이 분명히 잘못된 것이고 용인될 수 없는 문제이기에 가장 강력한 제어능력을 가진 미국의 북한 제재와 압박정책에 남한은 백 프로 동참할 필요가 있다. 현재 미국은 강력한 압박과 제어만을 추진하고 있다. 물론 대화의 기회가 없는 것은 아니다. 하지만 그것은 행동의 원칙에서 북한의 확실한 태도변화를 전제로 한다. 즉 무의미한 대화는 소용이 없다는 것을 정확하게 천명했다. 한국은 독자적으로 '압박과 제재 속에 대화 가능'이라는 이중적 태도를 보임으로 미국의 대북정책을 실질적으로 신뢰하지 않는다는 것으로 비쳐지고 있다. 북한의 입장에서도 다르지 않다. 남한의 현 정부가 대화의 가능성을 지속적으로 열어둘 것이라는 입장을 잘 아는 북한은 절대로 남한에게 우호적인 신호를 보내지 않을 것이다. 그것은 북한이 대화제의를 하면 언제든지 남한이 환영할 것이라는 것을 너무나 잘 알고 있기 때문이다. 남한의 이중적 태도에 대해 북한 스스로도 남한을 무시하는 입장에 서게 될 것이 확실하다. 하지만 남한이 미국과 또는 국제사회와 대화 전제 없이 강력한 제재와 압박을 취하는 입장에 선다면 북한도 남한을 의식하는 변화가 나타날 가능성이 지극히 높아진다. 만약 미·북이 결국 대화로 그 방향을 전환하게 될 때, 대화 전 미·북 간 첨예한 대결 상황에서 남한의 강력한 제재와 압박 입장 표명은 남한의 가치를 상승시키게 될 것이다. 하지만 이중적이고 중도적 입장을 지속적으로 유지하는 경우 극한 대결의 상황이나 대화의 장에서도 코리아 패싱은 지속될 것이다.

4. 남한의 대화 요구와 신뢰 회복과의 연관성

앞장에서 보았듯이 현 상황에서 남한의 지속적인 대화요구가 효용성이 있는지는 깊이 재고되어야 한다. 북한은 어려워지면 남한에 손을 내밀 수밖에 없는 구조로 되어 있다. 남한정부가 현재의 상황을 냉철하게 보는 것은 대단히 중요하다. 몇 가지 현재의 상황을 점검해 보자. 첫째, 북한은 핵 개발 단계가 아니라 핵을 보유하고 있고 실질적으로 미국을 위협하고 있다. 둘째, 북한과 미국은 이전의 핵 개발 프로세싱상의 대결이 아닌 북한 핵 개발에 있어 이미 종국적 결말을 결정지어야 할 엄중한 시기에 직면했다. 셋째는 이런 미·북 간의 대결이 실질적 전쟁을 논하는 한계에 봉착했다. 넷째는 중국은 남한의 사드배치에 강력한 반기를 들며 북한 제재에 비협조적이다. 다섯째, 남한의 대화 제의가 과연 북한 입장에서 보아도 효용성이 있는가의 문제이다. 마지막으로는 남한의 강력한 대화요구에도 남한은 북한과 미국 그리고 강대국들로부터 점점 소외되고 있다. 현재의 여건에서 북한에 대한 대화 요구는 주류적인 국제사회의 대북제재 의지 속에 북한뿐만 아니라 여러 국가와 불편한 관계를 초래할 수 있다.

다른 방향에서도 조망해 볼 때, 남한의 강력한 통일을 위한 신뢰회복 노력 또는 남·북한 간 관계개선을 위한 목적이 있다고 해도 현 상황의 분위기에서 남한이 바라는 방향으로 갈 수 있을지는 극히 의문이다. 신뢰회복이라는 것은 남·북한 간의 문제로 국한되는 경우, 또는 남·북한 간 관계가 국제사회와 비교적 적은 관계성을 갖고 냉각기가 지속되는 경우 가능하게 사용할 수 있는 방안이다. 하지만 미·북 간 극과 극으로 치닫고 있는 상황에서 남·북한 신뢰회복이라는 것은 현 상황에서 어려운 반전이다.

이 대결의 핵심은 핵 폐기와 핵 보유라는 극단적 대결이다. 어느 한쪽 양보할 수 없다. 그것은 남·북한 신뢰회복의 문제를 넘어 현 상황을 해결하기 위한 방안으로 남한의 대화제의로만 해결될 문제가 아니라는 사실이다.

5. 협상의 역설(The Negotiation of Paradox)

국제사회에서 국가 간 이익은 대단히 예민하고 복잡한 문제이다. 이런 국가 간 이익을 놓고 당장 전쟁을 벌일 것처럼 양측이 맞서기도 하고 충돌하기도 한다. 또한 그런 국가 간 싸움에서 중도를 지향하고 적당한 자세를 취하면서 적당한 이익을 취해 가는 방법도 있다. 이런 관점에서 북한 핵 문제를 두고 남한의 입장 그리고 미·북 간의 관계 그리고 주변 강대국들의 역할과 이익배분은 대단히 미묘하다. 미국, 중국은 태평양지역을 포함한 전 세계의 패권을 가지고 미묘한 대결양상을 보이고 있다. 더군다나 북한이라는 다루기 힘든 정권을 두고 양측의 마찰은 더욱 노골화되었다. 또한 러시아와 일본은 미·중 간의 적대적 공생관계 사이에서 적당한 이익을 챙기는 양상으로 진행되고 있다. 하지만 분단의 당사자인 남한은 이런 복잡한 관계에서 그 어떤 이익도 취하지 못하는 애매모호한 입장에 놓여 있다. 반대로 북한은 벼랑 끝 전술을 반복하면서 북한의 궁극적 목표인 핵 보유와 ICBM이라는 실질적 결과물을 얻은 상황이다. 아이러니하게도 국제사회와 극과 극으로 대치하고 있는 북한은 여전히 생존하고 있으며 자기들의 이익을 철저히 획득한 반면에, 남한의 경우는 그 어떤 이익도 얻지 못한 가운데 되레 소외되는 입장에 놓여 있다.

남한은 현재 '협상의 역설'이 필요하다. 협상의 역설은 보편타당한 협상이 통하지 않고 되레 무모해 보이고 비신사적 협상이 그 효과를 더욱 발휘하는 것을 의미한다. 그렇다면 현 북한이 보여주는 태도에 남한의 협상태도에 근본적 문제가 있음을 보여준다.

세계 최고 협상 전문가인 허브 코헨(Herb Cohen)의 협상론은 우리에게 시사하는 바가 대단히 크다. 그는 아이들을 보면 협상전략을 알 수 있다고 설명하고 있다. 아이들은 ▲목표를 높게 정하고, 때론 무리한 요구를 하고 ▲가족 내 의사 결정 과정을 정확히 이해하고 있으며 ▲첫 번째 협상에서 나오는 '노'는 이제 협상에 들어갔음을 알리는 신호일 뿐임을 잘 이해하며 ▲협상 과정 내내 끈기와 인내심으로 상대방을 미치게 만든다고 분석했다. 이런 관점에서 코헨 박사는 남·북한 협상과 관련해서는 "한국정부가 북한측과 협상에서 너무 끌려가는 측면이 있으며 지난 남·북정상회담에서 노무현 대통령이 북한에 지나치게 양보했다."고 언급했다. 그는 "북한 등 과거 소련 방식의 협상술을 잘 이해해야 하는데, 이들은 처음부터 비현실적인 목표를 제시해 상대에게 충격을 주고 적대적인 태도를 일관하면서 버틴다."고 말했다. 코헨 박사는 북한에 대해 다음과 같이 평가하고 있다. "북한은 (한국의 양보를) 고마워하지 않으며 향후 협상에서 기대치만 높이게 됐다."로 정리했다. 코헨 박사는 세계적인 협상전략가로 사업으로부터 다양한 외교정책에 그의 협상전략이 적용되어졌다. 2007년 당시 노무현정부의 대북협상에 대한 그의 입장을 대단히 명쾌하다. 노무현정부의 대북정책을 승계하는 현 정부로서는 깊이 주목할 부분이다. 현재 북한 핵 문제가 전 세계의 이목을 받고 있는 상황에서 북한의 협상 전략을 정확하게 분석하고 있으며 남한의 대북 협상 전략으로 그 방향을 명확하게 제시하고 있다.

V. 결론

국가마다 외교정책이 있고 소국이라 하여 강대국에 외교적으로 압도당하는 것만은 아니다. 북한은 벼랑 끝 전술을 수십 년간 구사해왔고 그런 전술은 강대국의 대북한 정책을 조율하는 중요한 수단이 되었다. 이런 벼랑 끝 전술의 결과로 북한은 핵무기 보유라는 결과를 얻어냈다. 결과적으로 미국을 중심으로 한 국제사회의 대북정책은 실패했다고 볼 수 있다. 북한은 핵과 ICBM 확보를 통하여 스스로 군사적 강국이라고 자평하고 있다. 이런 상황에서 남·북한의 관계 또한 재정립이 필요한 상황이 되었다. 이전의 북한과 현 북한의 상황은 완전히 다른 입장이다. 또한 남·북한 관계에서도 북한의 핵 보유는 정상적 남·북한 관계의 교류협력을 불가능하게 한다. 그것은 남·북한의 신뢰회복을 가능케 하는 정상적 관계 설정이 어려워진다는 것을 의미한다. 현 정부는 북한의 핵무기보유와 관계없이 또는 핵 폐기를 위해서 대화가 더욱 절실하다고 천명하고 있지만 이 부분에 있어 북한의 입장은 전혀 다르다. 현재의 입장에서 북한은 남한을 대화 상대로 보지 않고 있다. 또한 핵무기와 ICBM을 보유한 상황에서 유일한 대화상대를 미국으로만 국한하고 있다. 어쩌면 현 정부의 대북한 대화 의지나 요구는 남·북한 신뢰회복을 회복하는 것이 아닌 저해하는 요인으로 작용할 수 있다. 동시에 남한을 모든 협상에서 철저히 배제하는 코리아 패싱(Korea Passing)의 요인으로 나타날 수 있다.

남·북한 신뢰회복을 위해 남한은 다른 전략 전술을 발휘할 때가 되었다. 그것은 대북한 정책에 있어 진보 정권으로 대화를 배제한 더욱 강한 압박과 제재의 모습을 보이는 역설적 협상을 강구할 필요가 있다. 북한이 핵무기를 탑재한 ICBM의 완성이 레드라인(red line)으로 보는 단계는 이미 대화의 재개나 신뢰회복의 영역을 훨씬 초월한 것이다. 현재는 남한이 북한의 벼랑 끝 전술을 원용(援用)할 필요가 있다. 현 상황에서 북한과의 협상은 강 대 강이어야 한다. 그렇지 않으면 남한은 모든 협상에서 배제될 것이 확실하다. 명확한 태도와 답변을 보일 때만이 현 남·북한 관계를 진전시킬 수 있다. 그것은 제제와 압박 속에 대화요구나 구애는 이중적이며 중립적 태도다. 이런 정책으로는 북한의 대남정책을 변화시킬 수 없다.

다른 문제는 미국과 일치된 대북정책의 유지이다. 이것은 친미와는 전혀 다른 관점이다. 친미는 종속의 개념으로 이해되지만 현재의 미국과는 상호의존성과 상호보완성을 갖는 협미 관점에서 보아야 한다. 북한의 비핵화는 동아시아지역의 미국의 핵정책과도 일치하는 것이고 태평양지역의 영구적인 평화를 위하여 남한뿐만 아니라 미국의 입장에서도 동일한 정책이 작동되는 것이다. 이런 의미에서 현 상황에서 미국의 대북정책과 일치된 의견을 한국이 명확하게 보일 필요가 있다. 한·미 간의 의견과 정책의 불일치는 남·북한 간의 신뢰회복을 더디게 하고 코리아 패싱의 또 다른 원인이 된다. 남·북한 신뢰회복이나 경제협력, 통일의 문제에 있어 미국의 지원이나 관여는 절대적이다. 남·북한이 자주적 통일을 주장하고 주인 된 자리에서 통일을 실질적으로 주도하는 입장에 서야 되는 것은 이론적으로 맞지만 그것은 현실적인 문제를 간과한 것이다.

현재의 한반도는 분단이후 가장 엄중한 상황에 돌입해 있다. 남·북 관계를 낭만적으로 평가하는 것은 또 다른 대북정책의 실패를 야기할 수 있다. 이런 상황을 해결하는 것은 "극과 극의 협상"을 적용하고 기존의 협상을 뒤엎는 "역설적 협상"이 필요한 때인 것이다.

트럼프의 트럼프시대
동북아정세의 변화 예측

-김병규

이 논문은 4·27 남·북정상회담 전,
2017년 5월 18일 한국평화학회가 주관하고
경남통일교육센터와 창원대학교 국제관계학과가 주최한
'통일시대 대비 통일기반 구축'이라는 제목의
평화연구학회 춘계학술회의에서 발표한 내용입니다.

I. 서론

한반도가 일본의 식민지를 갓 벗어난 후 해방의 기쁨과 함께 이 한반도는 열강들의 간섭에서 벗어나 새로운 국가 건설의 희망에 부풀어 있었다. 하지만 한반도 주변 열강들의 욕망은 지속되었고 이 한반도는 전쟁과 분단이라는 전혀 새로운 국면을 맞게 되었다. 현재 이 분단은 70년을 넘기며 훨씬 복잡한 양상을 보이고 있다. 그것은 분단된 남과 북의 의도와 관계없이 4대 강대국의 관여 속에서 자국의 이익과 결부된 결과였다.

최근 미국 트럼프 대통령의 취임은 일본, 중국, 러시아 지도자들의 대결본능을 자극하며 이 한반도의 지형을 그 어느 때보다 복잡하게 만들고 있다. 그것은 지나간 냉전과 다극체제를 통한 평화기간 동안 숨겨왔던 전쟁 본능이 트럼프정부의 강성 본능으로 살아나 결과이다. 트럼프는 후보시절부터 매우 특별한 이미지로 세계에 비추어졌다. 매일 쏟아져 나오는 트럼프 대통령의 발언과 행동은 각국의 대외정책에 큰 혼선을 주며 그 방향을 수시로 변화시키고 있다. 무엇보다 대동북아, 대한반도, 대북정책의 급격한 변화는 남한의 대외정책에 적잖은 영향을 주고 있다. 이런 상황에서 주변 열강들의 계산도 복잡해지며 남과 북의 여건도 예상이 힘든 상황이다.

이 연구는 이런 한반도와 국제정세 속에서 트럼프시대를 맞이하여 미국을 중심한 한반도와 미국과의 관계 그리고 주변 강대국들과 미국과의 관계를 분석해봄으로 남한을 비롯한 각국의 대미 및 대북 정책의 변화를 예측하고 전망해보고자 한다.

II. 트럼프의 출현과 동북아의 지각 변동

1. 북한과 미·중의 역할

트럼프 대통령은 대통령 후보시절부터 북한을 자주 거론하였다. 오바마 정부의 전략적 인내(strategic patience)정책이 북한의 핵능력을 향상시키는 결과를 낳았다며 강력한 비판을 해왔다. 취임이후 트럼프정부의 대북한 정책은 그 강도에 있어 훨씬 공세적인 자세를 취하고 있다. 2017년 4월6일-7일 양일간 G2인 미·중 간 정상회담이 있었다. 전 세계는 미·중 정상회담에 촉각을 곤두세웠다. 6일 트럼프 대통령은 만찬 도중 시진핑 주석에게 "미국이 방금 이라크(시리아를 잘못 말함)를 향해 미사일 59기를 쐈다."고 말했다. 세계 제2의 군사력과 경제력을 지닌 중국의 주석을 만난 자리에서였다. 트럼프이기 때문에 가능한 발언이었다. 정상간 회담을 통하여 미·중은 다음의 내용을 합의했다. 첫째, 미·중관계의 성격에 대한 원칙에 합의했다. 일방주의가 아닌 상호존중과 구동존이의 원칙이다. 둘째, 이러한 원칙을 실행하기 위한 기구 설치를 합의했다. 셋째, 이러한 원칙과 기구에 대한 합의를 위한 구체적 과제와 일정에 합의했다. 즉 경제무역 분야 '100일 플랜(100 days plan)'이었다. 북한 문제와 관련해서는

①한반도 비핵화 ②제재와 대화 ③평화적 해결을 위해 협력하고 설득한다는 원칙 등이었다. 기본적인 합의 내용을 보면 미국이 중국의 입장을 고려했음을 알 수 있다. 하지만 4월 15일 북한의 태양절과 85주년 인민군 창군을 기점으로 미국 항공모함 칼빈슨호의 접근이 구체화되며 한반도의 긴장은 고조되었다. 결과적으로 미·중 간 합의는 호의적이었지만 트럼프의 전략적 행동은 중국이 생각한 것보다 훨씬 극단적으로 이행되었다.

2. 트럼프정부의 대북정책은 대중정책의 밑그림

트럼프는 사업가 출신이다. 명분보다 실리를 중요시한다. 시리아 폭격, 칼빈스호의 한반도 접근, 북한에 대한 군사적 감행 발언도 서슴지 않았다. 백악관과 미 외교부나 국방부의 커뮤니케이션 상의 문제가 있다는 내용도 있었지만 트럼프에게는 계산된 발언들이다. 트럼프의 대북정책은 대중정책의 밑그림이다. 미국에 있어 대북한 문제는 중국에 대한 간접적 경고이다. 트럼프의 대중 정책이 배려처럼 보이지만 그것은 착시현상이다. 트럼프에 있어 대북한 정책은 핵의 완전한 제거이다. 핵의 완전한 제거는 두 가지의 내용을 통하여 접근이 가능하다. 하나는 대화를 통한 미·북 간의 적극적 협상노력이다. 다른 하나는 무력을 포함한 강력한 제재를 통한 압박이다. 이런 기저에는 트럼프정부의 장기적이고 전략적인 대중압박이 숨어 있다. 중국의 환율조작국지정 연기나 대북한 정책에 있어 중국을 신뢰하는 뉘앙스를 주는 것은 중국의 책임 있는 행동을 더욱 강하게 압박하는 수단이다. 시리아 폭격이 만찬 시간에 거론된 것도 강력한 분위기 압도이다. 미국은 중국에게 북한 핵 실험과 관련하여 강한 질책을 한 것이나 다름없다. 현 상황에서 미·북 간 적극적 대화노력이든 무력을 포함한 강력한 제재이든 중국에 가는 영향력은 배제될 수 없으며 치명적이다. 미국은 북한 핵 문제와 관련하여 중국의 역할을 강력히 요구하며, 북·중 관계를 근본적으로 흔들고자 하는 이중적 포석을 깔고 있다. 즉 단기적으로는 중국에게 북한 핵의 근본적 제거를 위한 역할을 요구하며, 장기적으로는 북·중 신뢰 관계를 흔들어 북한이라는 레버리지를 근본적으로 중국으로부터 제거하는 것이다.

3. 미·북 관계와 북·중 관계

미·북 관계는 북한의 생존문제와 연관되어 있다. 북한이 핵을 원하는 것은 정권의 지속적 유지와 미국으로부터의 안전성 확보이다. 북한의 궁극적 목적은 핵 보유를 미국으로부터 인정받는 것이다. 미국 정가에서 북한 핵 보유 인정에 대하여 거론된 적이 있다. 하지만 트럼프는 다르다. 트럼프는 북한 핵의 근본적 제거이다. 트럼프 내각의 틸러슨 국무장관은 오바마 정부의 '이란 핵 합의'를 실패로 규정하고 북핵 문제의 '미봉'이 아닌 '완전한 해결(비핵화)'을 선언했다. 북한은 핵 보유 지위 확보를 통한 다양한 협상을 미국과 염두 해 두고 있다. 미국은 완전한 비핵화를 주장하고 있다. 북한의 핵 개발은 상당한 수준에 있는 것으로 평가되고 있다. 양측의 대립은 결국 마지노선을 넘어 근본적 해결이 불가피한 상황에 놓여 있다. 북한이 핵 개발을 통해 '미 본토 공격'이라는 가정은 실질적으로 미미한 공언이다. 하지만 미국은 북한의 그런 용어 사용을 대북한 제재에 명확한 명분으로 삼고 있다. 트럼프정부에서 미·북 간의 관계는 훨씬 실무적이며 결과주의이다. 즉 대화이든 충돌이든 그 결과는 반드시 도출되어야 한다. 이런 미국의 행동은 남한과 중국에게 곤혹스러운 일이다. 그것은 미·북 간의 관계가 협상을 통해 훨씬 친밀한 관계로 가는 상황이든 또는 무력적 확대로 나가는 상황이든 선택이 불가피하기 때문이다. 다른 하나는, 북한 핵 개발 이후 중국을 포함한 국제사회의 다양한 제재가 근본적으로 아무 효력을 발휘하지 못했다는 회의론의 급격한 재부상이다. 이런 결과로 북 핵의 성능과 개발은 더욱 견고화 되었다고 본다. 무엇보다 북한은 핵 보유 지위국의 가능성에 훨씬 가까워지고 있는 상황에서 미국의 대한반도와 동북아정책의 극단적 선택은 불가피한 기로에 서있다.

트럼프정부에서 북·중 관계는 훨씬 복잡해졌다. 북한 핵 보유는 대한반도 및 동북아정책에서 미국에게도 곤란하지만 중국에게도 대단히 곤혹스러운 것이다. 북한의 핵 보유는 미국보다 중국에게 더 위협적이다. 동시에 동북아에서 북한의 핵 보유는 동북아 질서를 무너뜨리는 핵심 쟁점이다. 현 트럼프정부에서 중국은 두 가지 내용에서 큰 도전을 받고 있다. 하나는 북한 핵의 실질적 작동이며 다른 하나는 중국이 대북한 정책에 있어 결단을 내려야 한다는 부담이다. 이제까지 중국은 한반도문제를 국제문제화 시켜 그 속에서 상대적 영향력의 우위를 확보하고 한반도 정세에 관한 주도권을 확보 할 수 있었다. 하지만 중국은 한국과 주변국의 기대에 부응하는 영향력을 발휘하지 못했다. 1993년 북한이 NPT(핵확산방지조약) 탈퇴 선언으로 시작된 한반도의 핵 위기 상황에서 한반도의 항구적인 평화적 체제 구축을 위해 1997년 한국, 북한, 미국, 중국의 4자회담이 시작되고, 중국이 한반도의 비핵화를 지지했지만, 이후 북한에 대한 적극적인 영향력을 행사하지는 못했다. 중요한 것은 중국의 대북한 정책이 방치되었는가 또는 먹혀들어가지 않았는가에 대한 논쟁이다. 트럼프정부는 중국이 북한을 방치하고 있다고 판단하고 있다. 이런 판단이라면 미국의 대중국 정책은 더욱 강력해질 것이다. 동시에 중국의 북한 압박에 대한 요구는 더욱 강화될 것이 확실하다. 그것은 중국의 북한에 대한 역할론이 더욱 강해질 것임을 의미하는 것이다. 이런 의미에서 최근 중국의 북한 압박은 훨씬 실질적이며 강력하다. 그것은 미·중 간의 관계에서 중국이 자존심을 지키기 위한 어쩔 수 없는 선택이며 기로이다.

III. 미·중 관계와 북한

　트럼프정부에서 중국에게는 또 다른 실질적 고민이 있다. 그것은 몇 가지의 요인에 기인한다. 첫째는 북한이 이전처럼 중국의 말을 듣지 않는다는 사실이다. 둘째는 미국으로부터의 대북한 정책 요구가 더욱 강력해지고 있다는 것이다. 셋째는 미국과 북한 관계에서 어떠한 결론을 반드시 도출해야 할 시기가 임박했다는 사실이다. 트럼프정부의 대북한에 대한 의지가 그 어느 때보다 강력한 입장이기에 중국의 입지는 이전에 비해 훨씬 좁아졌다. 미국의 보호무역주의적 대중 경제정책은 아무 것도 결론 난 것이 없다. 모든 가능성을 테이블에 올려놓고 중국을 옥죄고 있다. 미국은 중국에 가할 경제적 제재가 산적해 있음을 시진핑 주석에게 경고하고 있다. 트럼프는 사업가이다. 경제문제에 있어서 시진핑 주석에게 얻어낼 것은 대단히 많다. 또한 실질적으로도 경제문제에 있어서 미국은 중국에게 할 말이 많다. 이 경제문제는 북한 옥죄기와 깊은 연관성을 가지고 있다. 중국의 책임여부는 미국의 대중국 정책에 변화를 가지고 올 수도 있다. 그렇다고 하여 미국의 입장에서 대중국 경제정책이 사라지거나 가벼워지는 것을 의미하지는 않는다. 다만 시기 조절문제로 보인다. 미국 트럼프정부는 대외 정책에 있어 경제문제를 대단히 중요시한다. 트럼프의 강점도 그것이다. 이런 상황에서 중국이 대북한 문제에 있어서 좋은 결론을 내준다고 해도 트럼프의 대중 경제문제의 협상에 있어 근본적 변화는 없어 보인다. 미국의 입장에서 중국의 대북한 압박과 제재는 당연한 역할이라고 생각하고 있기 때문이다. 중국이 이제까지 북한을 레버리지로 사용하며 동북아에서 패권 지위를 갖고 북한 문제를 국제이슈화시킴으로 중국의 역할론을 부상시켰다면, 트럼프정부는 그런 중국의 정책을 그대로 다시 활용하고 있다. 이것은 어떻게 보면 중국이 한국의 사드배치에 대하여 한국을 옥죄고 있는 방법과 흡사하다. 그것은 북한의 미국본토위협의 명분으로 북한을 역레버리지로 사용하고 있는 것이다. 그리고 그것을 통하여 동북아에서 기존 미국의 패권을 더욱 강화시키는 것이다. 즉 한국과 일본 또는 북한까지 포함한 중국에 대한 완전한 포위를 염두 해 두는 전략을 세웠을지도 모르는 것이다. 결과적으로 미국은 북·중에 대한 서로의 약점을 활용하여 북·중 간의 균열을 조심스럽게 진행시키고 있다. 그 균열이 마지노선을 넘는다면 서로 봉합되기 힘든 결과를 초래할 수 있다는 것을 미국은 잘 알고 있다. 이번에 미국은 대북한에 대해서 중국에게 마지막 기회를 부여하는 것으로 볼 수 있다.

표9 미국과 중국의 대한반도 로드맵

미국: 북한의 비핵화→대화를 포함한 모든 옵션 가능→ 북한 체제의 변화→한반도 및 동북아 안정
중국: 한반도의 비핵화→대화로 해결→북한 체제의 안정→ 한반도 및 동북아의 안정

1. 한·일 관계와 한·미·일 관계

미국은 그 어느 때보다 이 한반도에서 그리고 동북아에서 위기를 가장한 호기를 맞게 되었다. 하지만 미국도 풀지 못하는 숙제가 있다. 그것은 한·일 간의 문제이다. 미국에게 있어 한·일 간 역사문제는 대단히 미묘하고 혼란스러운 부분이다. 미국의 조정이 불가능한 부분이다. 동북아에서 미국의 패권 유지는 한·미·일 관계의 공고함이 가장 우선시된다. 하지만 한·일 관계는 미국이 관여하기 힘든 대단히 까다로운 틈이다. 이 틈새를 미국이 관여하는 순간 미국의 입장은 난처해진다. 미국이 한·일 관계에서 유일하게 할 수 있는 것은 현 상황을 그대로 유지(status quo)하거나 더욱 친밀한 관계를 권할 뿐이다. 미국이 중국을 더욱 고립화시키고 북한 문제의 해결을 위해서는 한·미·일 공조는 절대적이며 기본 전제이나 한·일 간의 완전한 관계회복을 전제로 이행되기는 불가능하다.

한·일 간의 관계는 역사적 문제로 올라간다. 또한 민족 간 대립에 있어 절대 양보 할 수 없는 제로섬게임이다. 서로 피해가 있어도 절대로 양보할 수 없는 자존심싸움인 것이다. 현재는 북한이란 공동의 적을 통하여 그 공조가 유지된다. 하지만 북한의 상황에 따라 한·미·일 공조의 틀은 충분히 변화 가능성이 상존한다. 이 문제는 미국의 딜레마이다. 미국은 한·일 간의 완전한 공조, 또는 깨질 수 없는 공조를 강조한다. 중국은 이런 한·일 간의 관계를 교묘히 활용해 왔다. 그리고 대한반도 정책에 있어 그 방향을 달리해 왔다. 이런 입장에서 한국은 미국보다 친밀도는 떨어지지만 중국에 대한 호감도가 존재한다. 이 부분에 대해 미국은 경계한다. 미국은 한국이 일본처럼 미국과 하나 되기를 원한다. 하지만 한국은 일본에 대한 반발로 중국에 옹호적 입장을 취하기도 한다. 미국은 실질적으로 한국인의 대일본 감정을 이해하지 못한다. 그것이 미국이 한국을 이해하는데 있어 한계이다. 현재 대북한 정책을 중심한 한·미·일 공조는 강력한 편이다. 그것은 북한의 미사일과 핵 실험이 실질적으로 양측을 위협하기 때문이다. 앞으로 미국과 중국의 대북 정책 공조가 북한을 얼마나 변화시킬지 모르나 변화는 불가피하다. 현 상황보다 파격적인 변화가 있을지 모른다. 이런 상황에서 한·일 간의 공조가 지속적으로 유지될지도 의문이다. 한·일 간의 공조가 실질적으로 이루어지고 있기는 하나 한·일 간에는 균열이 많다. 그 균열이 쉽게 봉합되거나 당장 해결될 문제는 아니다. 즉 북한의 변화척도에 따라 한·일 간의 관계는 더욱 다양해질 소지가 있는 것이다.

2. 한·미 관계

미국 트럼프정부는 취임 이후, 트럼프정부의 가장 핵심 책임자들을 한국에 보냈다. 메티스 미국방장관, 틸러슨 미국무장관 그리고 마지막으로 펜스 미부통령을 한 달 간격으로 한국에 방한시켰다. 이런 부분만을 고려해도 트럼프의 대북한, 대한반도, 그리고 대동아시아 정책이 얼마나 중요하게 다루어지고 있는가를 잘 보여주고 있다. 트럼프정부가 취임 100일도 안되어서 가장 중요한 보직의 3인을 한국에 방문케 한 것은 다양한 포석을 깔고 있다. 첫째 대북한 정책의 큰 변화를 예고하는 것이다. 둘째는 중국에 대한 한·미·일 간 공조를 더욱 강화하려는 목적이다. 셋째는 행동의 원칙을 강조하는 것이다. 이 세 사람의 방한 시 가장 강력하게 대두된 내용이 북한 핵 문제이다. 이 관여는 대북한과 중국에 대한 강력한 압박이며 권고차원이다. 하지만 동북아에서 특히 대북한 문제를 놓고 한국이 제외(Korea passing)되는 것이 아니냐는 그런 의구심들이 여전히 나오고 있다. 그것은 미국의 대북한 무력전 시사가 주는 의미였다. 미국은 연일 북한에 대한 강공을 퍼붓고 강력한 제재를 시사하고 있다. 미국이 논리적으로는 한국을 제외하고 대북한 무력전을 개진하기는 쉽지 않다. 하지만 그것은 어쩌면 한국만의 바람일 가능성도 있다. 그것은 북한의 행동 결과에 따라 그 의미가 달라지기 때문이다. 북한은 4월에도 비록 실패했지만 여러 발의 미사일 실험을 단행했다. 그리고 6차 핵 실험을 감행했다. 문제는 핵과 관련된 내용은 미·북 간의 문제로 명확하게 정리되고 있다. 한국이 끼어들 여지가 거의 없는 것이다. 다른 하나는 한·미 간의 경제문제이다. 한·미간에는 환율조작국문제, 한·미 FTA 문제, 사드비용문제 등이 산적해 있다. 현재 한국은 미국과의 문제에서 아전인수 격으로 해석하는 경향이 있다. 트럼프정부의 대한국 경제문제는 후순위로 놓았을 뿐이지 이 문제가 해결된 것이 아니다. 트럼프 대통령의 경제관념은 확실하다. 보호무역으로의 회귀와 자국의 이익과 결부된 내용에 있어서 '미국 우선주의'정책은 제일 중요한 과제이다. 이미 트럼프정부가 이런 내용들을 공식화 한 이상 협상은 불가피하고 내용 변화도 불가피하다. 여기에 명확한 대비가 요구된다. 특히 사드문제로 한국이 본 손해는 엄청나다. 하지만 이 문제에 대하여 한국은 제대로 된 의견을 개제하지 못하고 있다. 한·미 간 경제문제가 외교 안보문제와 맞물리면 한국은

불리하다. 분리된 정책 속에서 한·미 간의 경제문제가 재고될 필요
가 있는 것이다.

3. 북한의 입장: 북한의 두려움과 미·북 간 물밑대화

북한의 최근 대미국에 대한 강공모드는 이번만의 일은 아니다. 하
지만 북한의 태도는 그 어느 때보다 조심스럽다. 미국과 중국의 강
력한 압박 속에 북한의 행동실행은 쉽지 않다. 북한은 미국의 무력
전에 대비하여 만반의 준비를 다 해놓고 있다고 연일 방송으로 내보
내고 있지만 이 부분은 김정은 정권의 두려움의 반증이다. 북한 핵
실험이 갖는 의미를 그 누구보다 잘 알고 있는 상황에서 섣부른 핵
실험은 북한에게 쉬운 일이 아니다. 물론 김일성 생일인 태양절과 군
창군일에 미사일 실험이 있었던 것으로 알려졌다. 하지만 그것은 내
부 결속을 위한 하나의 보여 주기 식 행보로 보인다. 현재 북한은 현
사태를 명확히 인식하고 있다. 연일 쏟아내는 강공은 미국에 대한
또 다른 대화의 의지이다. 북한의 입장에서 계산은 훨씬 복잡해졌
다. 핵 실험을 계속 해야 되지만 그 명분을 어떻게 만들 것인가에 고
민이 있다. 그것은 핵 실험을 하고 강력한 제재 속에서 대화를 할 것
인가 아니면 대화를 먼저하고 그 대화의 결과 후에 핵 실험을 할 것
인가가 남아 있는 과제일 것이다. 현 상황에서 미·북 간 물밑대화는
불가피하다. 그것은 행동 대 행동의 원칙이 적용되는 시점이 임박했
기 때문이다. 더군다나 미·중 간 공동의 대북정책이 그 실효성을 갖
기 때문이다. 또한 중국도 현재의 상황에서 뒤로 더 물러설 수 없는

입장에 놓여 있다. 결과적으로 북한의 실질적 두려움은 극히 증대되고 미·북 간의 대화는 그 접점을 찾기 위해 불가피한 상황에 놓인 것은 확실한 사실이다.

Ⅳ. 동북아의 향후 변화와 급진적 통일 가능성

    트럼프시대의 동북아 지형은 역설적이게도 훨씬 명료하게 보인다. 그것은 지면에 가라앉았던 여러 현상들이 명확하게 보이기 때문이다. 그것은 남·북한을 비롯한 4대 강국대국의 국익 및 요구 상황이 더욱 명확하게 존재하기 때문이기도 하다. 미·북 관계는 종착점을 향하여 치닫고 있다. 그 종착점이 멀지 않아 보인다. 어느 한쪽은 백기를 들고 나와야 한다. 그것이 북한일 확률은 훨씬 확실해 보인다. 중국이 버티고 있고 미·북 간 관계를 정리해보려고 노력해보겠지만 그 중재역할에 있어 미국의 요구에 부응하지 않을 수 없는 처지에 놓여 있다. 미·중 관계가 언뜻 보면 좋아 보이지만 양측은 어차피 노골적인 그들의 속내를 드러내 보여야 한다. 그것이 파국으로 가든 밀월로 가든 그 관계는 정리되어야 할 것이 많기 때문이다. 또한 동북아에서 서로의 서열이 정해져야 한다. 애매모호한 위치로는 긴장감만 상승할 뿐이다. 미·북 간의 관계 속에서 남한은 그 어느 때보다 갑작스런 북한의 변화를 경험할 가능성이 높아 보인다. 그것은 남한이 준비된 입장이 아니더라도 북한의 변화가 갑자기 도래할 수 있기 때문이다. 남한의 입장에서 보면 순차적이고 점진적인 통일이 이루어지길 원한다. 하지만 그런 점진적 통일의 가능성은 줄어들 수 있다. 북한의 갑작스런 변화가 남한에 대단히 당혹스러운 일이지만 남한은 그런 내용까지 맞이할 준비가 필요다. 트럼프시대에 있어 그러할 가능성은 훨씬 높아 보인다. 한·미·일 관계나 북·중·러의 관계는 북한 변화와 더불어 훨씬 다양하게 변화할 가능성이 존재한다. 즉 북한의 지형변화를 전제로 한 주변 국가들의 관계성 전체의 재정립이 동반되기 때문이다. 또 다른 변수로 작용할 수 있는 것은 남한 차기 정부의 대미, 대북 정책이다. 남한정부의 차기 대북 정책이 현재 미국의 대북정책과 맞을 수 있을지도 미지수다. 또한 트럼프와의 관계가 원만할지도 또 다른 의문점이다. 저돌적이고 도전적인 트럼프의 성격이나 정책이 한국을 충분히 당혹하게 만들 수 있기 때문이다. 분명한 것은 현재 트럼프가 한국에 요구하는 정치, 경제, 군사적 내용들이 지속적 압박으로 남한에 작용할 수 있다. 현 남한은 미국의 요구를 자위적 차원으로 받아들이는 경향이 있다. 하지만 트럼프의 여러 가지 요구는 구체적이다. 이 부분에 대한 미국과의 거래에서 반미로 돌아가려는 성향을 보일 가능성도 짙어 보인다. 하지만 이 부분을 슬기롭게 넘어간다면 한·미 관계의 재정립이 정착될 것으로 보인다. 다른 하나는 남한의 대중정책이다. 남한이 미·중 간에 놓여 있는 위치는 애매모호하다. 외교에서 이 위치를 명확히 하기는 쉽지 않다. 그렇기에 훨씬 고도의 외교능력이 요구된다. 이 부분은 궁극적으로 미·북 간 종착점이 가까워지는 시점에서 훨씬 어려운 상황으로 나타날 수 있다. 한·일 간의 문제에 있어서도 양측은 무엇을 하나씩 주고받는 관계에서 해결되는 문제가 아니다. 이것이 미국의 딜레마이다. 북한의 급작스런 변화는 한·일 간의 관계에 있어서도 큰 변화를 만들 소지가 있다. 이 부분은 대단히 미묘하고 어려운 문제이다. 즉 남한의 처신이 어렵다. 결과적으로 트럼프정부에서 북한과의 관계가 훨씬 명확하게 나온다면 동북아는 이전보다 훨씬 다이내믹한 관계들이 설정될 가능성이 높아 보이는 것이다.

V. 결론

  트럼프시대의 남·북한 관계와 한반도 그리고 동북아의 변화는 그 가능성에 있어 훨씬 높아 보인다. 그것은 미·북 간 관계의 종착점이 임박했기 때문이다. 종착점은 남한에게 위기와 기회를 둘 다 가지고 올 수 있다. 그것은 북한의 김정은과 미국의 트럼프의 성격에서도 기인한다. 또 다른 것은 중국 입장의 변화이다. 대북정책을 역사적으로 보건데, 현재의 북한이 핵을 소유할 수 있는 이 상황까지 왔다고 하는 것은 북한의 핵무기 개발 이후, 미국과 중국 그리고 국제사회의 제재는 완벽한 실패라고 규정지을 수 있다. 미국은 이 상황의 책임을 중국에게 묻는 것이고 중국은 산적한 미국과의 문제를 해결하기 위해서 대북한 문제를 적극적으로 해결하지 않을 수 없는 상황에 놓이게 되었다. 그것은 중국이 하지 않으면 미국이 직접 하겠다는 트럼프의 자세가 이 동북아에서 더욱 복잡한 문제로 발전될 수 있다. 중국의 입장은 그 어느 때보다 난처하고 복잡하다. 이런 상황에서 중국의 대북 정책이 100퍼센트 변화를 가질 수는 없으나 상당한 변화가 진척되어야 미국과 협상의 폭이 넓어지는 것은 당연하다. 결과적으로 미·북 간 관계를 규정해보면 북한의 벼랑 끝 전술과 미국의 전략적 인내 대북 정책이 그 종착점에 있다는 것은 부정할 수 없다.

즉 기존 미국, 중국, 한국, 일본의 대북 정책은 종료되고 새로운 대북정책의 대두는 불가피하게 되었다. 이런 상황에서 한국의 차기 정부는 크게 변화될 국제정세와 대북한의 변화에 있어 미리 대비하지 않으면 안 되는 것이다. 마지막으로 미국의 대중 압박 또한 실질적으로 작동되고 있다는 사실이다. 미국의 대북정책은 대중 압박정책의 수순이다. 북한과 중국은 맥을 같이 하고 있다. 북한이 흔들리면 중국도 흔들린다. 이것은 트럼프를 둘러싸고 있는 강성 측근들의 강력한 조언이며 트럼프는 이런 기회를 놓치지 않으려 할 것이다.

트럼프 미국, 세계 질서 재편

유진유·김병규 공저

발 행 처 · 도서출판 **청어**
발 행 인 · 이영철
영   업 · 이동호
기   획 · 이용희
편   집 · 방세화
디 자 인 · 이해니 | 이수빈
제작부장 · 공병한
인   쇄 · 두리터

등   록 · 1999년 5월 3일
(제321-3210002510019990000063호)

1판 1쇄 인쇄 · 2019년 1월 1일
1판 1쇄 발행 · 2019년 1월 10일

주소 · 서울특별시 서초구 효령로55길 45-8
대표전화 · 02-586-0477
팩시밀리 · 02-586-0478

홈페이지 · www.chungeobook.com
E-mail · ppi20@hanmail.net
ISBN · 979-11-5860-611-4(03340)

이 도서의 국립중앙도서관 출판시도서목록(CIP)은 서지정보유통지원시스템 홈페이지
(http://seoji.nl.go.kr)와 국가자료공동목록시스템(http://www.nl.go.kr/kolisnet)
에서 이용하실 수 있습니다.(CIP제어번호: CIP2018040851)